高等职业教育学前教育类"十三五"规划教材　关学增·总主编

学前教育学

XUE QIAN JIAO YU XUE

关学增　冷　月　沈　言　主编

河南大学出版社
HENAN UNIVERSITY PRESS
·郑州·

图书在版编目(CIP)数据

学前教育学/关学增,冷月,沈言主编.—郑州:河南大学出版社,2017.12
ISBN 978-7-5649-3169-8

Ⅰ.①学… Ⅱ.①关… ②冷… ③沈… Ⅲ.①学前教育—教育理论 Ⅳ.①G610

中国版本图书馆 CIP 数据核字(2017)第 323189 号

责任编辑	柳　涛　孟艺萌
责任校对	李　慧
封面设计	吉宏飞

出版	河南大学出版社		
	地址:郑州市郑东新区商务外环中华大厦 2401 号	邮编:450046	
	电话:0371-86059701(营销部)	网址:www.hupress.com	
排版	郑州和尔文化传播有限公司		
印刷	郑州市运通印刷有限公司		
版次	2018 年 1 月第 1 版	印次	2018 年 1 月第 1 次印刷
开本	787mm×1092mm　1/16	印张	17.5
字数	331 千字	定价	40.00 元

(本书如有印装质量问题,请与河南大学出版社营销部联系调换)

序　言

　　教育学前儿童和学前儿童的教育质量与人类社会的生活、发展和进步息息相关。学前儿童教育是我国国民教育体系最初的一环，是基础教育的基础，它作为我国基础教育的重要组成部分，为人未来的成长、成才奠定了基石。因此，提高学前儿童教育质量，可有效地促进每一个学前儿童在体、智、德、美各方面的发展，这不仅是时代和社会的要求，也是现代学前儿童教育自身的追求。

　　学前教育学作为教育学的一个分支，从广义上讲，是专门研究3～6岁学前儿童的教育，探索能够影响学前儿童身体成长和认知、情感、性格等心理各方面发展活动的特点和规律的科学；而狭义的学前儿童教育则专指幼儿园教养机构的教育，主要从教育与学前儿童身心发展的关系，学前儿童教育与社会、家庭的关系等方面探索规律、指导实践，从而阐明幼儿园教育的目标、任务、内容以及学前儿童教育工作中须遵守的原则与运用的手段、方法等。

　　高等职业教育旨在培养既具有一定理论基础，又具有一定实际操作能力的全面发展的技能型人才，作为高职院校学前教育专业的学生，不仅要掌握学前教育学的相关理论，还要在理论指导的基础上，把握学前儿童教育自身的特性，以便在以后的工作中，真正将理论与实践教学紧密结合。高职学生自身的特点又决定了在编写教材的过程中应该本着难易适度、便学便用、深入浅出、留有余地的理念，使教材既有知识性和趣味性，又有可读性和实践性。本册《学前教育学》教材的编写，正是基于高职教育及高职学生的自身特点、学前儿童及学前教育学的自身特点，立足于高职院校学前教育专业的教学实际和课程设置，将基本理论学习与实际教学有机结合，互为补充，既突出专业基础课程的特色，又适合高职学生的接受心理。

　　该教材的编写，基于学前教育学的综合意义，在人们教育学前儿童的实践以及相关教育理论的基础上，研究3～6岁学前儿童教育规律和幼儿教育机构的工作规律。全书分上、下两编，上编为学前儿童教育的相关理论和要素，包括学前儿童教育的概念、产生和发展，幼儿园教育的目的、内容和意义，学前儿童和幼儿教师的含义界定等；下编为学前儿童教育的具体实施及意义，包括学前儿童教育课程、幼儿园日常游戏及幼儿园教育与外界的衔接等，使学前儿童教育工作

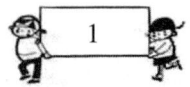

者全面掌握学前儿童教育的要旨，以利于促进学前儿童的身体素质，开发潜能智力，促进人格的健康发展，为人的全面成长的第一步打下坚实的基础。

本教材是校事合作、校企合作的成果。河南省郑州市文联主席钟海涛先生、郑州市二七区伯特利幼儿园常颂扬先生和杨园园女士等分别对教材结构设计、教材内容选定和教学方法改进等诸多方面提出了宝贵意见和建议，这种参与提升了教材的编写质量，也更增加了它在实际运用中的可行性和有效性。

本教材由关学增、冷月、沈言共同编写，关学增撰写第一章，并负责全书统稿；第二至五章由冷月撰写，并进行文献与附件的整理；第六至第十章由沈言撰写。作为对高职院校学前教育专业教材编写中的一种探索，教材中难免有不足和疏误之处，恳请各位专家学者批评指正。

关学增
2017 年 8 月

目 录

上 编

第一章　学前儿童教育 …………………………………………………… 3
　　第一节　儿童教育的产生和发展 ………………………………………… 4
　　第二节　学前儿童教育的概念和意义 …………………………………… 7
　　第三节　学前儿童教育的思想和内涵 …………………………………… 10

第二章　学前儿童教育的目标和任务 …………………………………… 34
　　第一节　学前儿童教育的目标 …………………………………………… 35
　　第二节　学前儿童教育的任务 …………………………………………… 43

第三章　学前儿童教育的内容和原则 …………………………………… 55
　　第一节　学前儿童教育的内容 …………………………………………… 56
　　第二节　学前儿童教育的原则 …………………………………………… 59

第四章　学前儿童教育的本质与真谛 …………………………………… 67
　　第一节　学前儿童教育的本质 …………………………………………… 68
　　第二节　学前儿童教育的真谛 …………………………………………… 69

第五章　学前儿童的全面发展教育 ……………………………………… 79
　　第一节　学前儿童全面发展教育概述 …………………………………… 80
　　第二节　学前儿童的德育 ………………………………………………… 81
　　第三节　学前儿童的智育 ………………………………………………… 85
　　第四节　学前儿童的体育 ………………………………………………… 92
　　第五节　学前儿童的美育 ………………………………………………… 98

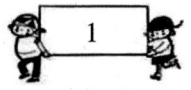

下 编

第六章　幼儿教师与学前儿童 ... 109
第一节　幼儿教师 ... 110
第二节　幼儿教师与学前儿童的相互作用 ... 116
第三节　我国幼儿教师的权利义务及工作原则 ... 123

第七章　幼儿园课程 ... 129
第一节　课程目标 ... 130
第二节　课程内容 ... 136
第三节　课程评价 ... 148

第八章　幼儿园教育 ... 157
第一节　幼儿园的日常生活 ... 158
第二节　幼儿园的游戏活动 ... 161

第九章　幼儿园教育与外界的合作 ... 181
第一节　幼儿园教育与家庭教育的合作 ... 182
第二节　幼儿园教育与社区教育的合作 ... 206

第十章　学前儿童教育与小学教育的衔接 ... 217
第一节　学前儿童教育与小学教育衔接的重要性 ... 218
第二节　学前儿童教育与小学教育的衔接工作 ... 222

附录一　3—6岁儿童学习与发展指南 ... 231
附录二　《幼儿园教育指导纲要(试行)》的通知 ... 261
主要参考文献 ... 272

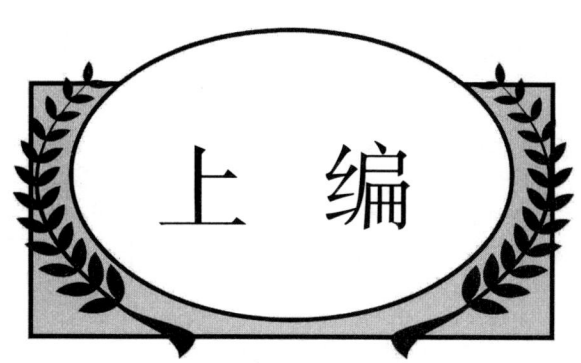

上 编

第一章 学前儿童教育

教育儿童是我们生活中的一个重要的方面。我们的儿童是我们国家未来的公民,也是世界的公民,他们将创造历史。我们的儿童是未来的父亲或母亲,他们也将要成为自己儿童的教育者。我们的儿童应当成长为优秀的公民,成长为贤良的父亲和母亲。但是,这还没有概括一切,我们的儿童又是我们晚年的希望。因此,正确的教育是我们幸福的晚年;不好的教育是我们将来的苦痛、辛酸,是我们对其他的人们和整个国家的罪过。

——马卡连柯

第一节 儿童教育的产生和发展

一、儿童教育的产生与发展概说

儿童教育与人类社会一起产生和发展起来,自从有了人类,就有了教育及儿童教育。

原始社会,儿童教育完全融合在生产和生活中,其主要任务是保证儿童的存活。原始社会早期对儿童实行的是氏族内部的公共教育;原始社会末期,儿童归家庭所有,儿童教育逐渐演变为家庭教育。由于生产力低下,生产资料公有,社会还没有划分阶级,因此原始社会的儿童教育是没有阶级性的,每个儿童受到的教育是平等的。

进入奴隶社会和封建社会,随着私有制的产生,教育产生了阶级性和等级性,并且主要是在家庭中分散进行。统治阶级的子女接受专门的教育,平民的子女只能跟随父母学习各种劳动知识和技能。

资本主义社会生产力得到了极大的发展,社会化大生产带来了儿童教育的社会化,出现了独立的儿童教育机构,如英国空想社会主义者欧文创办的"幼儿学校"。但最初出现的儿童教育机构是慈善性质的社会福利机构,并非现代意义的专门的幼教机构。

从原始社会到资本主义社会、社会主义社会,儿童教育始终与人类社会一起发展。

二、国外学前儿童教育的发展

1837年,德国幼儿教育家福禄培尔在布兰肯堡创设了一所收托1~7岁儿童的教育机构,并于1840年命名为幼儿园(Kindergarten),成为世界上第一所真正意义上的学前儿童教育机构。他也因此被世界誉为"幼儿园之父"。

进入20世纪以后,随着现代社会文明的飞速发展,特别是科学技术的发展,使得生产力大大提高,世界性的竞争加剧,人才的竞争激烈,学前儿童教育的社会价值和教育价值开始为全社会所认识,世界各国普遍重视学前儿童教育,学前

儿童教育机构得到了前所未有的发展。

(一)学前儿童教育机构的数量迅速增加

随着现代生产的发展,幼儿园的数量——特别是入小学前一年的幼儿园,增加迅速,普及广泛,如法国、日本、美国等国家的幼儿园,学前儿童入园率已在90%以上。不过,由于世界各国经济水平、教育政策、文化传统、生活习惯等的不同,学前儿童入园率差别较大,幼儿园发展速度也不尽相同。

(二)学前儿童教育机构的形式渐趋多样

为适应普及学前儿童教育的需要及现代社会家长的各种需求,学前儿童教育机构越来越多样化。由私人、国家、团体、企业、教会等开办了各种托幼机构,在结构、规模、教育目的、教育方法、教育内容等方面各不相同,各有特色,促进了学前儿童教育机构向着形式多样化、功能多样化、教育多样化的方向发展。除了全日制、半日制的学前儿童教育机构之外,还有许多入托时间灵活机动的学前儿童教育机构,如美国的假日儿童中心、英国的游戏小组等都是这种适应性很强的机构。带有实验性、示范性、家教性、病残儿童诊断治疗性、训练某种技能性等等目的的幼儿园层出不穷;各派学前儿童教育理论百花齐放;不同教育主张的幼儿园,如福禄培尔式、蒙台梭利式、皮亚杰式等纷纷出现。

(三)学前儿童教育的质量不断提高

学前儿童教育机构发展的重要标志是学前儿童教育的质量不断提高。由于教师水平的提高是高质量教育的重要条件,因此师资质量就成为教育质量提高的重要标志。世界各主要国家如美国、英国、法国、日本等,都将学前儿童教育师资提高到了大专以上水平,并实行专门的教师资格制度。同时,教师的教育价值观的进步,使尊重学前儿童,保障学前儿童权利,让学前儿童全面发展而不仅仅只是发展身体或智力,成为世界学前儿童教育工作者的共识。这一切使学前儿童教育质量的提高有了根本的保证。

三、国内学前儿童教育的发展

(一)我国近代第一所幼儿园的诞生

我国自己创办的第一所学前儿童教育机构是1903年在湖北武昌创办的湖北幼稚园(1904年清政府将其改名为武昌蒙养院)。当时民族危机深重,救亡图存的呼声响遍中国大地,一些先进人物纷纷向西方寻求救国的真理,西方的教育

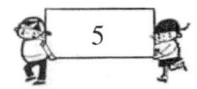

制度成为他们学习的重要内容。在戊戌维新运动的推动下,"效法西洋、倡办西学"成为潮流,对学前儿童实行"公教公养"的主张也随之被提了出来。为了满足民众变革的要求以维护封建统治,清政府湖广总督创办了"湖北幼稚园",之后又在长沙、北京、上海相继成立了蒙养院。当时的这些学前儿童教育机构完全仿效日本,具有半殖民地半封建教育的特点。

(二)旧中国幼儿园教育的发展

在半殖民地半封建的旧中国,内外战火不断,政治动乱,经济停滞,政府根本不重视学前儿童教育,导致学前儿童教育发展极为缓慢。据统计,1947年全国仅有幼稚园1301所,绝大部分都附设在小学或师范学校内,分布在沿海大城市。而且如著名教育家陶行知先生所说,幼儿园害了三种大病:一是外国病,二是花钱病,三是富贵病,幼儿园完全成了外国文化侵略的工具和富贵人的专用品,劳动人民是不可能享用的。可喜的是在这一时期,在中国共产党领导下的农村革命根据地、抗日民主根据地和解放区里,出现了一批适应战争环境和解放区、根据地政治、经济特点的各种类型的托幼组织,如边区儿童保育院和托儿所等,成长了一支新型的保教人员队伍,为我国学前儿童教育事业的发展积累了宝贵经验,为以后新中国社会主义学前儿童教育事业奠定了良好的基础。

另外,有一批具有爱国思想和民主思想的学前儿童教育家,他们批判封建主义的学前儿童教育,反对学前儿童教育的奴化和贵族化,积极提倡变革并躬行实践,创办了为平民子女服务的幼儿园,如陶行知先生的"乡村儿童团"、张雪门先生的"北平香山慈幼院"等。然而,在当时历史条件下,他们的主张没能彻底实现,不过他们的教育理论和实践成为我国学前儿童教育的宝贵财富。

(三)新中国学前儿童教育的发展

1. 历史的转折阶段

1949年10月,中华人民共和国成立,国家从帝国主义手里彻底收回了教育权,学前儿童教育也以老解放区教育经验为基础,借鉴苏联经验,进行了整顿、改造和发展。首先,在办园方向上,旧型幼儿园逐渐转为向工农子女开门,为国家建设服务,让普通劳动人民的子女成为幼儿园的受教育者。幼儿园在教育学前儿童的同时,极大地解放了妇女劳动力,成为支援国家建设、为工农服务不可缺少的一支有生力量。从此,保育、教育学前儿童和方便家长参加社会主义建设成为我国幼儿园的双重任务。其次,在教育思想上,新中国开始改革旧的学前儿童教育思想、内容和方法,批判旧教育中存在的封建、买办、崇洋的思想,废除了宗教色彩的内容与活动,学习当时苏联的学前儿童教育理论和经验,为建立新教育打下了基础。最后,在教育目标上,提出新中国的幼儿园要遵循党的教育方针,对学前儿童进行初步的德、智、体、美全面发展教育,使学前儿童的身心"在入小学前获得健全的发育"(1951年政务院《关于改革学制的决定》)。在这一目标的指导下,幼儿园具体的教养目标、各年龄班的教育任务等也都重新进行了规定。

2. 曲折的前进阶段

随着我国社会主义建设的深入,学前儿童教育虽然有起有落,但总体是向前发展的。不过在发展中因为经验不足,也走过不少弯路。如学习苏联经验时,犯了生搬硬套的错误;批判旧教育思想时,把一些合理的部分也一起否定了;1958年的"大跃进"中急躁冒进,盲目发展幼儿园,造成大起大落等。"文化大革命"中,我国的学前儿童教育事业遭到了最严重的破坏。在这十年中,幼儿园教育被"左"的路线统治,广大教师受到批判打击,学前儿童身心发育受到摧残,教育、教学完全陷入混乱。1976年10月,党中央拨乱反正,掀开了我国历史的新篇章,我国学前儿童教育在经过了严峻的考验之后,也以更成熟、更坚定的步伐,开始进入新的发展历程。

3. 改革的腾飞阶段

改革开放以来,我国社会主义建设进入了崭新的历史阶段。经济的持续发展和改革开放,使学前儿童教育机构的发展出现了重大变化,学前儿童入园率大大增加。学前儿童教育机构的发展从计划经济下的单一办园模式中解放出来,由国家、企业、机关办园,转向各种社会力量办园,特别是个人、法人团体等积极办园;农村幼儿入园率不断提高;灵活多样的非正规学前儿童教育形式的作用日益增大,如近几年在一些省区出现的幼儿活动站、游戏小组、巡回辅导班等,在动员家庭、社区参与学前儿童教育上,显示出越来越强的生命力。

第二节 学前儿童教育的概念和意义

一、学前儿童教育的相关概念

(一) 教育

教育是什么?东汉许慎在《说文解字》中这样解释:"教,上所施下所效也;育,

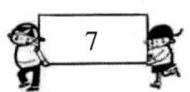

养子使作善也。"简单来说,教育的目的是使人向善,方法是以身作则。"善"是内心对于世界的美好希望、对于人性的坚守、对于道德的信仰、对于规则的守护,这些是人能够在这个社会立于不败之地的最本质的东西,也是父母能够给孩子的最宝贵的东西。

教育是人类特有的社会过程,有广义和狭义之分。广义的教育指一切能增长人的知识、影响人的思想、修缮人的品德的活动;狭义的教育指通过学校这样的机构,对受教育者的身心施加的一种有目的、有计划、有组织的影响。教育即教化培育,以现有的经验、学识教化于人,为其解释各种现象、问题或行为,其根本是以人的一种相对成熟或理性的思维来认知对待事物,让事物得以接近其最根本的存在,人在其中,慢慢地对一种事物由感官触摸达到认知理解的状态,并形成一种相对完善或理性的自我意识思维。教育是一种思维的传授,人有着自我意识上的思维,又有着自我的感官维度,所以,任何教育性的意识思维都未必能够绝对正确。教育当以最客观、最公正的意识思维教化于人,感性式地理解其思维的方向,使其不偏离事物的内在。教育也是一种教授育人的过程,可将一种最客观的理解教授和给予他人,使之在以后的生活经验中得出自己所认可的价值观。简言之,教育是有目的、有意识地对人的身心施加影响并促进人向社会要求的方向发展的一种社会实践活动。

(二)学前儿童教育

在孩子的心灵播种理想,就会收获行为;播种行为,就会收获习惯;播种习惯,就会收获品德;播种品德,就会收获命运。著名教育家叶圣陶先生认为教育就是习惯的培养,学前儿童行为习惯的养成是学前儿童教育的核心内容之一。想了解学前儿童教育,就必须知道人的年龄阶段的划分和教育对象的阶段划分。人一生按年龄可分为若干阶段,如婴儿期(0~3岁)、幼儿期(3~6岁)、儿童期(6~12岁)、少年期(12~15岁)、青年期、成年期、老年期等等,不同的年龄阶段有不同的年龄特征、不同的需要。因此,教育要适合不同年龄阶段的人,必须分阶段进行。

学前儿童教育是学前教育或者说早期教育的后半阶段,主要指的是对3~6岁年龄阶段的学前儿童所实施的教育。其前面与0~3岁的婴儿教育相衔接,后面与初等教育相衔接,是一个人教育与发展的重要而特殊的阶段。"重要"指的是它是一个人发展的奠基时期,许多重要能力、个性品质在这个时期形成基本特点;"特殊"指的是这个阶段是儿童身心发展从最初的不定型到基本定型,转而可以开始按社会需求来学习并获得发展的过渡时期。

学前儿童教育也有广义和狭义之分。从广义上说,凡是能够影响学前儿童

身体成长和认知、情感、性格等方面发展的有目的的活动,如学前儿童在成人的指导下看电视、做家务、参加社会活动等,都可说是学前儿童教育;狭义的学前儿童教育则特指幼儿园和其他专门开设的学前儿童教育机构的教育。学前儿童教育在中国属于学校教育系统,它具有家庭教育和社会教育所没有的诸如计划性、系统性等优点。

(三)教育学与学前儿童教育学

教育学是教育科学的总称,通过对教育现象、教育问题等的研究来揭示教育的一般规律,它广泛存在于人类生活中。

学前儿童教育学是教育学的一个分支,是从人们教育学前儿童的实践经验中总结提炼出来的教育理论,是专门研究3~6岁学前儿童的教育规律、学前儿童教育机构的教育工作规律的学科。

二、学前儿童教育的意义

(一)学前儿童教育是学校教育和终身教育的奠基阶段

学前儿童教育能够帮助学前儿童适应学校生活,为进入小学学习做好准备,减轻父母教养学前儿童的负担,改善处境不利的学前儿童的状况;学前儿童教育还可以培养学前儿童良好的卫生和生活习惯,培养学前儿童对社会、集体、他人、自己的正确态度,激发学前儿童对学习的浓厚兴趣和对创造的强烈愿望;学前儿童教育能够发展学前儿童的观察能力、思考能力和语言表达能力,陶冶学前儿童的情操,发展和培育学前儿童的美感。

(二)学前儿童教育对于儿童智力开发具有重要作用

美国心理学家杰明斯的研究指出,5岁以前是智力发展最快的时期,对一个18岁的人达到的正常智力水平来说,其中50%的智力是4岁以前获得的,30%的智力是4~8岁时获得的,20%的智力是8~18岁前获得的。美国生理学家的研究也表明,幼儿是大脑生理发展的最快时期,一个成年人脑重约为1400克,其4岁时约为1000克,8岁时约为1300克。日本学者指出,儿童潜在能力遵循一种递减的规律,即生下来具有100分潜在能力的儿童,如果一出生就进行教育,可以成为具有100分能力的人;若从5岁开始教育,只能成为具有80分能力的人;若从10岁开始,就只能成为具有60分能力的人。智力与教育以及社会环境是密切相关的,在儿童智力迅速发展的时期,正确恰当的早期教育是十分重要的。

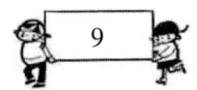

(三) 学前儿童教育对人的个性品质形成具有重要作用

严复曾经说过,国民教育的核心四个字,即"人格国性"。学前儿童阶段恰恰是人格国性形成的关键时期。学前儿童时期,孩子的个性品质开始萌芽,这时孩子的可塑性强,自我评价尚未建立,往往以家长、老师的评价来评价自己。家长、老师说"好",就是"好";家长、老师说"坏",就是"坏"。若在这个时期对孩子施以正确的教育,好好引导,形成良好的个性品质,对其一生都有重要影响;相反,若在这个时期形成一些不好的个性品质或行为习惯,以后就很难纠正。

(四) 学前儿童教育对于学前儿童性教育具有重要作用

3岁左右的孩子,正处于一个特殊的性心理发育阶段,心理学上称为"性蕾期"。如果男孩把自己看作是女孩,在打扮、举止上等模仿女孩,就成为女性化男孩;如果女孩把自己看作是男孩,在打扮、举止上等模仿男孩,就成为男性化女孩。这被称为性角色畸形。因此,对学前儿童进行正确的性角色引导至关重要。

总之,学前儿童时期是智力开发、人格健全、性教育的关键期。在学前儿童教育上,主要是引导学前儿童正确的思维方式、培养良好的学习心态,来应付以后学习和工作中遇到的困难和挫折。所以,学前儿童教育是决定人生命运与幸福的终身大事。

第三节 学前儿童教育的思想和内涵

一、国外学前儿童教育的思想

(一) 洛克(1632~1704)

英国的哲学家洛克从唯物主义的立场出发,提出了著名的"白板说"。他认为,人来到这个世界的时候,心灵如同一块白板,没有任何标记和观念,人的一切知识都是后天得来的,都建立在经验的基础上。根据这种观点,洛克认为,人的认知发展是由教育决定的,而不是由先天的遗传所决定。洛克明确提出,教育的目的就是培养绅士。所谓绅士,就是一种有德性、有学问、有能力、有礼貌的人。为了实现绅士教育的目的,洛克设计了一整套具体的实施办法,为儿童安排了包

括德育、智育、体育在内的教育内容,并且详细提出了各项教育的要求和方法。

(二)卢梭(1712~1778)

法国的教育家卢梭认为,教育要顺应自然,要培养"自然人"。他反对不顾儿童特点、违背儿童天性、限制儿童自由发展的传统古典教育。卢梭所憧憬的"自然人"具有以下特征:不受传统(等级、阶段、职业)的束缚,按本性发展;不依附于他人,能够自食其力,具有独立性;具有社会适应性,能够承担社会责任;体脑发达,身心健康,具有独立思考能力。《爱弥儿》是卢梭教育思想的代表作,集中阐述了他的"自然教育理论"思想。

(三)福禄培尔(1782~1852)

德国教育家福禄培尔(1782~1852)是幼儿园的创始人。他出身于牧师家庭,自幼丧母,童年没受过严格的教育,中学毕业后,从事过几年林业工作。1799年入耶拿大学,两年后又因贫困而失学。此后,他一边工作一边自学。1805年,他受聘担任一所学校的教师,从此开始了他的教育生涯。由于该校崇尚裴斯泰洛齐的教育思想,福禄培尔也对裴斯泰洛齐产生了兴趣。他先后两次前往裴氏工作的学校参观学习,第二次留在裴氏身边工作了两年。1811年,福禄培尔重返大学,学习数学、自然科学等。此后他当过兵,也在大学从事过科研工作。1816年,福禄培尔在家乡创办了一所学校,实验裴斯泰洛齐的教育主张并取得了成功。1826年,他的著名教育代表作《人的教育》一书问世。1829年,激进的福禄培尔受到反动当局的迫害,所创办学校被迫关闭,他本人也流亡到了瑞士。流亡期间,福禄培尔在瑞士相继开办了几所学校,继续他的教育实验,并将研究重点转向了幼儿教育。1837年,福禄培尔重返家园,为学龄前儿童创办了一所活动学校。几年后,该校正式改名为幼儿园。与此同时,他还开设了幼儿教师培训班。福禄培尔的其他教育著作也在这一时期相继出版,如《慈母曲及唱歌游戏集》《幼儿园教育学》等。福禄培尔的幼儿园活动受到了社会的重视,幼儿园在各地相继建立。1851年,德国反动当局下令关闭所有的幼儿园。次年,福禄培尔在悲愤中离开了人世。

1. 福禄培尔的教育思想

福禄培尔接受了裴斯泰洛齐的主张,认为儿童生而具有各种能力,儿童天赋能力的发展是有其内在规律的;教育的目的就在于发展儿童的天赋;一切教育都必须遵循自然法则进行,既要适应儿童的内在发展规律,又要考虑儿童生长的自然环境。在福禄培尔看来,儿童好比花木,教师如同园丁,学校就是儿童自由活动的园地,教师要像园丁一样为儿童提供合适的生活环境,使其天性得到自然的

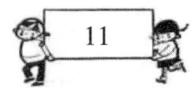

发展。福禄培尔进一步指出,儿童的生长是一个持续不断的过程,是由不同的阶段组成的。他把儿童的发展分为三个时期,即婴儿期、幼儿期、少年期。福禄培尔强调指出,儿童的发展既有阶段性,又有连续性,二者是相互联系的;前一阶段是后一阶段的基础,后一阶段是前一阶段的延续,儿童的发展必须循序渐进。儿童的自我活动是发展的基础和动力,这种自我活动是由儿童的个人兴趣、愿望所引起的,而不是来自外界的刺激。教师不应束缚、压制儿童的天性,而应唤起儿童的学习兴趣,使其主动地参与活动,充分表现自我。

根据上述发展理论,福禄培尔认为三个时期的儿童应当接受不同的教育。他特别重视幼儿期的教育,并在理论和实践上为幼儿教育的发展作出了巨大贡献。他认为,婴儿期是生活的时期;幼儿期则是学习和教育的时期,这个时期的教育影响人的一生,儿童对家庭、社会及自然的初步认识是在这个时期形成的,如果儿童的发展在这个时候受到伤害,则以后的弥补就异常困难。因此,真正的人的教育在这个时期就开始了。福禄培尔认为,家庭在幼儿期教育中具有重要作用,因为儿童的教育此时完全托付给了父母和家庭。家长应特别努力,从小培养儿童的活动本能。为了指导母亲们正确地教育自己的子女,福禄培尔特意为她们编写了《慈母曲及唱歌游戏集》。但是,鉴于大多数父母或成人没有受过教育的训练,不懂得教育方法,难以胜任幼儿教育的工作,福禄培尔建议将儿童送到专门的学前教育机构——幼儿园接受教育。

2. 福禄培尔的幼儿园教育理论

(1)幼儿园教育的意义与任务。福禄培尔指出,幼儿园教育的任务是通过各种游戏活动,培养儿童的社会态度和民族美德,使他们认识自然与人类,发展他们的智力和体力,尤其是运用知识与实践的能力、做事或生产的技能和技巧等,从而为下一个阶段的发展做好准备。此外,幼儿园还应担负起训练幼儿园教师,推广学前儿童教育经验的任务。

(2)幼儿园的教育方法。福禄培尔重视儿童的亲身观察,他说:"我的教育方法是从一开始就向学生提供在事物中收集自己经验的机会,让他们用自己的眼睛观察,使其学会从自己的经验、从事物和事物之间的关系、从人类社会的真正生活中去认识。"他高度评价游戏的教育价值,指出游戏给儿童以欢乐、自由和满足,又能培养儿童的意志力和自我牺牲的精神,是创造性的自我活动和本能的自我教育,他把游戏看作儿童内在本质向外的自发表现,是人在这一阶段上最纯洁的精神产物。福禄培尔十分重视儿童之间的社交关系,他认为个性自我实现必须经由社会化的历程才能达到,只有通过与他人交往,才能认识自己与他人的关系,进而认识人性。他要求教育儿童使之充分适应小组生活,并重视家庭和邻里生活的复演。

(3) 幼儿园的教育课程。福禄培尔倾其后半生的全部精力于幼儿园课程的发展上。他依据感性直观、自我活动与社会参与的思想，建立起一个以游戏和活动为主要特征的幼儿园课程体系，包括游戏与歌谣、手工作业、运动游戏、自然研究，以及唱歌、表演和讲故事等。

福禄培尔不仅是一位教育思想家，也是一位教育实践家。他一生从事教育工作，亲自办学、登台授课。在长期的教学实践过程中，积累了一套行之有效的学前儿童教学方法，并形成了自己独特的学前教育思想和学校教育理论。福禄培尔的思想受裴斯泰洛齐的影响较深，但他在自己的实践中又有所创新，以其幼儿园和学前儿童教育理论确立了自己在教育发展史上的重要地位。

福禄培尔的教育影响超出了学前教育的范围。他对儿童积极主动活动的重视，对游戏的教育意义的强调，对手工教育的推崇以及对于家庭、社区和儿童集体在儿童教育过程中的重要作用的评价，不仅为后来许多教育思想家所肯定和接受，而且逐渐影响到小学乃至中学课程的设置。人们称赞"福禄培尔不愧是一位真正的预言家"，甚至认为"现代教育思想的所有的最好的倾向，都在福禄培尔的言行中达到了顶点"。

（四）杜威（1859～1952）

美国的教育家杜威在自然主义理论的哲学基础上，提出了"教育即生活"的主张。他认为"教育即生活"，生活就是发展，而不断发展，不断生长，就是生活，没有教育即不能生活；"教育即生长"，所谓生长，就是指向未来的发展过程，教育的历史就是生长过程；"教育即经验的改造"，这种改造，不仅是对个人，也是对整个社会而言，它是一个连续不断地改造的过程。

杜威十分强调学生的直接知识的获得，倡导"从做中学"，改变传统教学中学生"静听"的模式，引导学生从自身的活动中进行学习；确立新的课程观，认为学校的课程计划必须适应现在社会生活的需要，课程教材必须以社会生活为基础，随知识的发展而发展。

杜威在教师与学生的问题上提出"儿童中心论"的主张。他认为教育过程是儿童和教师共同参与、真正合作和相互作用的过程，必须站在儿童立场上，以儿童为教育的出发点，教师既要摒弃对儿童予以放任的态度，更要坚决克服传统学校来自教师的刺激和抑制过多的现象。

（五）蒙台梭利（1870～1952）

意大利的幼儿教育家蒙台梭利被誉为 20 世纪初的"幼儿园改革家"。她说："正是儿童创建了教育方法，正是他们根本地转变了教师的本质。"最初研究智力

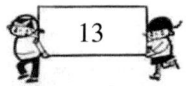

缺陷儿童的心理和教育问题的她,后来致力于正常儿童的教育实验,创办了举世闻名的"儿童之家"。她撰写学前儿童教育理论著作,开设国际训练班,对现代儿童教育的改革和发展产生了深刻的影响。

1. 蒙台梭利的儿童观

从发展的观点出发,蒙台梭利认为,儿童是一个发育的肌体和发展着的心灵,儿童发展的时期是人的一生中最重要的时期。儿童处在不断生长和发展变化的过程之中,而且主要是内部的自然发展。在这个连续的自然发展过程中,儿童的发展包括生理和心理两方面的发展。在生理方面,蒙台梭利认为,儿童身体内含有两种生气勃勃的本能冲动力,一是主导本能,这种本能对于处在生命初创时期的婴儿提供指导和保护,甚至决定物种的生存;二是工作本能,这是人的基本特征,儿童正是通过不断的工作再进行创造,使他自己得到充分的满足,并形成自己的人格,它既能使人类更新,又能完善人类的环境。在心理方面,儿童心理发展既有一定的进程,又有隐藏的特点。蒙台梭利认为,儿童是一个"精神或者心理的胚胎"。因为每一个婴儿都有一种创造本能,一种积极的潜力,能依靠他的环境,构筑一个精神世界。所以,儿童不仅作为一种肉体的存在,更作为一种精神的存在。每个儿童的精神也各不相同,各有自己的创造性的精神。

在蒙台梭利看来,在儿童的心理发展中会出现各种"敏感期"。她说:"正是这种敏感期,使儿童用一种特有的强烈程度去接触外部世界。在这个时期,他们对每样事情都易学会,对一切充满了活力和激情。"而人的智力发展正是建立在儿童敏感期所打下的基础上的。

(1)秩序的敏感期。从出生的第一年就出现对秩序的敏感,一直持续到第二年。这是儿童的一种内部的感觉,以区别各种物体之间的关系,而不是物体的本身。

(2)细节的敏感期。 儿童在1~2岁时会表现出对细节的敏感,他的注意力往往集中在最小的细节上。这表明儿童的精神生活的存在,以及儿童和成人具有两种不同的智力视野。

(3)行走的敏感期。 对行走的敏感是在儿童发展中最易观察到的一个敏感期。儿童通过个人的努力学会走路,并逐渐取得平衡和获得稳健的步伐。

(4)手的敏感期。儿童会朝着外界的物体伸出小手,这个动作的最初推力代表儿童自我已进入外部世界之中。正是通过手的活动,儿童才能发展自我、发展自己的心灵。

(5)语言的敏感期。语言能力的获得和运用,是儿童智力发展的外部表现之一。儿童开始学说话,当他说第一句话时,并不需要为他准备任何特殊的东西,他所获得的语言是他从周围环境中听到的。

蒙台梭利强调,应该注意儿童的心理发展和生理发展之间的密切关系。她说:"如果心理的压抑会影响新陈代谢,并因此降低了一个人的活力的话,那可以肯定,相反的情况也会发生,富有刺激的一种心理体验能够增加新陈代谢的速度,并因而促进一个人的身体健康。"

2. 蒙台梭利的学前儿童教育原则及环境

(1)蒙台梭利的学前儿童教育原则

在蒙台梭利看来,学前儿童教育是人类最重要的一个问题,其目的包含生理的和社会的双重性。从生理方面来看,是帮助个人的自然发展;从社会方面来看,是使个人为适应环境做好准备。她认为在学前儿童的教育中,要注意两条原则:

自由的原则。根据蒙台梭利的儿童观,幼儿的内在冲动是通过自由活动表现出来的,他能根据自己的特殊爱好选择物体进行活动。科学教育学的基本原理将是学生的自由,允许个体的发展和儿童天性的自由表现。但儿童有充分活动的自由并不意味着他可以为所欲为。蒙台梭利认为,自由和纪律是同一事物不可分割的两个方面,自由活动是形成真正的纪律的重要方式,而真正的纪律也必须建立在自由活动的基础上,儿童必须在自由的基础上培养纪律性。

工作的原则。蒙台梭利认为,使儿童身心协调发展的活动就是"工作"。如果儿童能全神贯注地"工作",正说明这种"工作"能满足他内在的需要。这个过程也就是儿童生理和心理实体化的过程。这不仅使儿童得到了心理上的满足,而且也使得他获得了独立的能力。总之,"工作"对于儿童来说是极有帮助的,能有助于他的肌肉协调和控制,能使他发现自己的潜力,能有助于他培养独立性和意志力,能使他在生命力不断展现的神秘世界中练习自己并进一步完善自我。

(2)蒙台梭利的儿童教育环境

在蒙台梭利看来,学校的课堂是一个"有准备的环境"。"有准备的环境"就是有规律、有秩序的学习和生活环境,它能引导儿童通过观察,自发地进行动作练习,从而形成一定的行为规范和良好的秩序感。

3. 蒙台梭利的学前儿童教育内容和方法

(1)蒙台梭利对儿童的教育内容

肌肉训练。肌肉训练不仅有助于儿童的身体发育和健康,而且有助于儿童动作的灵活、协调和正确,还有助于锻炼儿童的意志和发展儿童之间的合作关系。

感官训练。蒙台梭利认为,必须对儿童进行系统的和多方面的感官训练,使他们通过对外部世界的直接接触,发展敏锐的感觉和观察力,这是儿童高级的智力活动和思维发展的基础。

实际生活练习。蒙台梭利十分重视儿童的实际生活练习。它包括与儿童自

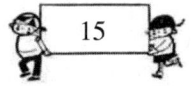

己有关的和与环境有关的两大类,通过实际生活练习,儿童可以培养独立生活和适应环境的能力。

初步知识教育。3~6岁的儿童天生具有学习初步知识的能力,完全可以教他们学习阅读、书写和计算。初步知识教育与感官训练是相联系的,正确的感官训练有助于初步知识的教育。

(2)蒙台梭利对儿童的教育方法

蒙台梭利教育法大致包括:日常生活教育、感觉教育、数学教育、文化教育等几部分。蒙台梭利教育法最为精彩、最为科学和适合儿童发展的部分,则是成人对待儿童的态度和教育观念。

成人通过观察,了解到儿童的发展需要,从而为儿童准备一个适宜发展的环境,协助儿童自然的成长。在这个过程中,儿童不仅发展了认知能力,更为重要的是习得了主动学习的方法,培养了独立、进取、坚持、自信、有条理的良好习惯。

(六)皮亚杰(1896~1980)

瑞士儿童心理学家皮亚杰的学前教育观是以其儿童心理学理论作为基础的。皮亚杰儿童心理学的理论核心是"发生认识论"。这种理论认为,儿童认识发展的过程和结构涉及图式、同化、调节、平衡四个基本概念。皮亚杰认为,制约儿童心理发展的因素主要有成熟、物体经验、社会经验和平衡化四种,平衡化在儿童心理发展中起决定作用。具有连续性和阶段性的儿童思维发展可分为感知运动、前运算、具体运算和形式运算四个阶段。

皮亚杰认为,儿童的知识不是脑子中本来就有的,也不是外部形成的,知识是通过学习得来的,知识的学习是通过操作物体实现的——儿童的认知结构是在活动中建构和完善起来的。根据皮亚杰的观点,当儿童操作物体时,他在建构两种不同的知识——物理知识和逻辑数学知识。物理知识是可以观察到的有关物体的各方面知识,它来源于物体本身,如一个球的形状、轻重、大小、软硬、弹性等,不亲自玩一玩,儿童就不可能掌握球的这些属性;逻辑数学知识是对事物之间关系的认识,是一种更为复杂的知识。它产生于主体与客体之间的相互作用,如通过比较获得的物质之间在颜色、气味等方面的区别。两种知识都来源于主体对客体的操作活动,有的操作是在具体动作的层次上进行的,有的操作是在表象或概念的层次上进行的。过去,我们认为儿童仅仅通过感觉获得知识,皮亚杰扩充了这种观点,即认为仅仅当儿童身体上或心理上作用于物体时,儿童才能获得感觉信息,即当儿童操作物体并观察其如何反应时,儿童获得了物理知识,当儿童在操作中对物体进行比较、分类、形成概念时,他获得了逻辑数学知识。可见,操作活动对于知识的获得是十分重要的。

那么,在幼儿园如何通过操作活动发展儿童的智力、丰富幼儿的知识呢?皮亚杰认为:首先,教师要为儿童创造一种个体化的、对儿童有意义的环境条件,激发儿童操作活动的积极性,如为小朋友分发碗筷、水果,用积木搭建大楼、用积塑插件组装汽车等;其次,不要急于告诉儿童答案,让儿童儿自己寻找解决问题的办法,激发儿童思考问题的积极性,使其体验成功的快乐,增强自信心。如教师有意让儿童讨论如何布置教室的环境、如何安排一段游戏时间、如何把积木垒得更高一些等;最后,增加儿童在操作中和同伴相互交往的机会,利用不相同的看法刺激每个儿童思考的积极性,刺激儿童讨论、协商,在获得知识、发展智力的同时发展儿童的社会性,如合作、分享等。

总之,在皮亚杰的理论中,活动是学习的一种基本条件。操作物体本身对于儿童的学习十分重要,当儿童操作物体时,他的思维活动受到激励,智力得到发展。皮亚杰特别强调,儿童的智力活动是可以被教学环境激发或阻碍的,当教师是唯一正确的、拥有一切的决定权时,儿童的智力活动就会变得消极。所以,为了鼓励儿童在操作活动中思考,教师必须给儿童创设丰富的环境、提供给儿童充分的动手操作的时间和空间,给儿童探索和作决定的机会,鼓励儿童在操作中学习,在活动中发展。

二、国内学前儿童教育思想

(一)陶行知(1891~1946)

中国杰出的现代学前儿童教育先驱陶行知,毕生致力于教育和社会改革,是"五四"前后中国教育改造的旗手。他十分重视学前儿童教育,认为学前儿童教育是人生的基础教育,对儿童施行早期教育,可以为国家和民族培养更多的合格人才。

1. 陶行知的幼儿园教育主张

(1)打造幼儿园本土化,创办草根式幼儿园。1926年,在《创设乡村幼稚园宣言书》论文中,他批评当时幼儿园三大弊端,坚决主张改革外国的、费钱的、富贵的幼稚园,提出用科学的方法去实验,建设成中国的、省钱的、平民的幼儿园。他在《幼稚园之新大陆——工厂与农村》一文中指出,女工区域和农村是最需要幼儿园的地方,因此必须展开幼儿园的下乡运动和进厂运动。欲达成这一目标,必须将幼儿园经过一番根本变化,即打破外国的面具,放开贵族的架子,经济实用、全日运作、整年经营,把儿童的健康列为幼儿园第一要务,幼儿教师应当做康健之神。

在他的倡导下，1927年在南京郊区首创了南京燕子矶幼儿园，成为我国第一所乡村幼儿园。后又在上海开办劳工幼儿园，同时创建了我国乡村幼儿师范教育，成立农村学前儿童教育研究组织。由他亲自创办的南京晓庄师范的师生住在自己动手兴建的茅舍中，穿着布鞋，践行农夫的身手、科学的头脑、艺术的兴趣、改造社会的精神的教育宗旨，彰显浓厚的草根式教育。陶行知认为理想的儿童教师必须能做到追求真理、说真话、驳假话、跟学生学、教学生做先生、和学生大众站在一条线上。

(2)幼儿园是教育的基石，教育要从小教起。陶行知认为，儿童就像是幼苗，必须培养得当，方能茁壮成长。小学教育是立国之根本，而学前教育尤为根本之根本；小学教育应当普及，学前教育也应当普及。幼儿园要平民化、经济化、适合乡村儿童生活三个目标。幼儿园教育要改变过去对儿童漠视的态度；改变幼儿园的办园理念，尽量符合经济原则，使幼儿园普及于工厂和农村；改变训练教师制度，不能专靠正式幼儿师范去培育全部师资，可试行乡村幼儿园与城市幼儿园所合作，采取徒弟制培训。所谓徒弟制，就是艺友制，以师徒之道教人学做艺术或手艺。其培训方法是教学做合一，教的方法根据学的方法，学的方法根据做的方法。徒弟制在陈鹤琴的支持下，首先在鼓楼幼儿园实行，之后又推行于燕子矶、晓庄等幼儿园，培育了许多师资人才。

2. 陶行知在学前儿童教育方面的主张

(1)生活教育理论。陶行知继承杜威教育思想，其用了10年时间创造了符合中国国情的生活教育理论，提出生活即教育、社会即学校、教学做合一的新理论。陶行知的生活教育理论，可称为教育基本思想，而教学做合一可概括为生活教育理论的本质。教学做合一是透过生活本身去教育儿童，并在整个教育过程中以儿童作为行动的主体，培养手脑并用、具有创造性思维的人才。他还同张宗麟、孙铭勋、戴自俺等人共同创立了学前教育的生活教育流派。

(2)创造教育理论。他重视创造力的培养，指出创造教育的目的在于培养征服自然、改造自然、改造世界的能力；创造教育的任务在于教人发明创造。教育要在儿童自身发展的基础上，通过并运用人际和社会环境的影响，不断培养创造性思维，进而形成创造力，贡献于民族和人类。为了使儿童的创造力得以培养，教育需一方面创造良好的环境条件(即实施民主教育，包括教育机会均等、宽容和了解、在民主生活中学习民主)，另一方面要彻底解放儿童，摆脱传统教育的束缚，实现人本的、自然的和社会的真正回归。

(3)因材施教理论。他强调儿童教育要遵循儿童身心发展规律，要在源头上解决问题。在《教学做合一》中，他阐述其教学做合一的过程，认为个人迈向独立发展的过程包含仰赖喂食、自筹零用、自立生活、救助他人四个阶段,父母及师长应配合年龄阶段施以不同教育。

(4)科学教育理论。20世纪是科学大发展的时代,陶行知认为,应有一个科学的中国。要建设科学中国,第一步要使得中国人个个都知道科学,要使人人对科学产生兴趣,即使年龄稍大的成人们对科学没有什么强烈的兴趣,也需要在小孩子身上施以一种科学教育,这样才能培养他们对科学的兴趣,挖掘他们在科学上的潜质。只有在孩子们中培养出像爱迪生那样的几个科学杰出人才,便不难使中国科学化。对孩子实施科学教育,要从浅显的日常生活入手,用科学教育训练。进行科学训练的方法,一是每个教师都变成小孩子,加入小孩子队伍里,引导他们一起玩;二是学校要拆墙去壁,把学校和社会、大自然结合起来,大自然便是我们的老师。

(二) 张雪门(1891~1973)

张雪门是浙江省鄞县人,早年毕业于浙江省立第四中学,终身从事幼教工作,1917年在家乡创办星荫幼稚园,20世纪30年代,先后任香山慈幼院幼稚师范和北平幼稚师范校长。抗战爆发后,他将香山慈幼院和北平幼稚师范迁往广西桂林,在极艰困的情况下,为广西各县培育了许多幼教师资,当时被教育界推崇为中国幼教之父,与陈鹤琴先生齐名,素有"南陈北张"之称。1946年7月张雪门去台湾,同年12月创立台北育幼院,以救助战后孤苦儿童。由于他重视幼教师资培养,于1949年与台北女师合作,把幼师学生派到该院实习,通过实践教学等形式,学习课程教学法。1952年,他因病辞去院长职务,但仍担任各保育院及空军眷村幼儿园顾问,在他的住所石室,传授行为课程达20余年。1973年他病逝于台北。张雪门一生著书立说,代表作有《幼稚园研究集》《新幼稚教育》《幼稚园教育概论》《幼稚园教材教法》《幼稚园行为课程》《幼稚教育新论》《幼稚园科学教育集》《实习三年》《幼稚教育论丛》《幼教师资进修十讲》等数百万字。他一生献身幼教,以培养自尊、自信、自强的民族精神为宗旨,培养了一大批从事学前儿童教育的专门人才。

张雪门的幼教思想以儒家教育思想为主流,并受到福禄培尔、蒙台梭利、杜威及希尔等西方近代自然主义及经验主义哲学的影响,认为行动是儿童成长的内在动力,经验须随环境而改造,幼儿园是透过自然生活过程帮助儿童成长的地方,进而提出行为课程观。他认为行动是幼儿园课程设计的唯一原则,是联系幼儿园教材与教法的主要核心。教育源于生活,为了生活,幼儿园教材是儿童在幼儿园生活时候的经验。教材的目的在于满足儿童的个体生活和社会生活。学前儿童课程须在儿童的生活环境中搜集,大人不能用自己孤立的知识来分割儿童完整的生活,更不应因为儿童年纪小而疏忽了生活和文化的关系,生活离不开文化,文化也离不开生活。研究幼儿园课程的内容方法,是幼儿园教师引领帮助儿童成长和自我成长的主要途径。他在侨民教育函授学校做"幼教师资进修讲座"中指出,幼儿教师的进修原则应该是在实践中学习。他认为学习知识如同嫁接,要注重过程和方法,会的教人,不会的向人学;社会是个大学校,活到老学到老,强调终身学习的教师成长理念。

张雪门的幼教思想脉络受我国孔孟学说的影响,充满爱国观念和伦理道德的文化色彩。他认为中国学前儿童教育的目标,必须以培养伦理观念、民主生活和科学头脑为首要,达到三民主义的教育理想。他针对中国的学前儿童教育仿效日本、模仿欧美的现状提出,中国学前儿童教育必须要自己创造,要以中国的传统文化、国家民族的需要、儿童的心理发展三大原则为创造依据,不能完全抄袭外国的。

他倡导儿童本位的教育思想。其把儿童和成人放在对等的位置,认为儿童期不仅是到达成人的一个阶段,而且是人类的另一极,即儿童是一个独立的人。从教育的观点来说,这个世界应是成人、儿童与物三者并列的三度世界,儿童在世界上具有独立的地位和权利,成人应为受自身行为能力限制而无法争取权利的儿童争取权利。

他关注儿童的潜能。其认为儿童天生具有一种特殊的精神力量,这种力量从儿童期特有的心理结构而来,是一种吸收外在环境特质、建造精神生命的特殊的学习能力。他认为对于儿童的这种潜能如给予适当引导与帮助,对日后个体的发展帮助甚大,过了儿童发展关键期此潜能就会逐渐减弱。因此,在关键期对儿童潜能的开发就成为教育的首要任务,教育应配合儿童天性,及早发掘并运用其潜能。

他重视生活教育的理念。其主张生活就是教育,认为唯有从行动中获得的知识,才是真实的知识,幼儿园要实施行为课程,五六岁幼儿在幼儿园的生活实践就是行为课程。他认为游戏、故事、唱歌等教材,虽然也可以为儿童创设模仿和表演的机会,但并不能代表人类实际的行为。行为课程要有计划地实行,不断地检讨改进,借以满足儿童的需要及谋求儿童个体健全的发展。行为课程融会了陶行知教学做合一的学习理论,也吸取了杜威的教育观点。他根据经验主义直观教学的理念,注重实际的教材和直观的方法,反对传统抽象的文字训练教育方式。认为幼儿园在课程设计方面,除了考虑国情及时代需要之外,还要根据儿童的兴趣和能力,以儿童生活为中心,使教学内容的设计切合实际生活需要。同时他认为在教材组织方面,利用单元组织方式,倾向大单元教材,使儿童获得完整的生活经验。在教学方法上,他主张采用活动和设计教学法,让儿童在有计划的学习活动中,产生兴趣能力并自由参加,主动学会生活知识。

(三)陈鹤琴(1892~1982)

我国杰出的儿童心理学家和儿童教育专家陈鹤琴,是"五四"运动后我国新教育事业的创始者之一,也是我国现代学前儿童教育的奠基人之一。他在儿童心理、家庭教育、学前儿童教育、小学教育、特殊儿童教育、社会教育、文字改革等诸多教育领域都有独创性研究和重大贡献。他幼年丧父,与母亲相依为命,养成了自立朴实的品格。他自幼痛恨旧式的封建教育,中学时期受到基督教的洗礼,孕育了济世救人的美德。大学时代他在北京清华学堂高等专科内开设校役补习夜校,在清华园西南的城府村为失学青少年创办义务小学。1914年,他考取奖学金赴美留学,与陶行知同行。他原本学医,后立志救国而改学教育。留美期间,其博览群书,涉猎许多领域的知识和三种外语(英语、法语、德语),获霍普金斯大学文学学士,后进入哥伦比亚大学师范学院教育研究所攻读教育学和心理学,受教于克伯屈(教育哲学)、孟禄(教育史)和桑代克(心理学)等3位名师,深受进步主义和经验主义的影响,反对形式主义的教学法,主张做中学的生活教育观点。

1919年回国后,他任南京高等师范学校(后改为东南大学)教授,讲授儿童心理学等课。此时正值"五四"运动高潮期,在民主与科学的号召下,他积极投入新教育运动,编写成人扫盲教材和儿童读物,会同陶行知等人组织中华教育改进社,致力于中国新教育运动。他在南京高等师范学校任教期间,开始研究儿童教育。1920年12月他以自己的孩子们为对象进行808天的观察,研究幼儿身心发展的特点规律,开创了我国儿童教育研究的先河。后又实验家庭教育,于1925年写成《儿童心理之研究》和《家庭教育》两部著作。他从事儿童心理测验研究,编制中小学各科测验材料,并有专书出版,推进了当时教育评价活动的开展。1923年他创办了南京鼓楼幼儿园,以此作为幼教实验中心,探索建立中国化的学前儿童教育途径。

1927年他兼任陶行知创办的南京晓庄试验乡村师范学校校长,和陶行知、张宗麟等人成立幼稚教育研究会,创办《幼稚教育》(后改名《儿童教育》)刊物,目的是促进适应中国国情的学前儿童教育。1927年,陈鹤琴任南京市教育局学校教育课课长,整顿高中、中学、小学和学前儿童教育,设立实验区制、培训师资、试验新教学法,编纂教科书和儿童读物,以及研制教具、玩具和设备等。1928年他起草《全国幼稚园课程暂行标准》,于1930到1940年在全国推行。1929年为了研究学前儿童教育和推进儿童福利,他在幼稚教育研究会基础上发起成立中华儿童教育社,至1937年,该社成为全国最大的学前儿童教育学术团体和推进学前儿童教育的中心。1934年到1935年间陈赴欧洲考察，重点研究苏俄的学前儿童教育经验，回国后致力于妇幼福利工作。1937年抗日战争爆发后，他投入中国共产党的地下工作，参与民社活动和抗日工作。1940年国民政府欲委任其为国教司长，但他表明不愿从政，决意去江西办学，实践中国化的学前儿童教育理念，并培育学前儿童教育师资。当年10月，他在江西省泰和文江村创立我国第一所公立幼儿师范学校——江西省立实验幼稚师范学校。1943年江西省立实验幼稚师范学校改为国立幼稚师范，增设专修科。在实验办学期间，他提出活教育的主张，根据儿童身心发展的特点，结合中国的实际，把陈旧的传统教育改造成有生气的新教育。

1945年抗战胜利后，他返回上海创办上海市立幼稚师范学校，1947年此学校改名为上海市立女子师范学校。1947年2月其创立上海儿童福利促进会，同年创办上海特殊儿童辅导院。后因其从事革命地下活动，被国民党特务抓走，后经多位大学校长集体作保、营救获释。新中国后，其继续从事学前儿童教育工作，做了许多有益的工作。"文革"期间曾两次被批判，深受折磨，但未动摇他对儿童教育的热爱。晚年他仍致力中国化、科学化的学前儿童教育事业。1982年12月30日陈鹤琴与世长辞。辞世前他提出一句名言：一切为儿童，一切为教育。

陈鹤琴的教育思想受宗教教育的感召精神及西方自然主义儿童教育、神秘色彩的理想主义、经验主义等很大影响。他提出"活教育"的主张，指出"活教育"的三大目标是做人、做中国人、做现代中国人；做中学、做中做、做中求进步；大自然、大社会，都是活教材。他的"活教育"的五指教学法是将社会、自然、语言、艺术、健康五大课程领域比喻为人手上的五个手指，即每个手指虽然分开，但是与手掌紧紧相连，构成一个整体，缺一不可。他指出幼儿园实施这种教学法要根据儿童的智力、兴趣特点等编写单元设计，然后进行教学。

这种活动教育采用活动课程设计的方法，以儿童的活动为学习内容，让儿童从自己直接经验中去解决实际生活中的问题，教师在教学过程中处于观察和辅导的地位。活动教材则取自儿童生活，教法则注重儿童自主学习，尊重儿童自主性和兴趣，引导儿童在自由的环境中获得活的知识和经验。这种教学法注重学习过程而非学习结果，注重思考创造而非记忆背诵。五指教学法是陈鹤琴早期提出的整个教育法思想的继承和发展。他早年主张以中心主题构成各科之间内在联系，课内与课外紧密结合，创设必要环境条件，运用多种教育方法，促进儿童全面发展。他的整体教学法，由于在天津市河西区幼儿园教学改革实验中获得成功，后发展为整体教育活动结构实验，被幼教界誉为陈氏教学法。

陈鹤琴是我国现代教育史上第一位把家庭教育实践与科学理论紧密结合的

先驱。他认为家庭教育的重要思想主要包括家庭教育是国家命运的基础；依据儿童心理实施家庭教育；培养良好卫生习惯，教导儿童待人接物的技巧和充实儿童生活经验的三大家庭教育目标；全面提升父母的素质和教育能力等。他的代表作如《家庭教育》《儿童应有良好的环境》和《怎样做父母》等，可视为家庭教育宝典。

陈鹤琴确定了我国幼儿园教育的地位及其重要性；赋予了幼儿园教育中国化的内涵及实质；主张学前儿童教育平民化，促进学前儿童教育发展；推动学前儿童教育师资培育，重视幼儿园师资素质的培养，他的学前儿童教育思想对近代我国学前儿童教育发展具有重要影响。

（四）张宗麟（1899～1976年）

张宗麟，浙江绍兴人，曾任延安大学教育系副主任、北方大学文教学院院长、北京高等教育司副司长等职。南京东南大学教育系毕业后，他在陈鹤琴创办的南京鼓楼幼儿园任研究员，协助实验工作，是我国幼儿园的第一位男老师。后又协助陶行知担任晓庄第二院（幼稚师范）的指导员，协办乡村幼儿园。他早年学前儿童教育的著述，如《幼稚教育概论》等，对我国学前儿童教育颇有贡献。

张宗麟提出学前儿童教师专业化的主张。他认为学前儿童教师必须富于国家精神；必须具备广博的专业知识和坚定兴趣；必须具备为大多数儿童谋幸福的职业态度；必须具有良好的教学技能和方法；必须改革幼儿师范课程设置和知识结构；必须重视教师培训，提高教师基本素质等。这些主张就当时而言确有前瞻性，具有先见之明，颇符合现今幼教师资培育趋势。

（五）蔡元培（1868～1940年）

蔡元培字鹤卿，号孑民，浙江绍兴人。自幼博学多闻，26岁中清政府二甲进士，授翰林院庶吉士，28岁晋升为编修。中日甲午战败后，国人倡言西学，他开始研究西书，后因康梁维新变法失败，弃政从教，后留学德国。回国后，任教育总长。他提出废除封建学制，打破张之洞以来中体西用的思想藩篱，颁布了中国第一个民主教育制度，即"壬子癸丑学制"。这一新制度的实施，是中国近代教育史上的一次重大改革，使我国教育发展进入学校系统改革的新时期。

蔡元培的教育思想，主张以公民道德教育为核心，以实利教育、军国民教育为辅助，以美感教育完成其道德教育。他强调五教并进，即军国民教育（即军事体育）、公民道德教育、世界观教育、实利主义教育（深受杜威思想之影响）及美感教育，以培养德、智、体、群、美五育均衡发展的健全国民。他认为理想的现代学生，必须具备狮子样的体力、猴子样的敏捷和骆驼样的精神。

在学前儿童教育思想方面，蔡元培重视胎教和美育的重要性。他在《美育的实施方法》一文中指出，我们要作彻底的教育，便须着眼最早的一步，提倡优生学要从胎教做起，公立胎教院是给孕妇住的，要设在风景佳胜的地方。其胎教主张，与康有为的"人本院"说法相似。主张婴儿生下后，便可进入公共育婴院，第一年由母亲抚养，第二、第三年如母亲要任职，则可将婴儿交给保姆养教；育婴院的建筑，与胎教院大略相同，或可联合一处；育婴院陈列的雕刻图画，多选裸体的健康幼儿，备各种动作姿态，隔数日可更换一套；音乐选简精细的，院内成人的言语动作，皆要有适当的音调态度，即使是衣饰，也要有一种优美的样示；在公共育婴院未成立之前，如在家庭里面按照上列的条件予以布置，也可称为家庭美育。同时他主张幼儿满3岁之后，要进幼儿园；这时期幼儿的美育教育，不只是被动地领受，可引领孩子自己表达；将舞蹈、唱歌、手工作为美育的课程；如果教幼儿计算、说话，也要从排列上、音调上迎合他们的美感，不可用枯燥的算法和语言。他认为美育教育自家庭、学校以至社会，自胎儿以至老死，无不应实施美育；要充分顺应人类爱美的天性，主张学前教育要从胎教时期孕育胎儿的美感，并在幼儿园阶段透过自由表达以培养儿童审美的情操。

　　他在1919年3月15日北京青年会演说辞中指出，教育是专门事业，非人人所能担任。对有子女者，非人人有实行教育的时间。他主张一个地方应该在蒙养院和中小学校以外，设有几个胎教院、几个乳儿院，由专门的保教管理。并主张在这些机构尚未设立之前，先从贫儿入手，如果效果良好，再推广至一般儿童。

　　除重视胎教和美育之外，他还强调非以吾人教育儿童，而吾人受教于儿童的新教育观点。指出传统考试教育的缺点，在于以考试指挥教学。这种教育导致幼儿必须从小熟读古书，如《千字文》《神童诗》《龙文鞭影》《幼学须知》等，再进之读四书五经、八股文、五言八韵诗等。至于自然科学和社会性知识等儿童所亟欲了解的，却非常缺乏。他认为这种教育是教学者以预定的目的而强受教者以就之，故不问其资质、性情如何，能者奖之，不能者罚之，忽略个别差异的存在。主张新教育则须一反从前，配合儿童身心发展规律来选择种种适当方法，如农学家的种花、养花等。提倡以儿童兴趣为着力点，重视自主性和个别差异。他还进一步指出新教育必须挣脱教科书的桎梏，扩充教学资源，教师必须充实知识以作儿童的示范。他列举托尔斯泰自由学校、杜威芝加哥实验学校、蒙台梭利儿童之家和工作操练说，借以说明崇尚自主性和个性化的教育理念。

　　蔡元培十分重视女子教育。1902年他在上海创办我国第一所爱国女子学校。他在《养成优美高尚思想》一文中指出："欲求国家富强，人人宜受教育；既欲人人受教育，自当以女学为重要之事。何也？人之受教育，当自幼儿时起，从小受母亲之教,比受父亲之教为多。所谓习惯者,非必读书写字,然后谓之教育也,扫地亦有教育,揩台亦有教育,入厨下烧饭亦有教育。总之,一举一动,一哭一笑,无不有教育,而主持此事者,厥唯母亲。与小儿周旋之人,未有比母亲长久而亲熟者,苟母亲无学问,则小儿之危险何如乎?此已可见女学之重要矣。无犹不止此,推本穷源,则胎教亦不忽也。吾国古时,颇注意此事,女子当怀孕时,目不视恶色,耳不听恶声,口不出傲言,立必正,坐必端。何也?如孕时有不正举动,则小儿受其影响,他年为不正之人,即由于此。苟女子无教育,则涉猎在胎内时,为母体所范围,虽欲避免不良之影响,其道未由。当孩提时,又处处受母亲影响,此时染成恶习惯,他时改之最难。吾人苟以教育为重要,岂可不以女学为重要乎?"

他强调了母教的重要性。因为,胎儿在母体就开始受母亲的滋养,出生后和母亲接触最早,相处的时间最长,接受母亲的教养最易也最深。如果胎儿在母体中能得到良好的胎教,又在早期环境中得到良好的母教,其将来的一生必定幸福。同时,他从胎儿教育、家庭教育、国家教育的不同角度强调母子教育的重要性。进一步指出了女子教育的目的,与男子教育相同,都在养成完全的人格,即智、德、体三育均衡发展,尤以德育为本。主张女子教育不应以养成贤妻良母为限,贤妻良母固然重要,除此之外,女子须就本身适宜的职业,依性之所近,选定工作职业,从而以发挥自我才能,服务社会和家庭。

蔡元培的重视幼儿德、智、体、群、美五育均衡发展,与今日学前儿童全面发展的学前儿童教育理念有相似之处,可谓高瞻远瞩。他重视胎教和家庭教育,但是对家庭教育的功能存在理想化倾向,认为家庭教育非人人皆能担任,因而主张设立胎教院、乳儿院,推广至一般儿童。实际上胎教院、乳儿院仅具有辅助性功能,不能取代家庭教育。

三、学前儿童教育的人文思考

什么是好的学前儿童教育?它通常是由一系列探讨终极价值的问题所构成的,诸如学前儿童教育究竟意味着什么?学前儿童教育对儿童的一生成长来说究竟有何意义?现实的学前儿童教育与我们梦想中的学前儿童教育之差距究竟有多大?好的学前儿童教育就是根据孩子的特点来教育孩子,唤醒孩子内心的种子,每一位立志从事学前儿童教育的人,无论他是一线教师、园长,还是教研员、学者,都必须对学前儿童教育进行深刻的理性思索。

(一) 好的学前儿童教育应该让儿童感受到幸福、自由、畅快

我们无比热切地渴望在新的时代里,儿童每一次微扬上翘的嘴角都向我们尽情地展示他们内心的欢畅与喜悦;儿童每一次活泼而大胆的尝试都充分地表达出他们无比的欢快与自在;儿童每一次的话语都能流露出活泼、自信且富有"童趣"的诗意;儿童每一次对世界的发问与探究都能得到成人的真心理解、耐心倾听与默默支持;儿童每一次的游戏活动都能拥有尽兴的时间而不会被成人的"好心"所打断。好的幼儿教育绝不能让儿童失去他们自己的幸福生活与童年的安宁,荷尔德林在《童年的回忆》中写道:"童年的宁静!天国的宁静!我多少次在爱的关照中静静伫立在你面前,欲思考你……和现在相比,当时我不丰富吗?是的!只要他没有浸染在变色龙般的颜色里,孩子就是一个神性的生灵。他完全是他所是,因此才这样美。"

(二) 好的学前儿童教育应该让儿童真正成为他们自己

卢梭在《爱弥儿》一书中写道:"大自然希望儿童在成人以前就要像儿童的样子。如果我们打乱了这个次序,我们就会造成一些早熟的果实,它们长得既不丰满也不甜美,而且很快就会腐烂,我们将造成一些年纪轻轻的博士和老态龙钟的儿童。"好的学前儿童教育,不是我们试图强加给他们的那个"希望",也不是要按我们的方式"塑造"一个我们所期望的"儿童",而是要让儿童真正成为他们自己。通过美好的学前儿童教育,每一名儿童都能发现自己,充实自己,完善自己,并选

择他们所认为的那个合理的方向。正如联合国教科文组织1972年的那份举世瞩目的报告《学会生存》所倡导的"让儿童真正成为他们自己",而不是成人所要求、所希望、所认为的那个样子。安特斯在《儿童的权利》中写道:"请让我生长得像我,并请了解,为什么我希望生长得像我,不是妈妈所认识的我,亦非爸爸所希望的我,或是老师认为应该如此的我,请试着了解和帮助我,让我生长得就像。"

(三) 好的学前儿童教育应该充分尊重儿童的本能、倾听儿童心声

尊重必须是从我们心底发起的,并自然地流露在我们与儿童的每一次互动与交往中。正如周作人所说的那样,儿童的生活"是转变的生长的",在儿童的活动不至于影响自身健康和他人权利的情况下,成人应当尊重儿童自发的游戏,尊重儿童似乎荒唐的梦想,尊重儿童反映自己发展特点的创作主题和创作方式,尊重儿童反映自己本性的生活需要,并通过游戏、文学作品、艺术创作等活动适当满足儿童的这种自然需要。当然,尊重儿童的本能,并不是一味地无条件地去满足儿童,本能的满足应当注意遵循适度原则。

倾听是听从我们热爱的儿童的内心召唤,倾听是一种面对儿童时的优雅修养,倾听是一种对儿童纯净心灵的虔诚态度,倾听更是一种积极的教育方式与智慧。"即使听不进也要假装听!"儿童能从我们的认真倾听之中,深切地感悟到他们是为成人所尊重的,而且是"无条件的尊重"。

(四)好的学前儿童教育应该让儿童拥有充分遐想和诗意的空间

那些将各种知识与技能塞满儿童的小小头脑的教育绝对不是好的学前儿童教育,童年期过多的知识传授与灌输只会遮蔽儿童那充满慧心的双眼。好的学前儿童教育要大胆"留白",要给予儿童拥有充分遐想和诗意的空间,要给儿童拥有充分的同伴玩耍与自由游戏的时间。然而遗憾的是,我们看到双休日不少家长带着自己的孩子在各种类型、各种知识与技能培训的早教机构中穿梭忙碌。结果这样做累的是家长,失去的是"尊重儿童、守护童年"的精神。

(五)好的学前儿童教育应该让每一名儿童真切地感受到公平的对待

无论儿童的家境是富有还是贫困,无论儿童的衣着是华贵还是朴素,无论儿童的相貌是漂亮还是平常,无论儿童的能力是突出还是普通,无论儿童的父母是能干还是莽撞……儿童都是我们心中的天使,每一位教师都应在面对儿童时充分展现自己高贵的品质与人性的光辉。

（六）好的学前儿童教育是教师抛却功利、满怀希望与理想地投入到学前儿童教育之中

没有功利心的教师会真正懂得，好的学前儿童教育并不只是教儿童唱几首歌、教儿童算几道加减法的数学题，教儿童写多少个汉字，教儿童跳几段舞蹈。与之相比，这些教师会更加珍惜与儿童共同建构的教育幸福生活，他们更愿意发现儿童的发现，关注儿童的关注，喜悦儿童的喜悦，好奇儿童的好奇，欢乐儿童的欢乐，最终幸福儿童的幸福；他们会和儿童一起陶醉在儿童的世界里，幸福在学前儿童教育中。

学前儿童教育感悟:同孩子的心弦对准音调

《3~6岁儿童学习与发展指南》提出:充分理解和尊重儿童发展进程中的个别差异,支持和引导他们从原有水平向更高水平发展。

幼儿教师在保教工作中,必须读懂孩子,信任孩子,支持孩子的发展,也要同孩子的心弦对准音调。苏霍姆林斯基说:"在每个孩子心中最隐秘的一角,都有一根独特的琴弦,拨动它就会发出特有的音响,要使孩子的心同我讲的话发生共鸣,我自身就需要同孩子的心弦对准音调。"

1. 读懂孩子

保罗·朗格朗说:"每一个儿童都是一个有个性的生命体,有自己独特的思维和学习方式。"孩子间的个体差异是客观存在的。由于遗传素质、性格特征、家庭情况、社会环境的不同,每个孩子站在不同的高度、不同的起点上,我们需要了解和尊重孩子发展水平、能力、经验、学习(活动)方式等方面的个体差异,正如卢梭说的:"不要急于对他作出或好或坏的评判。"

幼儿教师对孩子的解读应该是无边界的。美国心理学家加德纳认为,"每个个体有不同于他人的智能,在各个领域中,各种智能不是均等的"。这种发展的不均等,体现在群体当中,是孩子发展水平的参差不齐;体现在个体身上,是孩子自身能力的强弱不均。这种差异性、丰富性,决定了幼儿教师须全方位、多角度地了解孩子,关注每个孩子在群体中的特殊性和独特性,以及孩子自身的优势和弱势,寻找生长点,促进他们用强项形成自己的特色,并顺势引导,弥补不足,以带动孩子全面而有个性地发展。更何况,所谓的"弱势"与"不足",如果我们肯停下来、慢下来,等一等、再等一等,谁又能说就不会后发为强项呢?即便是成人中的所谓成功人士,又有几个是"全能冠军"呢?有时我们不太肯专心去读孩子,也许是因为我们对差异性关注不够,觉得都是孩子,不那么难读懂。

2. **信任孩子**

陶行知说:"教育孩子的全部秘密在于相信孩子和解放孩子。"信任孩子是基本的原则。每个孩子都是有情感、有意志、有不同个性的。信任他、尊重他、爱护他,给他们活泼的生长营造良好的教育环境,才能解放孩子,保护和培养孩子的自信心、自尊心、仁爱心和责任意识、乐群意识,促进孩子德行的生长,激发孩子求知的欲望、想象的力量和创造的冲动,促进孩子发挥潜能、克服困难,获得成功的体验。

幼儿教师对孩子的信任应该是无条件的。有时我们难以做到无条件的信任,是因为我们多多少少或有意或无意地将成人的标准、成人的价值迁移到孩子那里。我们一个肯定的眼神、一句鼓励的话语、一个安慰的抚摸,都能转化成孩子进步的动力。面对各方面发展速度都比较慢的孩子,我们应该付出更多的爱心、耐心,欣赏他、鼓励他,发现他身上的闪光点,为他感到自豪和骄傲。特别要注意的是,真诚是幼儿教师和孩子相互信任的基础。要真诚地称赞孩子的优点,实事求是地评价孩子的才能;面对孩子发展中遇到的问题,不回避,不放弃;与孩子平等对话,做孩子心里可以信赖的朋友。

3. **支持孩子的发展**

斯宾塞说:"给他们讲的应该尽量少些,而引导他们去发现的应该尽量多一些。"支持孩子的发展就要学会观察。蒙台梭利说:"唯有通过观察和分析,才能真正了解孩子的内在需要和个别差异,以决定如何协调环境,并采取应有的态度来配合儿童成长的需要。"

幼儿教师对孩子的支持应该是无固定目标设定的。学前教师要多关注孩子的活动过程,要善于捕捉孩子活动过程中具有研究价值的教育现象和信息,捕捉孩子的喜怒哀乐、感兴趣的话题、知识的背景、经验的来源、发展的动力,以及所有能激发孩子发展潜能和创造力的因素。教师不能为使孩子达到设定的目标,催逼或者诱导孩子就范,应从孩子的兴趣和需要出发,给出适当的回应,进行适时的引导。即使孩子在活动中出现问题,也不要急于替代式解决,而是给孩子提供探索的时间和空间,鼓励他们自己解决问题,最大限度地促进孩子的发展。

总之,每一个孩子都带有自身鲜明的特性,孩子发展过程中呈现的状况也是千姿百态的。每个孩子能力倾向不一样,幼儿教师要允许孩子各尽其能,引导孩子按照自己的兴趣自由发展;每个孩子成长速度不一致,要允许孩子各得其宜,引导孩子按自己的节律自由发展;每个孩子生长样态不相同,要允许孩子各显神通,引导孩子按适合自己的方式自由发展。"同孩子的心弦对准音调",幼儿教师才能不荒腔、不跑调,才能串起一个个不同的音符,谱写出美妙动人的旋律。

好书推荐

1.《让孩子自己做主》

——[美]默纳舒尔(Myrna B.Shure)

默纳舒尔,哲学博士,一位有发展眼光的心理学家,费城 Allegheny 大学健康科学学院心理学教授。他在家长和老师中推广"我能解决问题"(ICPS)计划,该研究为其赢得了四项国家级大奖。舒尔博士也是美国青少年心理健康和不良行为预防方面的咨询顾问。针对让孩子尽早学会"自己做主""自我思考"的技能,本书作者在长达 25 年的调查研究和临床实验的基础上,创造了一个帮助孩子获得这种能力的计划,即"我能解决问题"计划(I Can Problem Solving,ICPS)。

2.《天生棒小孩》
——[美]辛西亚汤白斯、卡罗尔芬克

辛西亚汤白斯,儿童学习方法专家,Learning Styles Unlimited and Apple St. 机构创办人,现任总裁。著有畅销书《成功百分百》《以孩子的方式教他们学习》《每一个孩子都能成功》等。该书阐述了在孩子中的一些令家长沮丧和懊恼的习惯和行为背后,往往隐藏着巨大的潜力和促使他们成功的爆发力。执拗的背后是坚定不移,强烈的意愿展现出潜在的领导才能,好争论、讲条件显示出潜在的谈判能力。当我们评判一个孩子的行为时,应该看到其行为背后蕴藏的潜在能力,家长不仅要了解而且应给予孩子应有的理解,并据此制定有效的策略来激励孩子走向成功。 但这并不意味着孩子可以以他们独特的学习和表达方式为借口,无视规则、为所欲为,他们必须懂得为自己的行为负责。他们可以有选择快乐成长的自由,但也必须明白,提供快乐成长自由的规则制定者,是父母、监护人。

第二章 学前儿童教育的目标和任务

孩子提出的问题越多,那么他在童年早期认识周围的东西也就愈多,在学校中越聪明、眼睛愈明、记忆力愈敏锐。要培养自己孩子的智育,那你就得教给他思考。

——苏霍姆林斯基

第一节 学前儿童教育的目标

一、教育的目标

教育是一种有目的的活动,在形态上是一种观念,实质上是教育实践经验的总结,它揭示了教育在受教育者的身上可能产生的普遍结果。教育目的的实现是一个长期的、连续的教育过程。

目标是人类对活动结果的一种指向和规定。教育目标是指一个国家或民族通过教育,把受教育者培养成为什么样的人,它是国家对培养人才的质量和规格的总体要求。教育目标是"教师所预期的学生的变化"的指标体系,它既包括抽象概括的目标,又包括各个有操作性、资助性与可测性特点的具体目标。教育目标的确立是一个国家人才利益的意志体现,它可以规范教育活动的全过程,为学生培养起到提供工具、启示方法和指示步骤的作用,使教育活动更加合乎教育的规律性和社会的需要性。

1995年颁布的《中华人民共和国教育法》规定,我国的教育目标是教育必须为社会主义现代化建设服务,必须与生产劳动相结合,培养德、智、体、美等方面全面发展的社会主义事业的建设者和接班人。这一教育目标确定了我国社会主义初级阶段教育对象的发展方向,它是一切教育活动的出发点和归宿。

二、幼儿园教育的目标

幼儿园教育的目标是国家对幼儿园提出的培养人的规格和要求,是全国各类型幼儿教育机构统一的指导思想。我国幼儿园教育的目标是:"对幼儿实施体、智、德、美等方面全面发展的教育,促进其身心和谐发展。"幼儿园教育目标是完成幼儿园教育任务、提高幼儿园教育质量的重要指导思想,国家通过这一目标对全国幼儿园教育进行领导和调控。

(一) 外国幼儿园教育目标

1. 新西兰

新西兰的幼儿园教育注重让父母和社区的其他人员一起参与到教学过程中,使宝宝在家庭、社区、幼儿园不同的环境里,通过与不同对象的交流,来认识自己是"社会"中的一份子,而且懂得,不论性别、能力、年龄、种族、社会背景等,自己都应该得到尊重,同时也要尊重别人。其教育目标主要包括以下几点:

(1) 身心健康,情绪愉快,保证安全,避免伤害;
(2) 适应幼儿园这个"小社会"的日常生活,能判别行为的对与错;
(3) 全方位学习,全方位发展;
(4) 充分发展个性,并学会与同伴相互学习;
(5) 发展语言交往技能与非语言交往技能,并运用不同的方法去创造和表现;
(6) 通过积极的探索来学习,获得对身体的控制能力与自信心;
(7) 学习思考与推理,认识自然、社会。

2. 日本

在日本幼儿园,每个宝宝都自己穿衣服、整理衣橱、收拾餐具、摆放桌椅。而且衣服穿得很少,喝的是凉水,吃的是冷食。大量的室外体育运动、远足是幼儿园的重要科目。他们的运动丰富多彩,有荡绳、拉单杠、爬网绳、堆沙丘、钻山洞、相扑、走平衡木等。这些运动可以培养宝宝不怕困难的精神、健壮的体魄和灵巧的技能。远足不仅锻炼宝宝的体力,还有采集标本、回来展出的任务,宝宝们往往兴致很高,能主动地、有创造性地参与活动。识别交通灯、懂得必须走人行道、知道在火灾或地震等来临时怎么保护自己等等。日本幼儿园的教育目标包括以下几点:

(1) 自己的事情自己做;
(2) 坚强韧性,不怕困难;
(3) 会开动脑筋学习;
(4) 有动手能力;
(5) 身体健康,精力充沛;
(6) 懂得交通、地震等安全知识。

3. 奥地利

奥地利幼儿园的老师们充分利用童话、太空世界等素材,让宝宝通过扮演童话人物、自编童话故事、做太空旅游游戏等,展开想象的翅膀,同时也促进了创造力的发展。而在想象与现实的比较中,宝宝还掌握了理性的对比方法。

幼儿园里有专门的手工间,有专供宝宝使用的刨子、锯子等工具;有专门的

厨房,里面的设备也是适合宝宝使用的。宝宝在游戏般的劳动中,不仅提高了动手能力,对自己的能力充满信心,还对社会工作有了感性的认识。

奥地利是一个"音乐国",对音乐教育十分重视,幼儿园也是如此。为了培养宝宝的乐感和节奏感,规定音乐老师必须会弹奏吉他,同时老师至少还要会其他一种乐器。但重视音乐教育不是强制孩子学习,不为学习音乐而扭曲孩子自由发展的天性,也没有"督促"孩子学习音乐(包括乐器)的做法。

他们还将画画与诗歌欣赏相结合,鼓励宝宝为自己的图画、雕塑、木刻作品创作出三言两语的儿歌来描绘,并朗诵出来。这些似乎是艺术家做的事,可对宝宝来说,绝大多数都能胜任这样的创造性工作。奥地利幼儿园的教育目标包括以下几点:

(1)发展想象力和理性思维能力;
(2)发展动手能力,形成自信心;
(3)把音乐作为基本素养,培养乐感和节奏感;同时发展其他艺术能力。

4. 法国

将幼儿教育与家庭教育密切结合,是法国幼儿教育的一个特色。大到幼儿园的课程设置、环境布置、活动安排等问题,不是幼儿园说了算,而是充分听取父母的意见,跟父母委员会一起讨论决定;小到每个宝宝在家里和在幼儿园的情况,老师都利用父母接送时间及时进行沟通,以便在教育上更好地互相配合。把绘画和艺术活动引入教学是他们常用的方法。通过用不同的材料与工具画画、举办木偶戏表演、做角色装扮游戏等,来发展宝宝的语言、情感表达、艺术表现和创造性等各种能力。科学技术活动是他们十分重视的一个方面,随着宝宝年龄的增长而不断加强。宝宝在动手动脑的制作、拼拆、修补等活动中,了解事物的属性、特征,理解事物之间的关系。法国幼儿园的教育目标包括以下几点。

(1)提高肌体的平衡性及协调性;
(2)发展口语表达能力,能正确表达自己的思想、情感和需要;
(3)积极地与教师、同伴交往;
(4)发展艺术表现能力和创造力,提高审美能力;
(5)发展自由探索、独立创造的精神;
(6)获得有关科学技术方面的粗浅知识与技能。

5. 美国

为了培养宝宝的独立精神和探索精神,发挥想象力和创造力,美国学前儿童教育工作者将幼儿园布置成不同的活动区域,比如:电脑区、图书区、泥塑区、植物区、动物区、积木区、玩沙区、玩水区、烹调区等,让宝宝自己选择活动区域,自己取、放玩具和物品,活动结束后自己收拾场所。

为了培养宝宝对环境的信任感,他们他们将玩具、物品等分类摆放,显示清晰,宝宝不会因为找不到东西而觉得陌生、茫然或不安。

为了让宝宝学会友好相处,他们准备的玩具、物品很充沛,有需要的宝宝都能得到,无须争抢。同时,不同的区域使得每个宝宝都能自由地与几个伙伴在一起活动、交流,增加他们与人交往的经验。如果宝宝之间发生争执,老师就引导他们互相说出自己的想法,让他们学会沟通。

为了让宝宝觉得自己受到重视,他们将宝宝做的各种功课,如图画、剪纸等,贴在宝宝平视就能看到的地方。美国幼儿园的教育目标包括以下几点:

(1)有好奇心、想象力和创造力,发挥自己的潜力,在各方面都得到发展;
(2)能发现问题、解决问题,有独立精神和探索精神;
(3)能对成人的各种要求作出反应,有信任感、责任感、自尊心;
(4)能够表达自己的需要,学会与人分享和合作,友好地与同伴交往;
(5)不断提高肢体动作的准确性、手眼动作的协调性;
(6)通过游戏丰富知识、经验,并对知识经验进行总结、分类;
(7)通过培养艺术技能和认知技能,发展他们的社会性和情感;
(8)培养学习技能,如读、写、算,但不强迫他们学习,使他们能够根据自己的接受能力进行学习。

6. 英国

在英国幼儿园的课堂上,老师很少用讲课的方法传授知识,而是以小组和个别辅导为主,宝宝可以自由选择做点心、玩电脑、学画画或者玩各种游戏,通过自己的操作和探索得到知识,培养技能。

所有的教学方法都充分体现了儿童"主体性"的观念,符合宝宝的心理特点。比如,在读故事书的时候,让宝宝装扮角色来演绎故事、理解情节、体验人物感情;在解释"浮"和"沉"意义的时候,让宝宝在水盆里摆放塑料片、铁片、纸片进行观察;用娱乐性软件时,让宝宝在电脑上通过游戏认识形状、数量,学习下棋、走迷宫等充分满足了宝宝的好奇心,让他们体验到探索的乐趣。

在活动中,老师从不强调答案的唯一性,对宝宝提出的各种解释,只要有合理因素,或者有想象力,都给予很高评价。英国幼儿园的教育目标包括以下几点:

(1)培养语言能力、独立性、创造性;
(2)发展聆听、观察、讨论、实验的能力;
(3)注重对兴趣和个性的培养,注重对能力的全面发展;
(4)注重思维与想象,在开放式的环境中充分展示自己。

（二）我国幼儿园的教育目标

幼儿园应与家庭、社会密切合作，与小学相互衔接，综合利用各种教育资源，共同为儿童的发展创造良好的条件。

幼儿园应为儿童提供健康、丰富的生活和活动环境，满足他们多方面发展的需要，让儿童在快乐的童年生活中获得有益于身心发展的经验。

幼儿园教育应尊重儿童的人格和权利，尊重儿童身心发展的规律和学习特点，以游戏为基本活动，保教并重，关注个别差异，促进每个儿童富有个性的发展。我国幼儿园教育的目标包括以下几点。

1. 健康
(1) 身体健康，在集体生活中情绪安定、愉快；
(2) 生活、卫生习惯良好，有基本的生活自理能力；
(3) 知道必要的安全保健常识，学习保护自己；
(4) 喜欢参加体育活动，动作协调灵活。

2. 语言
(1) 乐意与人交谈，讲话礼貌；
(2) 注意倾听对方对话，能理解日常用语；
(3) 能清楚地说出自己想说的事；
(4) 喜欢听故事、看图书；
(5) 能听懂和会说普通话。

3. 社会
(1) 能主动地参与各项活动，有自信心；
(2) 乐意与人交往，学习互动、合作和分享，有同情心；
(3) 理解并遵守日常生活中基本的社会行为规则；
(4) 能努力做好力所能及的事，不怕困难，有初步的责任感；
(5) 爱父母长辈、老师和同伴，爱集体、爱家乡、爱祖国。

4. 科学
(1) 对周围的事物、现象感兴趣，有好奇心和求知欲；
(2) 能运用各种感官、动手动脑，探究问题；
(3) 能用适当的方法表达、交流探索的过程和结果；
(4) 能从生活和游戏中感受事物的数量关系并体验到数学的重要和有趣；
(5) 爱护动植物，关心周围环境，亲近大自然，有初步的环保意识。

5. 艺术
(1) 能初步感受并喜欢环境、生活和艺术中的美；

(2)喜欢参与艺术活动,并能大胆地表现自己的情感和体验;
(3)能用自己喜欢的方式进行艺术表现活动。

三、蒙台梭利关于学前儿童教育的目标

蒙台梭利的学前儿童教育观认为,儿童未来的幸福人生该是"更聪明""有出息""常快乐"。"蒙台梭利实验儿童之家"的调查显示,这正是大部分家长对孩子一生的期许,因为,如果一个孩子够聪明,他会自动去适应环境,立足社会,开拓未来;胸容万物,造福人群;心无烦恼,常觉快乐。儿童在六岁以前大脑的成长基本定型,因此,我们要在儿童六岁以前就朝着"幸福的人生"去培养他们。

(一)更聪明

所谓"聪明",就是耳聪目明。对于儿童,通常是指视听敏锐,见解正确,博览多闻,言语清楚,而且能举一反三。蒙台梭利的科学教育理论就从感官练习开始,把握孩子各项官能的敏感期,适时地、多次地、多样地来诱发孩子感官的潜力,使之更"精确敏锐"。此外,孩子在学校和家庭"预备过的环境"当中可以由各种事物的形状、颜色、质料、性质得到明明白白的认知、清清楚楚的辨识,发现其间的差异,归纳它们的类序,分析其中的关系,举一反三地进行推理。这也是由耳聪目明提升到心智慧敏的关键阶段。当然这要靠老师的启发和父母的诱导,尤其是家庭与学校密切"配合设计"和"联合行动"的合作教育,才能使你的孩子得到充分的智力启发。

在感官练习的同时,孩子的"语言"和体能活动,也需要更多的刺激和引诱,因此我们也要不失时机地诱导他们这两方面的发展。就头脑的成长来说,这三种练习,都是刺激大脑成长的来源,而且在三岁以前,具有相互促进的作用。因为感官练习能够充分开发儿童的智力;"语言"练习能够帮助儿童和大人沟通,引起大人更多的注意和反应;"运动"由爬到站、走增加了他的活动领域,也逐次建立了"独立"和"自信"。

除了直接的智力开发之外,还要同时培养儿童打开智慧之门的习惯和性格,也就是培养儿童"敢尝试、喜探索、爱学习"的习惯,以及常常发现问题,喜欢追根究底的性格。遇到这样的"可造之材",老师固然要不厌其烦地解答,父母也要不怕孩子打破砂锅问到底的麻烦,应该耐心地去满足孩子这些智性活动的需要。这样,经过学校和家庭由浅入深的训练,孩子会随着他的年龄增加,一天比一天更聪明。

(二) 有出息

所谓"有出息",通常是指一个人对"事"有见解,遇"责"能担当,具备这两项品性就不会人云亦云,不知好歹,毫无作为。这类人在小的时候,会依其所好,选择玩具或玩伴,稍大之后,他会是学校的队员、团体的中坚。也许他做得多也错得多,但他肯认错,肯改进,见到旁人有困难,他会自动伸援手,同学亲友也信任他。要让孩子"有出息",就要从小开始培养,生活上要小孩自己拿奶瓶,六个月开始自己洗手,自己用汤匙吃饭,十二三个月时能帮助做些家事,三岁开始做他能力所及的小事。经常让他独立完成一桩事,并适当地予以赞美和感谢,慢慢地孩子会从生活的独立中培养出自信和负责的人格品德。培养孩子独立担当的能力,"让孩子比你更强",远比买"速健"给他们吃要有保证得多。

（三）常快乐

所谓"常快乐"，是指一个人，遇事不悲观，不但有安贫乐道的品格，而且也有不叫苦、不怕难的精神。这样的人，也常会有"富贵不能淫"的操守，如果再像麦克阿瑟为子祈祷文中所说的"具有一点幽默感"，让别人也能分享他的快乐，那就更完美了。

"常快乐"的性格需要从小培养，培养他们"喜爱工作"的习性、"乐于助人"的品行、"守分际、无奢欲"的操守和"美化生活"的才能。值得注意的是，蒙台梭利认为"工作是人的特性"，绝大多数的动物，没有这种"特性"。大人们因为"工作"带来成就感，活得有希望；小孩每天不停地忙碌，是在做他成长的"工作"。能够喜好工作，生活就绝没有"无所事事"的苦恼，反而会有"享受成就"的感受。神经病理学家也认为，一个喜爱工作的人，必然是一个正常的人，也是一个快乐的人。让孩子养成喜欢工作的习性，就是从小鼓励他去工作，尤其是帮助你做点家事，完成以后示以适当的嘉许，他不但会有成就感，而且会感到快乐。当然在最初开始时，你得要斟酌他的能力，防止他的失措，譬如要他帮你拿碗，最好让他拿打不破的碗。如果想培养他从失败中重新再来的性格，需要精心设计，以免使他的小心灵受到挫折或产生罪孽感。

第二节 学前儿童教育的任务

一、学前儿童教育任务的内容

教育的根本任务是培养有独立人格、可以适应社会、有良好道德感并可以驾驭生活的人。当然,不同阶段的教育也有不同阶段的任务。

幼儿教育的任务是教育目的在学前教育阶段的具体体现。学前教育的任务就是要根据统一的教育目的,结合学前儿童身心发展水平而提出具体的目标与要求。学前教育任务具体是指家庭与托儿所、幼儿园等教育机构所应承担的教育职责。

关于幼儿教育的任务,我国有关部门曾多次下达文件作出明确规定。1981年教育部颁发的《幼儿园教育纲要》(试行草案)中指出:"幼儿园教育任务应是向幼儿进行德、智、体、美全面发展的教育,使其身心健康、活泼地成长,为入小学打好基础,为造就一代新人打好基础。"1989年国家教委颁发了《幼儿园工作规程》(试行),后于1996年国家教委又重新正式颁布《幼儿园工作规程》,明确地规定了"幼儿园的任务是实行保育和教育相结合的原则,对幼儿实施德、智、体、美诸方面全面发展的教育,促进其身心和谐发展。幼儿园同时为家长参加工作、学习提供便利条件"。

二、幼儿园教育任务的具体要求和方法

由于家庭与托儿所、幼儿园等教育机构在其教育环境、教育内容、教育方法、教育的组织形式与手段,以及儿童的发展等方面,都存在着不同的特点和极大的差异性,在幼儿教育任务方面,有其一致性,也有其特殊性。

(一)幼儿园教育任务的具体要求

1. 搞好卫生保健工作,培养儿童良好的生活、卫生习惯和独立生活能力。

2. 发展儿童的基本动作,培养儿童对体育活动的兴趣,提高机体的功能,增强体质,以保护、促进儿童的健康。

3. 在儿童学习周围生活中的粗浅知识与技能时，注重发展儿童的注意力、观察力、记忆力、想象力、思维能力，激发他们的学习兴趣与求知欲望，培养他们良好的学习习惯与初步的动手能力，学习运用感官和运用语言交往的基本能力，增进对环境的认识。

4. 启发儿童爱祖国、爱家乡、爱集体、爱劳动、爱科学的情感，培养他们诚实、自信、好问、友爱、勇敢、爱护公物、克服困难、讲礼貌、守纪律等良好品德行为和习惯，以及活泼开朗的性格。

5. 培养初步的感受美和表现美的情趣和能力。

（二）幼儿园教育任务的方法

1. 强调照顾儿童的喜好，不必强求一致的活动。要求教师进行引导和个别辅导。

2. 采用设计教学法，即主张由学生自发地决定学习目的和内容，教育活动用单元活动的形式，每一个单元以一个问题为中心，所有的问题都围绕这个中心进行。

3. 强调儿童要做户外活动，以自然界、家庭、村庄、城市都是儿童最好的活动场所。

4. 引导儿童自己能做的事要自己做，园中的扫地、擦桌子、拔草等这些事情都应让儿童去做。

5. 教师要作观察教育记录，对儿童的身体、性情、爱好都要记录下来，作为研究和施教的材料。

6. 儿童的玩具用品尽量利用废物、天然物和日用品。

7. 教育活动要与家长配合，也可向家长宣传幼儿教育和家庭教育方法。

（三）幼儿园教育任务中幼儿习惯的养成

1. 规律生活

一个人的生活作息，在现代多元的社会里，看来似乎越来越不重要，因为每个人所享有的自由越来越多。但对于一个正待"灌溉"成长的幼儿而言，合理正常的规律生活，对他的生长发育、有效学习都是至关重要的。相信熬过夜、加过班的家长应该很能体会不规律生活的伤害，何况一个孩子呢！同时，还有调查发现，小学里第一批加入少先队的孩子，并不是因为他的聪明、智商高，而是他们都有共同的特点：生活很有规律，下课后先去洗手间，再去饮水；上课听讲也认真，作业写得也整洁。

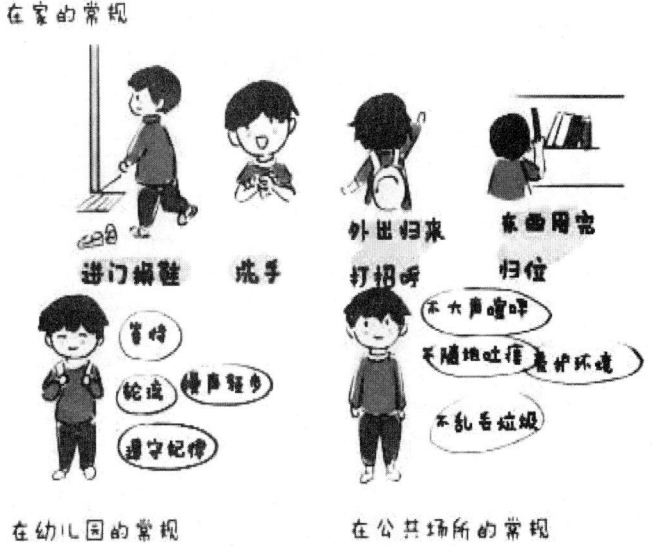

2. 遵守常规

幼师和家长接触了很多教育理念,最为流行的观点便是爱与自由,认为"孩子天性自由""我们要给孩子更多的自由"。但是,应当注意,自由的前提是规则,不管不顾的自由不是真正的自由。共同生活在社会中,规则是约定俗成、和平共处的基础。所以,我们要从小培养起孩子的规则意识。学前教育,就是让不适应小学一年级的6~7岁孩子有一个过渡学习与适应常规的过程。遵守常规就是让孩子懂得规则、遵守,比如守纪律、懂规矩等。常规包括生活常规、幼儿园常规、社会常规等。孩子在家、在幼儿园期间不单单是安全保障、吃好睡好,而正常的生活常规、良好习惯的调教更为重要。

3. 积极参与

老师和家长都要去鼓励孩子大胆、积极参与,锻炼孩子的自信心。在家庭现实生活中,有许多小事应鼓励孩子自己独立去做,如洗手、漱口、洗脚、洗手绢和袜子、整理床铺、收拾玩具,自己的事情自己做,养成孩子手脚麻利、眼明手快的个人素养。渐渐地要让孩子明白:你是家庭的成员,这个家也有你的一部分,你要学会为家庭建设做些什么。请大家注意,千万不要利用金钱去交换孩子做家务。

4. 独立自主

现代的孩子独生子女很多,更要注重培养"我的事情我做主"的自主能力。孩子上学以后在学校里会面对很多自己拿主张、作决定的事情,不要让孩子太依赖,让他自己根据情况作出正确的选择,这样学习及写作业时也不会非要大人"陪太子读书""陪公主写作业",自己写完作业后能独立检查,渐渐学会自理、自立。 孩子也是一个独立的人,终有一天他会离开你,去独自面对这个世界,你不可能照顾他一辈子,所以教给孩子自立,是给孩子进入社会的最好的礼物。

5. 文明礼貌

人生活在社会里,必须与他人打交道,"不学礼无以立",和谐的集体生活靠每个人去相互营造。要教育孩子如何与人交流谈话,进门前敲门但不粗暴猛烈,进门后随手关门、向成人问好,主动换鞋等。告诉孩子这世界很美好,好人多,坏人少,学会向陌生人友好微笑,善待每一个擦肩而过的人。在公共场所管住自己的嘴巴,只有做到我爱人人,那么人人才会爱我。 电话是孩子生活中常常接触的,而 6 岁孩子应学会正常的接听和拨打电话,学会文明礼貌用语很重要,如:"您好""请问您找谁""需要我帮助吗""我可以帮您转告""再见"等礼貌用语,避免"你谁呀""他早走啦""去上班了""真烦人"等粗俗语言。

6. 清洁卫生

要教育孩子从小养成优良的个人卫生习惯。个人卫生有利于健康,生活中注意帮助孩子克服吃手指、抠鼻孔、揉眼、挠头等不雅观的小动作,同时还要教育孩子公共场合的卫生问题。

7. 与人合作

孩子未来生活在社会群体中,因此应该教育孩子从小知道团结他人、与人合作,借助他人的力量最终双赢。知道自己能力有限,而更主要的是使他明白别人比自己强。让孩子懂得能与人分享快乐最幸福、能与人分享的思想最有见解。

8. 收拾整理

孩子上学后有许多收拾课桌、准备下节课的活动,这些都需要平时在家中养成良好的收拾习惯,每做完一件事情就一定要回头看看留什么"尾巴"没有。生活细节有很多,教育孩子别光说,言传身教树楷模,要有规律去生活,遵守常规记清楚,积极参与会切磋,独立完成能协作,文明礼貌要稳妥,与人合作心要和,收拾整齐尽心做。

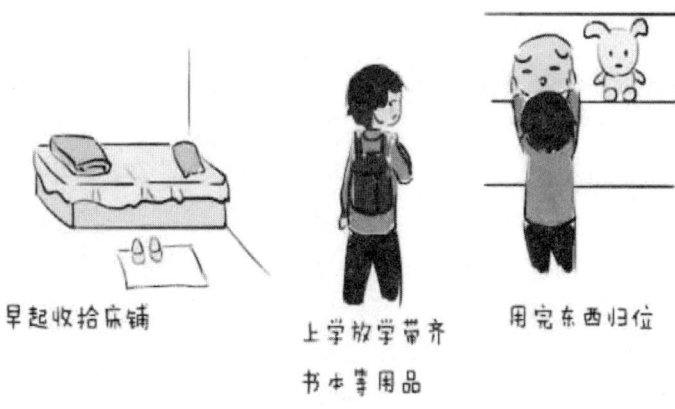

三、关于学前儿童教育任务的几点认识

(一) 可以早"拿笔",不必早写字

我们常听到这样的言论:"我们家孩子都上幼儿园半年了,连字都不会写!看看跟她同龄的孩子,在某某幼儿园,都已经会写好多字了!真是急死人了!"针对此类家长,需要清醒地了解到,6岁前的儿童,因手指关节及小肌肉还未完全发育成熟,精细动作还需慢慢练习。因此,可尝试着让孩子拿笔,学着涂涂画画,做一些把虚线图案描成实线的游戏,在动手操作中来锻炼孩子的精细动作,也同时培养了孩子对"拿笔"的兴趣。写字,对孩子的结构把握能力、空间感受力、手关节技巧、腕部用力技巧都有一定的要求,过早接触的话,很容易养成错误的执笔、书写习惯,甚至引起手指变形。所以学龄前的孩子在入小学前会写自己的名字就已经很好了。

(二) 不必过早接触小学知识,以免"三年级效应"及孩子大脑被"修剪"

有些孩子在小学一、二年级的时候非常优秀,但是上了三年级之后,成绩不断下滑,甚至出现厌学情绪,这就是"三年级效应"。深究背后原因,往往是过度的"学前教育"惹的祸。孩子在幼儿园时期,过多地接触了小学知识,当孩子上一、二年级时,自己觉得什么都会,于是就很容易走神,注意力不集中,从而养成了不良的学习习惯。而这些潜在问题,往往在三年级时集中爆发出来。

美国心理学家托尼·琳达提出过"大脑修剪理论":当人们长期进行一项单一学习活动的时候,大脑中那些活跃的细胞、神经可能会变得更"茂盛",而那些不常活动的细胞、神经则可能会被"修剪掉"一部分。这种现象本是一种正常身

体机能,但如果发生在孩子身上,后果却是非常可怕的。因为孩子大脑中各个区域的细胞、神经都处在发育生长阶段,某一部分过早地遭到"修剪",会影响孩子大脑的均衡发展,对孩子今后的成长极为不利。

(三)注重"直接经验"获得,减少间接知识的灌输

学习的内容分为"直接经验"和"间接经验"。简单地说,孩子把手伸进冰水里,直接感觉到冰水很凉,他以后就记住这种感觉了,这就是"直接经验";但是,冰水的温度是零摄氏度这样的知识性,孩子是无法直接感受到的,只能靠别人告诉他,这就是"间接经验"。6岁前的儿童的学习应该以"直接经验"为主,让孩子去触摸、品尝、观看生活中不同物品的不同形状、手感、味道、颜色,过早地开始灌输知识,并用贴小红花等手段诱导孩子学习,既没有充分发展孩子的天性,也没有使孩子养成自觉的学习习惯。

延伸阅读

阅读是滋养儿童心灵的重要源泉

虞永平

我们始终不能忘记幼儿园里的小读者,他们读什么,怎么读,为什么要读,都是需要我们用心去回答的问题。在全社会越来越关注儿童阅读的大背景下,我们还是要强调,对儿童阅读的任何疏忽、误解和莽撞,都可能对儿童的成长产生消极的影响。

我们要站在儿童发展的整个历程中关注儿童的阅读,并真正理解阅读对于儿童心智成长和人格形成的意义。阅读是儿童内心的渴求,是儿童对外部世界感知的一个特殊部分,我们要像丰富儿童生活环境一样,为儿童提供丰富和适宜的图书。

儿童阅读不是成人对儿童的恩赐,不是儿童生活中可有可无的一件事,阅读是儿童内在的需要,图画书生动的画、有趣的故事,能给儿童带来想象和快乐,带来感受和经验。如果一个正常的儿童对图画书视而不见,那问题的根源大多在成人那里,大多是因为儿童不愉快的阅读经历和体验导致的,大多是因为儿童感受到了阅读以外的力量的影响。

对儿童来说,阅读不只是一个简单的视觉扫描的过程,而是一个用自己的心灵去触碰画面中的人物、环境、事件的过程,其中有感觉、想象、思维等综合的心理过程。阅读应该是儿童的自主行为,儿童可以用自己的经验和思维去解读文本,展开想象,进行思考。阅读优秀的图书对儿童来说就是享受心灵甘露,能助推儿童成长。

因此,我们要给儿童足够的机会、足够的时间、足够的图书、足够的自由,让儿童真正享受阅读过程。幼儿园、家庭配备有助于儿童成长的图书,是儿童生活的现实需要,也是儿童成长的基本条件,要切实确保家庭、幼儿园图书的拥有量、适宜性和使用率。

儿童的阅读水平与其身心发展水平紧密相关,要从儿童的发展出发,根据儿童阅读的实际表现,确定和调整儿童阅读的内容和方式。因此,观察和了解儿童是引导和支持儿童阅读的前提。

教师、家长及其他成人要共同为儿童的阅读作出努力,不要为了升学、认字等遥远的目的去为儿童选择所谓有价值的图书,不要拿起书来就做儿童的教师,不要把"教书"当作对儿童的最大支持,而是要真正感受儿童的兴趣、需要和可能,让儿童阅读真正有价值的、适宜的图书,让阅读真正能给儿童带来快乐,让阅读真正成为儿童愿意自觉维持的行为。

在加强对儿童的心理发展特点和阅读水平了解的基础上,成人尤其是教师应不断提升自己的儿童文学修养,要提升对儿童图画书的鉴别能力。只有适合儿童身心发展水平和发展需要的图书,只有能给儿童带来美好感受的图书,才对儿童发展具有实际的价值。要让伪劣图书远离儿童,让成人的读物远离儿童,要根据儿童的年龄特点,选择真正适合儿童的图书,让图书真正触及儿童的心灵,促进儿童的成长。要注重图书的更替频率,让儿童真正在阅读中审美、思考和想象。

如果儿童在图书面前无精打采、敷衍翻阅,要反思的不是儿童,而是成人。成人要伴随儿童阅读,关注儿童的阅读过程,要深入研究儿童的阅读过程,关注儿童的阅读倾向,关注儿童的注意选择性,努力解读儿童在阅读过程中的动作、情感和语言。只有这样,才能真正为儿童选择适合的图书。成人的潜心阅读是儿童阅读最重要的氛围,成人要成为阅读的榜样,成人对图书是否真正热爱会以感知方式让儿童感受到,成人一味要求儿童阅读,而自己远离图书,是无法真正成为影响儿童阅读的积极力量的。

　　儿童的阅读不是为了外在的目的,儿童的阅读就是为了他自己。成人应该努力让儿童自主地、清静地、专注地阅读。有些书籍需要成人与儿童共读,但更多的时候,应该让儿童自主地阅读。指导儿童阅读不是围绕教师心目中的标准阅读,不是教师把自己的理解强加给儿童,更不是字、词、句的解释与背诵。教师的指导是针对问题、针对困难,更多的是启发鼓励、引领思考,激发儿童生发想象和诞生观念。儿童与图画书中的人物、情境和事件的对话,儿童对画面的沉醉和想象,儿童生发的创造性表达,才是高质量阅读所应该追求的。

　　儿童的阅读能力是在阅读的过程中发展起来的,别让教师主导的绘本教学再膨胀了,别让所谓的绘本教学毁掉儿童的自主意识、想象力和批判精神。如果不去研究儿童的心灵世界,只关注教的技巧,一课三研无用,就是一课十研还是无用。如果不研究儿童的心灵世界,教师主导的绘本教学与课程游戏化就没有丝毫的关系。如果不研究儿童的心灵世界,文学家创作的美好的文学作品就会被我们糟蹋,文学家留给儿童的审美机会、想象空间就会被我们浪费。

　　成人的文学素养和对儿童的了解比会"教"重要得多。不要把完整的作品拆解得支离破碎,不要只关注图画书中的只言片语,儿童的阅读是一个整体的感受和互动过程,是儿童与图画书的对话过程。

　　我想再次重申,给儿童一些自主阅读的机会吧,给儿童一些深入阅读的机会吧,给儿童创造更多安心阅读的机会吧!

好书推荐

1.《和孩子划清界限——成功训育儿童自律的法宝》

——小巫

小巫,美国 Rutgers 大学教育学硕士,国际母乳会咨询员,两个孩子的妈妈。曾在美国两所大学做管理职位,并出任澳大利亚驻华大使馆新闻官,发表过诗歌、小说,撰写过电视剧本,拍摄过电影,导演过话剧,最终决定做一名教育专家。出版过《让孩子做主》和《给孩子自由》。在《父母》杂志上主持母乳喂养专栏,在其他的育儿和时尚类杂志上主持早期教育专栏,并荣获"中国国际家庭教育论坛形象大使"称号。

本书是小巫继《让孩子做主》和《给孩子自由》之后,为4岁以上儿童父母撰写的新作。通过讲述生动感人的真实故事,加上细致深入的推理和分析,探讨父母潜意识中的内心恐惧和心理伤痕对于养育孩子的负面影响,介绍"真爱行为""心理疆界"以及"训育"等先进科学的教育理念,并提出给儿童树立规则、训育儿童自律的实际操作手段。

2.《捕捉儿童敏感期》
　　　　——孙瑞雪

本书收录了200多个孩子(0~10岁)敏感期的真实案例,所有案例由家长或老师记录,孙瑞雪点评。如多少父母知道,婴儿刚出生时喜欢看黑白相界的地方,而不是人们通常认为的彩球,婴幼儿喝了糖水后为什么拒绝再喝白水?他为什么爱吃手?还对非常微小的东西感兴趣?他为什么不断扔掉手里的东西,你捡起来递给他,他会再扔掉?让他听磁带,他的兴趣为什么不在听上,而是在来回装卸磁带上?这一切的背后,是一个黄金般贵重的概念——敏感期。 所谓敏感期,是指在0~6岁的成长过程中,儿童受内在生命力的驱使,在某个时间段内,专心吸收环境中某一事物的特质,并不断重复实践的过程。顺利通过一个敏感期后,儿童的心智水平便从一个层面上升到另一个层面。 以孙瑞雪为首的专家教育团队还发现,儿童敏感期也是有弹性的,0~6岁的儿童,如果敏感期还没有得到良好发展,到了6~12岁还会有弥补的机会,但是,这有个前提,那就是6~12岁期间,儿童必须有一个充满爱和自由的成长环境。但现实是,在学习压力下,这个年龄段的孩子得到的心理帮助和关怀非常少。他们既得不到6岁以前来自父母的宽容和疼爱,又得不到长大后成人给予的尊重。在纷乱的心绪中,他们孤独地成长着。

第三章　学前儿童教育的内容和原则

教育技巧的全部奥秘也就在于如何爱护儿童。

——苏霍姆林斯基

第一节 学前儿童教育的内容

一、教育的内容

　　教育有广义和狭义之分。广义的教育泛指一切有目的的影响人的身心发展的社会实践活动;狭义的教育是根据一定社会的现实和未来的需要,遵循年轻一代身心发展的规律,有目的、有计划、有组织、系统地引导受教育者获得知识技能、陶冶思想品德、发展智力和体力的一种活动,以便把受教育者培养成为适应一定社会的需要和促进社会发展的人,它不仅包括全日制的学校教育,而且也包括半日制的、业余的学校教育,函授教育,刊授教育,广播学校和电视学校的教育等。

二、幼儿园教育的内容

(一)幼儿园教育活动的理论基础

1. 皮亚杰的认知发展教学原理

　　皮亚杰认为,儿童的发展,既不是直接生理成熟的结果,也不是直接学习的结果,而是个体和环境相互作用而使认知结构不断发生质变的过程。在这一过程中,儿童主动地以同化或顺应的方式与客体相互作用,感知客体,理解客体,并建构相应的认知结构,获得自身的发展。这一理论提示我们,在构建幼儿园教育活动模式的过程中,必须尊重儿童的生理特点和心理特点,尊重儿童的认知与情感的发展水平,还要尊重每个儿童在心理发展上的不同速率。因此,我们在构建幼儿园教育活动模式中,应充分体现皮亚杰的这一教育思想。比如注意实现"幼儿在前,教师在后"的教育策略,彻底改变以往由教师示范、儿童被动模仿、教师灌输、幼儿被动接受的小学化、成人化教育方法,充分考虑儿童的认知发展特点,注重创设和利用周围的环境,引导儿童主动学习、主动探索、主动与客体发生作用。再如,注意体现因材施教的教育策略,根据儿童发展的不同水平,设立不同的"最近发展区"。在"体育活动模式"中,提倡按不同动作发展水平而考虑的分散活动;在"教学活动模式"中,倡导按不同认知发展水平而设计自由探索活动;等等。皮亚杰的认知发展教学原理,为我们在建模中更科学地认识儿童提供了理论依据。

2. 布鲁纳的发现法教学原理

布鲁纳的发现法教学原理,为我们在"建模"中更有效地把握学前儿童教育的科学方法提供了理论依据。布鲁纳认为,不论我们教什么学科,务必使学生理解学科的基本结构,而掌握学科结构的态度或方法便是"发现"。因而,教学过程就是教师引导下学生发现的过程。发现法,要求教育对象利用教师提供的材料,主动地进行学习,强调自我思考、探究和发现事物,强调学习活动的过程价值。学习布鲁纳的发现法教学原理,提示我们在"建模"中,首先要注重儿童在学习中通过自我发现、自我探索掌握知识。改变以往教师在教育过程中,只重视积累知识、重视掌握知识的量的现象。提倡儿童是学习的主体,只有儿童积极活动、主动探索,所获得的知识才是最有价值的。其次要注重儿童的学习过程。改变以往只重视学习的结果,片面追求知识获得的功利性。提倡在学习过程中,儿童思维的积极活动,儿童掌握学习方法的积极意义。因此,发现法教学原理,不论在生活活动、体育活动,还是教学活动、游戏活动中,为我们科学、有效地把握学前儿童教育方法奠定了理论基础。

3. 洛扎洛夫的暗示法教学原理

洛扎洛夫的暗示法教学原理,为我们在"建模"中优化教育环境提供了理论依据。洛扎洛夫认为,对儿童心理和行为发展最有效的影响是间接的、含蓄的暗示法。他主张在教育目标的指引下,重视儿童的兴趣,重视隐性环境对儿童的影响。把有意与无意结合起来,把理论与情感结合起来,调动儿童的认知积极性,开发儿童潜在的能力。洛扎洛夫的暗示法教学原理,对早期儿童的学习与发展,有着特殊的意义。它启示我们,在建立幼儿园教育活动模式过程中,要注意为儿童创设一个良好的教育情景和教育环境,使儿童身在其中受到潜移默化的影响,得到积极愉快的体验。比如,在"游戏活动模式"中,注重游戏环境中的自由选择,自主展开,自发讨论,开展真正属于儿童自己的游戏活动。又如,在"体验型"教学活动模式中,注重情景暗示、情感体验在幼儿学习中的作用,让儿童在对教育情景的感知与理解、体验与领悟中,道德情感得到内化,社会性情感得以迁移。

除此之外,维果茨基的学习与发展理论、斯金纳的行为主义学习理论以及布伦纳的人类发展生态学理论等,都为我们建构幼儿园教育活动模式提供了充分的理论支持。

(二)幼儿园教育活动的主要内容

1. 培养幼儿学习兴趣

学习兴趣是指人对学习的肯定情绪和渴望,是学习的直接动力。幼儿教师应注意培养儿童对学习的浓厚兴趣,使儿童对学习充满热爱和向往之感。另外,还应注意培养儿童兴趣的广泛性,让儿童对周围的人和物、自然和社会的各方面都充满好奇。对所学的各类知识技能均有积极的情绪体验,防止儿童对知识的"偏食"现象。培养儿童学习兴趣应注意如下几个方面:

第一,向幼儿展示丰富的、有吸引力的学习环境和内容;

第二,让幼儿体验学习成功后的快乐;

第三,让幼儿理解学习的意义。

2. 培养儿童学习习惯

习惯,即通过重复或练习而巩固下来并变成需要的行动方式。学习习惯,即人对某种学习行为的内在需要。习惯的形成,需要反复练习,学习习惯亦如此。教师应注意儿童如下几种学习习惯:准时来园的习惯,认真对待学习任务的习惯,正确的听、说、看、写、坐的习惯。培养儿童良好学习习惯的基本要求是:

第一,制定并严格执行各种规章制度。幼儿教师若用制度约束孩子,久而久之,孩子就会习惯规章制度所提出的行为要求,养成良好的学习习惯。

第二,反复呈现同一榜样。幼儿模仿性强,若同一榜样反复出现,必然会强化幼儿头脑中的榜样形象,使幼儿自然地接受其熏陶和感染,产生类似榜样的行为。

第三,保持教育要求的一致性和连贯性。即各个教师的教育要求应一致,教师、家长和社会工作人员的教育要求也应相互协调,从而保证学前儿童教育影响的同一性,并使教育影响在一定时间内恒定不变。

第四,反复练习并给予一定评价。习惯的形成,需要较长时间的练习。教师应

善于利用各种机会,采取灵活的方式,让儿童多次重复同一良好学习行为,应及时强化儿童偶发的良好学习行为,使其偶发的良好学习行为逐渐转变成稳定的行为方式。

第二节 学前儿童教育的原则

一、我国学前儿童教育的原则

(一)科学性与思想性相结合的原则

学前儿童教育过程是各种因素共同作用的过程。例如,智育过程中,有许多"德"的因素可以被利用,有许多培养儿童良好品德和个性的机会;在活动阶段,可以培养儿童爱惜玩具材料、与人合作、分享和互助、大胆、不怕困难、坚持性等良好品德和个性。因此,教师应善于挖掘积极的思想因素,随机进行儿童社会性、个性和情感方面的教育,将科学性和思想性的培养结合起来,使儿童的才与德。认知、情感、社会性、个性等方面得到均衡发展。

(二)直观性原则

儿童思维具有直观形象性,教师应注意将抽象知识具体化,为孩子提供直观形象。教师可采用三种方法使幼儿获得直观印象。

第一,实物直观。即选择特征明显,具有典型性和代表性的实物,让幼儿充分利用多种感官进行感知。如科学活动"比较鸡、鸭、鹅",就可让孩子亲自观察这三种家禽的外形特征。

第二，模具直观。即用模型、图片、电化教学等手段，为孩子提供直观印象。如数学活动"5的分解"，就可用幻灯放映孙悟空用不同方法分5个桃子或者苹果的过程，使孩子获得深刻印象。

第三，语言直观。如果教师的语言描述绘声绘色，并配以活灵活现的动作表演，儿童也会获得深刻的印象。当然，直观是让孩子获得感性经验，如果孩子已有一定的经验基础，教师可以启发儿童用表象进行思维，而无须为直观而直观，拘泥于教法。

（三）活动性原则

儿童主要通过对物体的操作感知活动而获得科学知识。做中学，是儿童学习的特点，活泼好动也是儿童的天性。因此，教师应注意提供丰富的操作性强的材料，给予充足的时间和空间，引导儿童在活动中观察和思考。教师也要注意让儿童在活动中表达已学的知识。当然，儿童活动只是一种手段，无论是活动阶段，还是表达阶段的儿童活动，其出发点和目的均应是儿童的"学"。儿童的一切活动，都应围绕儿童的"学"而展开。当儿童只有通过活动才能理解知识时，教师可组织儿童活动，而当儿童能直接接受教师传授的知识时，则应珍惜儿童的时间和精力，让儿童简洁有效地学习。

（四）积极性原则

与学龄儿童相比，学前儿童学习更多地受情绪、兴趣和爱好的支配。当学前儿童积极性高、好奇心强、情绪愉快、自信心足的情况下，其学习效果较好；反之，教师很难强迫儿童学习。因此，在教育过程中，教师要善于激发孩子的好奇心和求知欲，注意保持儿童的学习兴趣，使儿童能积极愉快地、主动地学习。

（五）因材施教原则

幼儿期是人的心智发展变化最快的时期。不同年龄的儿童，哪怕相差只有几个月，知识和智力都有明显的差别。就是同一年龄的孩子，其知识和智力也存在较大的个体差异。因此，因材施教、个别教育在幼儿期就显得尤为重要。教师既要使教育过程适应本班孩子的知识和智力特点，又要了解、承认并尊重孩子的个别差异，对每个孩子进行有针对性的教育。

（六）发展性原则

学前儿童教育是提高儿童心智能力的过程。因此，应不断扩大儿童的眼界，完善儿童的知识结构，切实推动儿童心智的自然发展进程得到真正提高。

二、外国学前儿童教育的基本原则

尽管世界各国关于学前儿童教育的方法、形式繁多,但是学前儿童教育的基本原则大体上是一致的。

(一)所有儿童均能适应的原则

所有儿童均能适应是学前儿童教育最基本的原则。儿童能否适应幼儿阶段的教育,直接关系到以后学校教育的成败。因此,许多国家特别注意研究每个儿童的家庭经济情况、社会地位、父母的职业和文化素养等因素对儿童的影响,然后根据儿童不同的经历、素质、独创性等进行有针对性的教育,这样自然会提高每个儿童对教育的适应性。

(二)促进思维的原则

学前儿童教育一方面要适应儿童的思维发展水平,另一方面要帮助儿童掌握越来越复杂的思维方法,促进儿童思维发展。由此,要多让儿童接触实际,观察事物,并加以集中、分类、比较,鼓励儿童经常思考。

(三)依靠自身发展的原则

真正的教育是潜移默化的,而不是强加于人的。学前儿童教育也一样,只能在儿童毫无对抗情绪的情况下进行,促使他们自愿地得到发展。因而,教师的主要任务就是创造各种能给儿童带来新感受的环境,以帮助他们从各种感受中获取新知识。为此,许多国家十分重视激发儿童的好奇心和求知欲,培养儿童广泛持久的兴趣。这是儿童自我教育的动力。

(四) 重视能力培养的原则

知识只有成为智力活动的推动力才具有价值。幼儿阶段,应该让他们依靠自己的努力去发现周围五彩缤纷的世界,逐渐丰富感性知识。为此,教师不应该把精力放在毫无意义的知识罗列上,而应该明白一切活动都是为了发展儿童的注意力、感觉能力、知觉能力、观察能力、记忆能力、想象能力、推理能力、语言能力和审美能力等。

(五) 面向未来的原则

培养儿童的创造性,让儿童能更好地适应未来的生活。父母和教师应该引导儿童思考,发现并鼓励他们的新想法,在创造性方法的运用中提高儿童的创造能力。

(六) 追求人格均衡发展的原则

追求儿童的全面、和谐发展,培养良好的个性,是当前世界学前儿童教育的一个重要趋势。幼儿期是个性形成的重要时期,学前儿童教育应为未来的人格形成打下基础,只有基础牢固,人格才能得到均衡发展。儿童的个性是在社会团体中,依靠集体的力量得到发展的。因此,教师在给予儿童个人活动机会的同时,也应给予他们参加社会活动的机会,并教给他们在社会中生活的方法。

鼓励孩子发现、培养自己的兴趣影响一生

杨振宁

在很多学校演讲,经常被问到孩子发展的问题。我通常有一个标准的回答:"一个小孩可以有多种不同的发展方向,而且不同的方向在不同的小孩身上可能完全不一样。"

有两个故事值得有聪明小孩的家长和老师注意。第一个故事是讲我自己的。6岁时,我的父亲杨武之从美国留学回来,到厦门大学任教,把我送到一个近代的小学校读书,这个小学教授手工、音乐等科目。在一次手工课上,老师让大家用泥巴捏个小鸡。我把自己的作品拿回家,得意地给父母看,父母夸赞好得不得了,问我:"这是不是一根香肠?"

如果没有这方面的天分,朝这个方向发展是没有希望的。一个孩子要发生兴趣的东西，通常他是有能力自己找出来的。不管是父母也好，老师也好，要鼓励孩子发现自己的兴趣，要鼓励他培养自己的兴趣，鼓励他将来发展自己的兴趣。

我在初中时数学已经非常好，父亲又是数学教授，在初一、初二的时候父亲本就可以教我学微积分、高等数学等，但他没有这么做。他要修补我不足的地方，他的想法是："这个孩子数学本领很好，用不着着急，可是他对中国传统文化所知道的恐怕不够多。"所以特别需要补充我在这方面的知识。

在我初一结束的暑假，父亲找了清华大学历史系高才生丁则良，丁先生在文史方面有很高的造诣，他后来是位著名的历史学家。父亲请他每天早晨给我补习《孟子》，于是我就学了一个夏天的《孟子》。一学期没念完，第二学期又念了半个暑假。两个暑假之后，我可以把《孟子》从头到尾背下来。我想，这个过程对我人生有决定性的影响，远比我赶快去学一些高等数学、微积分更有用。

两个暑假我把《孟子》从头到尾背熟了。因为丁先生历史知识非常丰富，他给我讲到中国历史上种种事件，使我对中国古时候的历史发生了很大兴趣。今天回想起来，我觉得父亲当时所做的事情是非常正确的。不幸的是多数聪明小孩的父母都没有我父亲聪明，他们都有个倾向，就是赶快把孩子送去学习。

第二个故事是我读报纸时看到的。一个15岁的孩子被香港浸会大学招收为研究生,一度成为焦点。后来我问过香港浸会大学的人,说是有这么个学生,每次都是父亲陪着他上课。但这几年再也没有人提到这个孩子了。

我小学毕业以后,在崇德中学念了4年书,从初一到高一。崇德中学是英国圣公会办的。那时候的崇德中学大概有300个学生,三分之一的同学是住校的,我是其中之一。

崇德中学不但规模小,设备也很差,幸好还有一个只有一间屋子的小图书馆。现在回想起来,这个小图书馆对我有相当大的影响。我常常进去浏览,我劝今天的年轻人也常常做这件事。

那时有一本杂志,叫作《中学生月刊》,是开明书店出版的。这个杂志办得相当好,每一期我都从头看到尾。印象尤其深刻的是当时有一位老先生,他从前大概是念数学的,不时写一些简单的关于数学观念的文章,我对这些文章非常感兴趣。中学数学里有个基本的知识点,叫作排列和组合。关于这个知识点,我第一次知道就是从他在《中学生月刊》上所写的一篇文章。我想,科学跟整个社会和人类的发展有着密切的关系,科普工作也是越来越重要。总而言之,从这个杂志对我的影响可以看出,给中学生看科普文章是非常重要的一个工作。

另外,在那个小图书馆里我还看到了一本《神秘的宇宙》的书,该书原文叫作 *Mystery Universe*,是英国著名天文物理学家亚瑟·艾迪顿写的。这本书对我有很大的影响,它用通俗的语言,讲了20世纪头30年物理学的重大革命,包括狭义相对论、广义相对论、量子力学等。作者用通俗的语言把这些革命的精神介绍了一下,我看后感觉震撼而激动,觉得这是值得我努力的一个方向。这本书里边所讲的东西我当时看了以后不是完全懂,可我对当时正在产生的物理学的观念性的一些革命有了非常深的印象,这对我后来走进物理学领域做一生的研究有密切的关系。

中国教育体制下,整个教育哲学是希望孩子们"专"。"专"有它的好处,可也有它的缺点。它的缺点就是使每个小孩不敢把知识面扩充开。

当时,我在图书馆看的书,也不只是跟数学和物理有关系。我记得我看的另外一本书,是一个名叫斯文·赫定的瑞典人写的一个本书,他20世纪初到了中国新疆探险,穿越了塔克拉玛干大沙漠,写了《亚洲腹地旅行记》。

看了他的书,我也特别想哪一天穿越塔克拉玛干大沙漠。我也是非常好奇,那么大的沙漠,历史上他第一次带领一个队伍从大沙漠的北边库车一直到沙漠的南边,差点丧失了生命……因为这本书,以至于到今天,我对于新疆还是非常有兴趣。

每一个人因为他的天分不同、背景不同、环境不同,或多或少还都有一些偏好。而我个人认为,每一个年轻人,要想办法发现自己的偏好,能够发现自己的偏好,培养这个偏好,这非常重要。

1.《留学纽约的童年——一个父亲的手记》

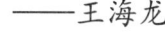
——王海龙

王海龙是旅美文化人类学家,全美中国作家协会副会长,现任教于纽约哥伦比亚大学。本书通过真实的描绘,冷静的分析,客观的介绍,有益的提醒,深刻反思一个父亲眼中的儿子留学历程,并通过这个小留学生成长的真实记录,深刻揭示中美教育观念和体制的差异。

2.《宝贝比我强——你也能培养一个双语孩子》
　　　　　　　　　　——罗翔　汤峥嵘

本书讲述了一个小主人公,她不是神童,也从未出过国,但她的英语词汇量达到1600个。很多人认为她是天生的双语儿童,其实许多中国父母完全有能力培养一个小北辰这样的双语孩子。作者广泛涉猎国外关于语言学习的最前沿研究,用自己家和全世界许多个双语养育家庭的活生生的例子,解答了不少令父母困惑的问题,打破了很多关于语言学习的神话和错误说法。本书不仅有来自作者的和全世界若干个双语家庭的双语养育方案,还有儿童外语学习的理论与资源介绍,甚至有幼儿英语句型和突破口语大关的850个基本单词,对年轻父母来说非常实用。但我们不能忘记的是,如本书的作者所说,他们的目的不是培养一个神童,最重要的,是父母与孩子共享学习的快乐、成长的快乐。这种心态才是孩子受益无穷的东西。

第四章　学前儿童教育的本质与真谛

教育！科学！学会读书，便是点燃火炬；每个字的每个音节都发射火星。

——雨果

第一节 学前儿童教育的本质

一、学前儿童教育的本质概说

不是把篮子装满,而是把孩子内心的灯点亮。学前儿童教育,就是让孩子在玩中学,学中玩,在玩中思考、探索、进步和成长,并最终让孩子具备基本的生活交往技能,使其获得全面的发展。

学前儿童教育也就是学龄前的启蒙教育。这种启蒙教育和其他教育的最大区别在于:不在于学到了多少具体的知识,而在于孩子怎样才能学到知识;不在于把孩子一下子带进知识宝库,而在于给孩子一把开启知识之门的金钥匙;不在于让孩子提前学会多少文化知识,而在于如何培养孩子爱学习、爱思考、爱探索、爱创造的精神和习惯;等等。

二、学前儿童教育的误区

很长时间以来,社会上的许多人对学前儿童教育依然存在着许多认识上的不足,以致陷入了教育误区。特别是一些观念陈旧的家长,把学前儿童教育等同于小学教育,把孩子每天在幼儿园学了多少个汉字,多少个拼音,多少个英语单词,做了几道数学题等作为衡量幼儿园办园好坏的标准。孩子一回家就问今天学了几个字,快把家庭作业做完。这样做的结果是直接地、过早地给孩子加上了文化课的负担和压力,极大地限制了孩子的想象力和创造力。甚至有的家长认为孩子整天在家里写字、学习、不玩耍,就是乖孩子,谁的孩子爱玩耍、不学习就是坏孩子。这种思想倾向和偏见导致一些所谓的乖孩子,在没有上学前就产生了怕学习、怕进学校的厌学情绪。在入学以后,遇到学习压力就逃课或逃学。

由此可见,目前人们对学前儿童教育的本质的认识,还有多么大的差距,学前儿童教育改革的任务还有多艰巨。未来的人类社会,是以创新人才为主要资源配置的社会,当今的儿童就是中华民族的未来。我们要永远立于世界民族之林,就必须坚定决心改革学前儿童教育,使人们从违背学前儿童教育规律的误区中走出来,为培养未来的精英奠基。

第二节 学前儿童教育的真谛

一、远离功利的教育

教育不是灌输和填塞,而是点燃火种。在央视《对话》栏目中曾经有过这样的案例:来自美国的12名总统奖获得者与来自国内的12名考入清华、北大的高中毕业生进行交流和PK。在第一环节关于价值取向的选择中,中国孩子大多选择的是金钱和权力,而美国的孩子都惊人地选择了真理和智慧。王开东说:"没有一个人选择'智慧',没有一个人选择'真理'。由此可见,智慧和真理在中国贬值到了什么程度。""学生都是受教育的人,或者是社会的人,社会给他什么,他自然就变成什么。"教育是一个系统,并且是一个长远的过程,孩子一般从上幼儿园开始进入这个系统,我们感叹成长为高中生的孩子们不看重真理和智慧,是否可以反推到幼儿园中孩子接受的教育就如此之功利呢?

1978年诺贝尔物理学奖得主卡皮察被记者问道:"您在哪所大学、哪个实验室里学到了您认为是最主要的东西?"出人意料的是,这位白发苍苍的老人回答道:"是在幼儿园。把自己的东西分一半给小伙伴们,不是自己的东西不要拿,东西要放整齐,吃饭前要洗手,做了错事要表示歉意。午饭后要休息,学习要多思考,要仔细观察大自然。从根本上说,我学到的全部东西就是这些。"无独有偶,2013年诺贝尔生理医学奖获得者托马斯·苏德霍夫在宁波出席"天一论坛"学术活动时谈到,小的时候父亲很少教他知识。他表示:"太小的孩子不该被教授过多的知识和技巧,不该把孩子训练成机器人,应该培养他们的独立思维。"

而反观现在有些学前儿童教育,信息技术的发达造就了大家都很推崇多媒体教育,不可否认课件的使用在短期内可以看到明显的效果,然而学前儿童教育首先不能以教授知识和技巧为主,它是幼儿在一个潜移默化的过程中慢慢建立起来的经验的累积,并把它们运用到生活中的一个过程。单纯的知识和技巧不容易转化到生活,却很容易转化为认知的结果(问一个问题,孩子就能给一个答案)。这种外化的结果很容易看到,所以家长就会认为我的孩子"学"到了,这不能不说是功利的根源。从执行者的角度看,操作课件非常简单,老师变成操作的机器,可以不用动脑筋组织活动,照本宣科就可以完成课题任务。这失去了基本的支持者、观察者角色与幼儿互动的功能,但由于便于操作,很多幼教机构多会选择。不能否认,多媒体教育在教育技术和教学方法上有一定的辅助功能,但是绝对不可以过分强调它的功能,从而忽略了学前儿童教育的真谛。

二、爱的教育

学前儿童教育,应给孩子留下爱。学前儿童教育的对象是孩子,施教者主要是老师和家长。老师、家长犹如种田的农夫,施予爱,培育爱,就会获得爱。

1. 尊重孩子。一个时时感受到尊重的人,才能学会尊重他人。一个能尊重他人的人,本身就是爱的体现。

2. 站在孩子的角度想问题。成人的想法再好,也无法代替孩子。很多事情,当站在孩子的角度思考的时候,就能找到最好的办法。

3. 时刻让每个孩子感到自己重要。关注每个孩子,给每个孩子贴上"我很重要"的标签,这就是爱的表达。

4. 敏感孩子的情感需求。情感是孩子一生成长的动力,敏感孩子的情感需求,适时地帮助他们,他们也就学会了敏感他人的情感需求。

5. 搭建孩子体验的平台。孩子的成长离不开切身体验,让孩子参加力所能及的劳动,让孩子参与丰富多彩的活动,这都是孩子体验的最好平台,是培育爱的一种有效载体。

三、良好习惯的教育

"播下一个行动,收获一种习惯;播下一种习惯,收获一种性格;播下一种性格,收获一种命运。"好习惯真的是受益终生,可以成就一个人的美好人生。幼儿教育就是培养孩子的良好习惯,因为习惯的优秀才是真正的优秀。幼儿阶段的孩子可塑性强,是孩子良好行为习惯养成的关键时期,所以老师、家长要从行为养成、学习习惯两个维度逐步培养孩子自我管理的能力,为孩子拥有一个美好的未来奠定扎实的素质基础。

(一)陪伴帮助孩子建立三个生活习惯

1. 自食其力的习惯:自己收拾玩具;跌倒之后,自己爬起来。
2. 吃饭睡觉的习惯:少吃零食,早睡早起的睡觉习惯。
3. 运动习惯:陪伴孩子每日到户外运动,少看电视,少上网。

（二）陪伴帮助孩子建立三个学习习惯

1. 故事：给孩子讲故事并听孩子自己讲故事。
2. 游戏：和孩子一起做游戏并让孩子自己找同伴做游戏。
3. 劳动：参与班级、家庭决策，参与力所能及的劳动，参与破损玩具的修理。

四、自信和求知兴趣的教育

孩子有了自信和求知的兴趣，就有了自我探索、自主学习的能力。培养孩子的自信心要多赏识孩子的点滴进步，给予孩子积极的评价，常说"你真棒""你能行"；多为孩子搭建展示自我的平台，创设成功的机会，同时培养耐挫折精神和教给他们补偿的办法。

培养孩子求知的兴趣应从保护孩子的好奇心开始。老师和家长在面对孩子好奇心驱使下的好问与好动时，应该耐心、虚心、童心、诚心和慧心。在保护孩子好奇心的同时，还要有意识地诱发孩子的求知欲。比如要抓住孩子的求异心理，鼓励其想象；结合生活中的情景，巧设疑问；给孩子提供一个充满奥秘的环境，以激发孩子的求知欲；带孩子到大自然去，让大自然给予孩子智慧的启迪；启发孩子思考，鼓励孩子自己尝试；言传身教，给孩子提供一个良好的精神环境；等等。

五、迈思博伦关于学前儿童教育的真谛

（一）良好行为习惯

良好的习惯对孩子身心的健康、认知的获得、能力的培养、品德的陶冶、个性的形成都是至关重要的，将伴随孩子一生，使孩子终身受益。幼儿园教育和家庭教育的首要任务是督促孩子在6岁之前养成良好的生活、学习、思维、人际交往等行为习惯。

（二）强烈的好奇心与想象力

好奇心是人们积极观察世界、进行创造性思维的内部动因，是儿童学习的重要动力来源，也是创造性人才的重要特征。在儿童的日常生活和学习中，成人要善待孩子的"破坏行为"，满足孩子主动探索的心理，鼓励孩子对新异事物和未知事物的好奇与关注。

（三）独立性

3～5岁孩子独立性快速发展，并逐渐具备情绪调节和控制能力，在此期间

要创立宽松的环境氛围,培养孩子和小伙伴交流玩耍的能力,学会自己做主,独立解决问题,做力所能及的事情。

(四)培养多方面能力

培养多方面能力,这些将对孩子的一生起到非常重要的作用。

(五)开发儿童思维

虽然科学已经研究出了十大思维训练方法,可是在幼儿阶段一定不能很生硬地去训练,强迫孩子用知识去迁移。必须是在日常生活和学习中进行思维引导,即迈思博伦所提倡的 Brain Storm(集中讨论)和 Brian Steam(分散讨论)。

教育的本质与真谛,是幼儿阶段让孩子快乐地生活、学习和成长,而不是让学前儿童教育阶段远离真理和智慧,只看重功利和结果。

是谁亲手剪去我的翅膀,却埋怨我不会飞翔?

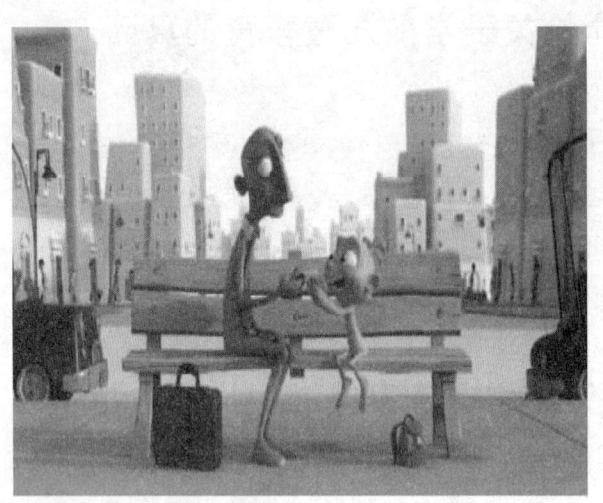

ALIKE 是西班牙导演 Daniel Martínez Lara 与 Rafa Cano Méndez 一起指导的动画短片,一经播出,在西班牙引发巨大轰动,先后获得 64 项大奖。虽然这部动画短片只有短短的八分钟,但却意味深长,值得每一位父母、老师深思。

故事开始,一位父亲正在往一个小书包内填装课本。小小的书包与巨大的课本形成了鲜明的对比,让我们看到了孩子沉重的学业负担。

第四章 学前儿童教育的本质与真谛

这时,孩子张开双臂兴奋地跑向父亲,充满活力,仿佛一只即将展翅翱翔的雏鹰。孩子脸上洋溢着无忧无虑的笑容,而父亲却面无表情。

父亲送孩子上学校,沉重的书包压得孩子无法挺直身板,只能歪歪斜斜地走路。而父亲好像早已习惯了这种沉重的负担,虽然公文包同样压弯了他的身体,可他却仿佛感受不到痛苦,认为一切都是理所应当。

周围,是一个黑白灰的世界,人们每天忙碌奔波于其中,脸上的表情和周围的环境一样死气沉沉。整个世界仿佛一个巨大而精密的机器,每个人都只是其中一个小小的部件,没有个性,没有自我,只是漫无目的地维持着这个让他们赖

以生存的体制。

然而,在这个黑白色的世界中,却突然出现了一片绿洲,一个仍未向体制屈服的人还在坚持着自己的梦想,在这个体制化的世界里显得格格不入。

孩子兴奋地看着这个保持个性的人,模仿着他的动作。父亲却不为所动地将书包递给他——学校才是孩子该去的地方,而这个追求梦想的人只不过是个不被需要的异类而已。

学校里,孩子们仿佛流水线上的小零件,被无差别地教导着,学习如何融入这个整齐划一的世界。每一个人都在慢慢褪去自己原本的颜色,磨平个性与棱角。

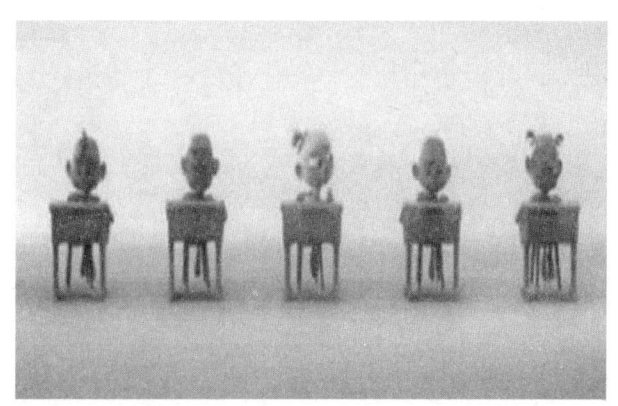

工作中的父亲也努力褪去自己身上的颜色,成为这个无差别社会机器中一个毫不起眼的螺丝钉,放弃个性和梦想。

日复一日,孩子仍然会对那个勇于追求梦想的人充满好奇,试图模仿他。而父亲则一次又一次将孩子从绿洲拽走,送到那个毫无个性的"学校工厂"里去。

终于,孩子屈服了。他仍然像展翅的雏鹰一样伸开双臂,却不是飞向梦想。他用飞翔的姿态接过沉重的、枷锁一样的书包。这一刻的画面冲击力足以刺痛每一位父母的双眼。

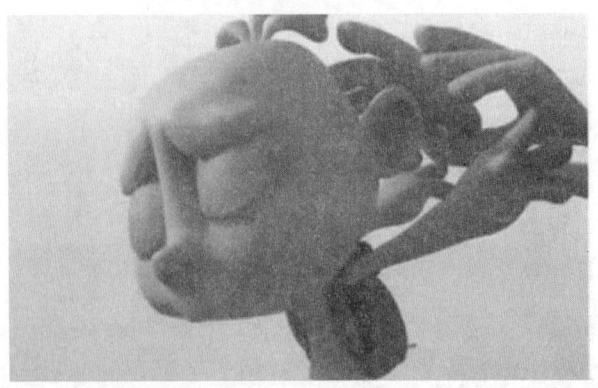

幸运的是，父亲终于意识到了什么。他带着孩子来到绿洲前。可那个追求梦想的人已经不见了。或许他也已经屈服于这个毫无生气的体制，又或许他已经带着自己的梦想离开了这个毫无希望的世界。没人知道发生了什么。

看着孩子失望的眼神，父亲灵机一动，自己站到了绿洲中央，放下公文包，两手空空地摆出追求梦想的生动姿态。这是短片的高潮，也是个泪点。

父亲的异常举动引来旁观者好奇的目光。在这个世界中，那些勇于保持个性、追求梦想的人仍然是大多数人眼中的异类。可此时的父亲已经不在乎这些。他只清楚地知道，不能让孩子的眼神失去神采，不能让他的生命失去活力。他用心让情感流动起来，用行动给孩子作出榜样——你可以和周围的世界不一样！

孩子丢下沉重的书包,再一次展开"翅膀",飞向父亲,脸上洋溢着幸福的笑容。细心的您也一定发现了,此时父亲身体的颜色也不再在蓝色和灰色之间摇摆,而是稳稳地成为蓝色,成了他本来的颜色。

故事就这样结束了。明天,以及明天的明天,这个世界还将继续运转。那位父亲会如何做?是回到现实还是开始为梦想抗争?这值得每个人深思。

1.《从尿布到约会》(尿布卷)

——[美]黛布拉哈夫纳著 王震宇译

黛布拉哈夫纳是美国权威性教育专家,耶鲁大学公共卫生硕士,曾担任美国性信息和教育委员会主席12年,从事性教育工作二十多年。她的《从尿布到约会》图书受美国各主流媒体的广泛好评,并被美国权威教育机构推荐为"父母必读书目"。她本人也多次出现在NBC、CBS等多家电视节目中,并经常在各地举办性教育巡回演讲,广受欢迎。她和丈夫拉尔夫·塔特格莱恩有一个16岁的女儿和一个9岁的儿子,书中的序言就是由她的女儿艾丽莎所写。

王震宇是婚姻家庭问题专家,中国社会科学院社会学研究所家庭社会学研究室副主任,中国社会学会教育社会学研究会秘书长,主要研究领域有家庭社会学、教育社会学等。

"我是从哪儿来的?""我长大了要和妈妈结婚,行吗?""为什么妹妹不像我那样站着小便?"……作为父母,在养育孩子的过程中,上述问题不可避免都会遇到。如何与孩子谈论性?如何对孩子进行性教育?如何使孩子在性方面得到健康发展?这些都是每一位父母心中长久的问号。在本书中,从事二十多年性教育研究工作的黛布拉哈夫纳,通过大量的科学调查研究,并以母亲和专家的双重身份,系统地列出了在孩子成长的各个年龄段所发生的生理和心理的变化以及所遇到的性问题,详细地教给父母与孩子谈论性问题的方法与技巧,为父母科学有效地指导孩子面对性困惑提供了多种简便易行的解决方案,为培养性健康的孩子提供了权威性的指导。本书适合0~12岁孩子的父母阅读,可与《从尿布到约会》(约会卷)互为参照。

2.《给孩子自由——中西理念冲撞中的早教》

——小巫

这是小巫继《让孩子做主》之后推出的新作,重点在于探讨幼儿早期教育的各个领域。作者深谙东西方教育手段的异同,根据西方先进的教育理念,结合自身的实际经历,在如何科学地培养出身心健康、独立智慧的儿童方面,提出诸多精辟独到的见解,发人深思。这既是一本生动活泼的读物,对于关注早教的家长们来说,又极具参考借鉴的实用价值。

第五章　学前儿童的全面发展教育

孩子的世界,与成人截然不同,倘不先行理解,一味蛮做,便大碍于孩子的发达。

——鲁迅

第一节 学前儿童全面发展教育概述

一、关于学前儿童的全面发展教育

学前儿童全面发展教育是指以儿童身心发展的现实与可能为前提,以促进儿童的德、智、体、美等方面全面和谐发展为宗旨,通过适合儿童身心发展特点的方式、方法、手段加以实施的、着眼于培养儿童基本素质的教育。全面发展教育是我国学前儿童教育的基本出发点,也是我国学前儿童教育法规所规定的学前儿童教育的任务。全面发展是针对片面发展而言的,偏重任何一个方面或忽视任何一个方面的发展都不是全面发展;全面发展并不意味着个体在各个方面齐头并进、均衡地发展,也不意味着个体的各个发展侧面可以各自孤立地发展。在保证儿童个体各个方面全面发展的基础上,可以允许儿童个体在某方面突出一些,同时,应注意儿童各方面发展的和谐。

学前儿童教育是我国国民教育体系最初的一环,是基础教育的基础。它对儿童实施德、智、体、美全面发展教育,使其身心健康活泼地成长,为他们顺利地进入小学接受义务教育做好身心方面的准备,对促进儿童一生富有个性的和谐发展具有重要意义。

二、注重学前儿童教育的主体性和全面发展

主体性是人在与周围环境相互作用过程中表现出来的主动性、独立性与创造性。人的主体性是由一个从弱到强的发展过程。儿童心理学的研究表明,新生儿就有对环境进行选择性反应的能力,但总体来说,婴幼儿的主体性还处于稚嫩的萌芽与发展状态,婴幼儿的主体性需要成人的尊重、爱护与有意识的培养。如果我们注重从小培养与发展儿童的主动性、独立性与创造性,那么,我们就能够为社会主义建设事业培养出积极主动、富有独立性与创造性的建设者和接班人。如果我们注重的只是儿童的被动性、依赖性与模仿性,那么,就只能养成儿童的驯服性与对环境单纯的适应性。

主体性与全面发展是不矛盾的,它们共同构成了人发展的整体。人的全面

发展不只是德、智、体、美各个素质的简单相加,德、智、体、美作为人的发展的各个方面,它们构成的整体应大于各部分相加之和。德、智、体、美等素质构成人的整体发展系统,处于这一系统核心地位的正是人的主体性。

主体性与德、智、体、美各个方面的发展是相互影响、相互作用的。人的主体性发展得越好,人的发展就越主动积极,德、智、体、美各个方面的发展就会更好。经观察,一个主动性、独立性、创造性强的孩子在各方面的发展会较好些,反过来德、智、体、美各个方面的发展也会影响人的主体性的发展。例如,身体活动能力的发展状况会影响儿童参与体育活动的主动性、积极性和创造性,影响儿童主体性的发展。所以,培养与促进儿童的主体性,并以主体性的发展带动儿童身心各方面的发展,是学前儿童教育在其培养上需要解决的一个重要问题。

第二节 学前儿童的德育

一、学前儿童德育的概念

道德,是社会调整人与人之间以及个人与社会之间的关系的行为规范的总和。道德多以公共舆论的形式出现,强调人们行动的自觉性,由此宣传扩大影响,对人的行为具有一种不成文的制约作用,但不具有法律的效力。

学前儿童德育实质上就是帮助儿童社会化的过程,是教师按儿童品德形成的规律,对儿童有目的、有计划地施加影响,使儿童形成一定品德和个性的教育。学前儿童德育包括政治、思想、道德和个性心理教育四个方面。其中道德和个性心理教育是学前儿童德育的主要内容。

二、学前儿童德育的目标

学前儿童的德育目标是根据我国的教育目的和儿童自身年龄特点制定的。我国《幼儿园工作规程》明确规定了学前儿童德育目标是萌发儿童爱祖国、爱家乡、爱集体、爱劳动、爱科学的情感,培养诚实、自信、好问、友爱、勇敢、爱护公物、克服困难、讲礼貌、守纪律等良好的品德行为和习惯,以及活泼、开朗的性格。

实际上学前儿童德育就是要萌发儿童爱的情感,发展儿童交往的能力,学习

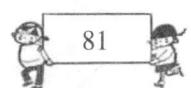

必要的社会行为规范,培养儿童良好的个性品质。

三、学前儿童德育的内容与实施

(一) 培养儿童的良好品质

研究者对1000名天才儿童(智力超常儿童)进行30年的追踪研究,发现其中30%的人并没有什么成就,原因不是在他们的智力方面,而是这30%的人缺乏良好的个性品质。智力中等而非智力品质优秀者,学习成绩可以与智力较高者并驾齐驱;智力较高而非智力品质不良者,不能取得显著的成就。即使智力较低者,也完全可以借助良好的非智力品质获得一定的成就。上述的事例说明,孩子将来是否有出息、成大器,良好的智力因素并不是决定因素。

早期开发幼儿智力,已得到社会、教师和家长的普遍重视,因为要使孩子们将来成为国家建设的人才、社会的栋梁,没有良好的智力水平是不行的。但是,一部分家长认为,只要孩子智力水平高,将来就一定会有出息,一定会成大器,这种想法是片面的。良好的个性品质对事业起着重要的作用,而从小形成的个性品质又对人一生的性格有着重大的影响,因此,为了使孩子日后能够成才,在发展智力的同时,必须注重个性品质的培养,两者不可偏废。

(二) 培养学前儿童的道德情感

学前儿童道德情感的培养可以分为设置情境、情绪体验、情绪的稳定与升华三个阶段。教师创设充满某种道德情感因素的物质和精神环境,引导儿童观察和发现环境中的道德情感因素,让儿童体验这些道德情感,进而产生直觉的情绪体验,再通过环境与活动的反复刺激,使儿童多次产生相同的情绪体验,并逐步理解自己的情绪体验的意义,从而使情绪趋向稳定,并上升为具有一定理性的道德情感。如"爱心"教育,教师可在墙上布置反映爱心的图画,创设充满爱的精神氛围,也可布置特定的"爱心小屋"等,引导儿童分析墙上图画或"爱心小屋"中的主题,提醒儿童意识到教师和同伴给予自己的爱,使儿童体会和感受快乐和满足,再通过让儿童反复体验"爱人"与"被人爱"的感受,使其逐步明白,爱能使人感到幸福和快乐,对给予自己的爱表示感谢,并最终对他人给予力所能及的回报。

教师在培养儿童道德情感的时候,可以采取以理育情的方法,即向儿童讲明道德规范,让儿童在理解道德规范的基础上产生道德情感;以情育情的方法,即重视老师的情感和与儿童相处时的情感氛围对儿童的熏陶和感染;以境育情的方法,即通过饱含道德感情因素的情境,从而引发儿童产生相应的情感体验;以形育情的方法,即利用好的榜样、道德形象打动儿童,使儿童产生相应的道德情感；以行育情的方法,即让儿童在活动与交往中,培养道德情感;以美育德的方法,即通过美育培养儿童的情感。美感和道德感紧密联系,美是一种心灵的体验,它能使人精神爽快、情感端正。因此,教师一定要注意通过美育培养儿童的道德情感。

(三) 培养学前儿童良好的道德行为

学前儿童道德行为的培养一般要经历三个阶段:

第一阶段,无意识道德行为阶段的培养。这一阶段,由于儿童本人缺乏道德意识和动机,其道德行为基本上在社会、整体、他人等外在因素的监督作用下产生,儿童从遵从性道德行为阶段,到辅助性道德行为阶段,再到情境性道德行为阶段。教师可以根据儿童道德习惯的发展阶段,进行恰当的教育引导,在儿童完全没有道德意识和道德动机,道德行为完全是在外力的监督和控制之下被动产生的时候,加强正面引导,在儿童已具有朦胧的道德意识和动机时,注重提醒、帮助和监督,使其产生相应的道德行为。最后,为儿童营造良好的道德情境,使其自觉表现出良好的道德行为。

第二阶段,模仿性道德行为阶段的培养。这一阶段,儿童的道德行为不带有强制性,但具有明显的具体形象性和直观性,能够在榜样的影响下,自觉地当即模仿或延迟模仿榜样的行为方式,在头脑中表象的支配下采取道德行动。这时教师要通过树立榜样、选取典型等方法,引导儿童自觉模仿榜样行为进行道德行动。

第三阶段,习惯性道德行为阶段的培养。儿童在教师的引导帮助下,反复强化练习,其道德行为已经"自动化""熟练化",形成行为习惯。

如儿童"礼貌"教育。开始时,在教师的提醒和催促之下,儿童勉强向人问好;然后,儿童能有意识地模仿礼貌榜样的行为方式,向人微笑或问好;最后,通过反复练习强化,儿童见到熟人会主动热情地运用不同方式打招呼,已无须任何的提醒和榜样。儿童道德行为教育的最终目的是让儿童的良好道德行为习惯化。

总之,专门的德育活动是实施学前儿童德育的有效手段,日常生活、游戏是实施学前儿童德育最基本的途径。当今很多孩子都是独生子女,有些孩子虽然有较好的智力,但由于家长对他们过分地娇宠,他们普遍存在任性、自私、怕苦、怕困难等不良个性品质。作为学前儿童教育工作者、父母应加强教育与引导,注意纠正儿童的不良个性品质,从小培养他们具有良好的个性品质。

人的个性包括很多方面,但其中影响最大的是自信心和意志力。因此首先要培养儿童的自信心理,使他们相信自己有能力做好自己应该做的事情。当然,

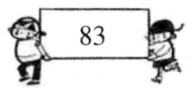

有了自信心未必就一定能把事情做好,在发挥自己聪明才智的同时还必须有良好的意志品质。意志品质包括目的性、坚持性、自制性和勇敢精神等方面。这些品质均可在日常生活中得到培养,同时还需要根据儿童不同的特点采用不同的方式。例如,对胆小怕事、自信心较弱的孩子要多给予鼓励,使孩子相信自己的力量。可以委托他做一些经过努力就能做好的事情,使他从成功中得到鼓励;生活上让他们坚持自己的事自己做,不要包办代替,以利于锻炼孩子的独立性和意志力。对能力较差但又缺乏自制力的儿童,可适当提高要求和加强督促,在控制他们的行为和情绪的同时培养意志力。例如,当孩子在做某件事,因贪玩或怕困难而不想做时,应及时给予督促和鼓励,使之能坚持把事情做完再玩;可以在游戏中让儿童担任某些他并不喜欢的角色,使他们的行为服从角色的要求,以培养儿童的自制力;可以在体育游戏中适当地增加各种越障活动,锻炼他们克服困难的意志品质;还可以给儿童讲述一些英雄人物的故事,在精神上感染他们。最后,也许最重要的是教师和父母自己要有这些良好的个性品质,才能在潜移默化中影响儿童,身教胜于言教,时刻记得"桃李不言,下自成蹊"的道理。

四、学前儿童德育过程必须遵守的基本原则

(一)方向性原则

学前儿童德育过程应有明确的起点和终点。具体的学前儿童德育过程的起点是确立德育目标,终点是实现目标。

(二)爱与尊重相结合的原则

爱儿童是向儿童进行德育的前提,也是使儿童身心健全发展的重要条件。教师应尊重儿童的人格,保护儿童的自尊心,注意并充分发挥儿童的主体性,坚持正面教育,善于发现儿童的优点并给予表扬。

德育过程是促进儿童品德积极转化的过程。教师只有尊重儿童,与儿童平等交往,儿童才会积极主动地接受教师的教导,促进品德的积极转化。儿童也只有被教师尊重,才能产生自尊和尊重人的欲望。

(三)因材施教的原则

因材施教有两层意思:其一,德育过程应适应儿童的品德形成规律,具有现实性;其二,德育过程应照顾个别差异,具有针对性。幼儿期正是儿童社会性情感初步形成、道德初步发展的时期,具有独特的规律,如从被动到主动、从无意到有意、易受情境和榜样的影响、在活动交往中理解具体的道德规则等。在儿童德

育过程中,其内容、方式、方法和途径的有机组合,均应符合这一规律,但幼儿期也正是个性萌芽的时期,儿童的个性及品德心理也有一定的差异性,不容忽视。

(四)知行合一的原则

知行合一,既向儿童讲明道德规范,又让儿童在活动和交往中领会、体验和践行相应的道德。儿童犯错误通常是"不知错",学前教师应在日常生活和专题活动中,利用多种方式向孩子讲道德要求,使孩子在思想上明白该怎么做,切实提高孩子的道德认识。

(五)一致教育和连续教育的原则

学前儿童德育是培养学前儿童品德的过程,而学前儿童的品德结构包括道德认识、道德情感、道德意志和道德行为。学前儿童品德的知、情、意、行四因素,既有相对独立性,各有其形成的独特规律,又相互制约和相互转化。

学前儿童品德的形成,是托幼机构、家庭和社会三方面合力作用的结果。学前儿童道德分辨力弱,不善于选择道德标准,因此,学前儿童德育应保持高度的一致性。托幼机构内部的人员,尤其应注意相互配合,剔除不良影响,共同培养学前儿童的良好品德。否则,学前儿童就会思想混乱、不知所措或行为不一。

第三节 学前儿童的智育

一、学前儿童智育的概念

智育是指有目的、有计划地使受教育者掌握系统的科学基础知识和基本技能,促进受教育者智力发展的过程。

学前儿童智育时按照学前儿童认知发展的特点,有目的、有计划地增进学前儿童对周围环境的认识,获得粗浅的知识与技能,发展智力,并培养其认识活动的兴趣和良好的学习习惯的教育过程。学前儿童智育能满足学前儿童认知的需要,促进学前儿童智力的发展,为学前儿童全面发展提供认知和智能的基础,使学前儿童将来的学习和工作更富有效率。从社会的角度考虑,学前儿童智育也具有社会价值,向新一代学前儿童进行智育是社会生产和文明进步的重要条件。

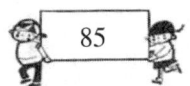

二、学前儿童智育的目标和内容

学前儿童智育的目标是培养学前儿童的学习兴趣和求知欲望,养成学习的主动性和良好的学习习惯;引导学前儿童学习周围生活中关于生活、自然界、数字等的粗浅知识,形成对一些事物的初步概念;发展学前儿童的语言运用能力,如口头语言的交往能力、语言的理解能力、表达能力和思维能力等;培养学前儿童的感知能力和动手操作能力,如运用视、听、触觉等感觉器官感知外部世界,这种感知能力的培养是幼儿园智育的基础和重要内容,也是幼儿园智育区别于小学教育的一个重要特征,动手操作使学前儿童通过摆弄、分类、比较、排列、堆叠等动作,促使学前儿童大脑的发育和认知能力的建构。

三、学前儿童智育过程的特点和实施

学前儿童智育过程不同于中小学智育过程,由于学前儿童教育是非义务性教育,因此,学前儿童智育更偏重过程,而不强求最终结果。学前儿童智育过程具有形象性,有大量形象的教具作为物质基础;学前儿童智育过程具有活动性和游戏性,学前儿童主要在操作活动和游戏中学习;学前儿童智育过程具有口语性,学前教师主要用口头语言进行教育,因为学前儿童尚不认识文字,学前儿童智育过程具有生活性,智育内容与生活息息相关,而生活更是智育的重要途径;学前儿童智育过程具有综合性,当然,学前儿童智育过程也要兼有趣味性,整个智育过程必须具有强烈的吸引力,学前儿童才能坚持到最后,并使学前儿童教育产生良好的效果。

学前儿童智育的实施主要是创设适宜的学习环境,提供多种多样的学习材料以激发学前儿童的学习兴趣;组织多种多样的具体操作和实践活动以促进学前儿童智力的发展;利用日常生活中的各种生活情境引导学前儿童进行学习和思考;引导学前儿童应用语言来表述和归纳自己所获得的经验。

四、学前儿童的创造力教育

(一)学前儿童的创造力

为了更准确地理解学前儿童的创造力,我们从下列不同的方面作更进一步的探讨。

1. 以成果标识创造力

爱迪生发明了电灯,贝尔发明了电话,这些伟大的发明,带动了社会变革。比起这些伟大的创造者,我们平凡的大多数实在说不上有什么创造力。从这个角度来看,以革命性、创时代性的成果标识创造力,则创造力仅限于卓越天赋的少数人。然而,从学前儿童的立场来看,当他做了一个全新的尝试,完成了一件新奇而又独特的工作或成果时,就已是展现了十足的创造力。譬如,在未经老师和家长的指导下,学前儿童经由自己玩游戏的尝试,将蓝色和红色搅在一起,结果他发现了紫色。对大人而言,这不算什么,但在学前儿童的眼中,这是一个神奇而又难忘的大成就。

2. 以过程特质来标识创造力

再从另外角度来看,创造力的特征可经由过程中呈现出来,而并不一定要由最后的成果来断定。如此说来,则每一个人都具备着创造的潜能。创造性的过程,可有各种不同的渠道,如思考、说话、游戏、写作、歌唱、实验等等。而愈低年级学前儿童的表现,愈倾向于着重过程而无意于成果。我们常可以看到小朋友画得好开心,画完之后就丢在一旁跑开了。然而也有一些小朋友为了取悦大人或是为了成绩,十分在意最后的成品,这便失去创造力的本质。以成果或是以过程来看待创造力并不相违背,是相辅相成的。一件富有创造力的作品,往往是透过富有创造性的过程而产生的。

3. 以技巧纯熟性来标识创造力

创造的潜能必须透过适当的练习,才能流畅无阻地展现出来,否则潜能仅止于潜能。不论是写作、绘画、音乐舞蹈还是运动,任何具有优异禀赋倾向的人,如果没有练习,培养创作所需之技巧,最后所有的创造力只能胎死腹中。

4. 以人格特征来标识创造力

托伦斯列举了7种能力,有助于我们了解学前儿童创造力的倾向与潜能。这7种能力,即好奇心,学前儿童对问题的坚持与不断尝试性的活动,正是好奇心的表现;变通性,当遇到挫折时,一个创造性的学前儿童会做各种不同的尝试;对问题的敏锐性,能快速探寻各种资源,不会墨守成规;再定义,能对一个既定或熟悉的事物,发挥新的意义或赋予新的功能,并能将看似不相干的事物联系在一起,产生一种新的结合;对自我的认识,自信、自重的特征引导他可以单独从事工作;原创力,一个能表现创造力的学前儿童,通常比较会表达他对事物第一瞬间的惊喜,或是特殊而有趣的念头;洞察力,有创造力的学前儿童心智活跃,常以一种游戏性的态度探寻各种可能性。

5. 由环境因素来标识创造力

如果创造力是一种遗传性的潜能,那么环境就是一个极大的变因,可以加强或抑制其发展。一个对人、对事物拥有丰富体验的人,能呈现多样化可能性的创造力。

在儿童成长的过程中,家庭环境是一个关键因素。研究者在研究成人的创造力的过程中,发现儿童期的家庭影响如父母是否尊重儿童、父母是否信任儿童的能力、父母是否容许儿童自主尝试以及做决定、适度的要求练习、家庭中的评价标准,强调动机、努力、价值、成功等正向经验等颇为重要。

(二) 创造力和智力的关系

谈到学前儿童的智育,有必要了解一下创造力与智力的关系。创造力是一种心智活动的过程,它包含认知问题的存在,穿梭于各种资料或信息之间,逐渐形成一项构思,寻找解答的途径,直达于最后成果。专家研究学龄儿童的智力与创造力的相关性,突出的有4种模式:

1. 高智商和高创造力

高智商和高创造力的儿童不论在学习或游戏时都十分专注和投入,对不同的学习环境,有较强的适应能力;对于学校的课业,通常颇为自信,并能积极而主动地参与。

2. 低智商和高创造力

低智商和高创造力的儿童在传统教育体系的学校中,遭受极大的挫折感,常会有适应不良而妄自菲薄的现象,缺乏自信。

3. 低智商和低创造力

低智商和低创造力的儿童似乎不太能理解学校的意义,他们的表现大多较为被动而退缩。

4. 高智商和低创造力

高智商和低创造力的儿童追求学校中的高成就,十分专注于课业并有高度自信心,然而却不是学校活跃的一群。既聪明又乖巧,换言之,具有高创造力的儿童,往往会有较多的个别状况,需要老师较多的注意,因此也比较会被看作是

问题学生。

教育者和家长常常会惊喜于儿童丰富原创力的表现。相对于儿童,成人展现优异创造力的人数,却只剩少数的所谓精英分子。为什么会有这么大的差距呢?托伦斯曾论述了创造力的表现与年龄的关系:创造力的高峰点出现在4至4岁半,进入小学之后便急剧下降。这或许是因为学习的压力以及读、写、算的繁重课业抑制了创造力的发展,这还有待于学前儿童教育者们深入研究。可见,适当的环境、正确的练习才能使创造力继续成长。

(三) 如何培养孩子的创造力

1. 诱导孩子的欲望

出生后8个月左右,婴儿的拇指和其余4指便可以分别活动,能够有限度地抓东西。对大人来讲,自由自在地抓东西易如反掌,但这种简单的动作却是幼儿智慧发展健全的有力证明。撕破纸张、打翻玩具箱遭到母亲责骂都在这个时期开始。换言之,婴儿已进入了有表现欲的阶段。这个时期作为母亲最重要的是,如何培养自婴儿心底涌出的表现欲,从这里锻炼孩子的创造力。得到铅笔或蜡笔,幼儿会到处涂抹;得到纸张,他会在上面东画西涂甚至撕破。在成人眼中毫无意义的一条线对婴儿往往深具意义,但为人父母者却经常在不知不觉中压抑了孩子的欲望。比如,对婴儿说:拿笔要这样拿,圆圈要这样画,苹果是红的。把大人既存的观念强迫孩子接受,这等于完全摘掉了孩子的欲望嫩芽,将导致难以估量的恶果,也会把儿童的创造力扼杀在这些成人的条条框框里。

2. 培养孩子主动探索的精神

首先,关注主动探索或等待导引。例如,有个叫小燕的孩子一个人窝在创造角足足有 20 分钟了。只见她正用胶布将 30 厘米长的纸卷轴和一个空药水瓶连接起来,大概是怕脱落,小燕忘神地不知已缠绕了多少圈胶布,好不容易完成了一把有握柄的宝剑。随后,小燕又从柜子中找出一个蛋糕纸盒盖,在圆盖中心处,用胶布固定一个用完的胶布空轴,看得出她想做有握柄的盾牌。小春看到小燕在做盾牌,也进入创造角,从柜内翻出一个纸盒,用剪刀想把盖子剪下来。才剪两下,就对一旁老师说:"我剪不开。"老师说:"你再试试看,剪什么地方比较好剪?"小春说:"帮我剪。"老师说:"你可以剪这里折的地方,可能比较好剪。""我不会。"小春有些急躁,试也没试就回答。老师看他没有尝试意思,想暂时不理他。小春马上跑去找实习姐姐,姐姐好心地帮他剪开了。小春回到创作角,急着翻动柜内的东西,又求救似的说:"我找不到空的胶布。"正专心修补盾牌的小燕听了,立刻起身,找了一个空胶布轴递给小春,又坐下修补她的盾牌。小燕完成了宝剑和盾牌后,来到"娃娃家",找了一条粉红色大毛巾,朝身上一披,神气活现地找同伴决斗去了。同一年龄段的小孩子,处于相同的教育环境,对于同样的事物,却有这么多样的反应。当教室内其他小孩子以组合积木并凑成一把剑在玩时,小燕不满于易变形的积木剑,而是自己创造了坚实可打斗的剑与盾。而小春虽然也想做一个盾牌,但在需要设法解决问题时,却显得很无奈,一个劲儿地要别人帮忙。

类似的情形,在学前教师带小孩子到户外,面对大自然时,也同样发生。例如,师生来到苹果园,宣布自由活动后,轩轩发现土堆有小洞,就找来枯枝,四处戳戳,想看看洞里有什么东西。小惠发现一片叶子上有"肿瘤",拿来问老师。老师说:"这是某种昆虫产的卵,幼虫长大后就吃这片树叶。"小惠若有所悟,四处找有虫卵的树叶,还告诉其他小孩子说:"这叶子上有小宝宝哦!"而从宣布自由活动后,就一直尾随老师的小安,跟着小惠身后一会儿,又回到老师身边。"老师!赶快来看！这是什么？"听到翔翔喊，老师鼓励小安说："那边有东西，我们赶快去看看。""可能是虫的幼虫。"老师对翔翔说。翔翔说："我要带回去养。"于是老师拿来昆虫箱，帮忙放进泥土与枯枝，翔翔小心地掏出幼虫放入箱内。随后，老师起身，想走动看看其他小孩，觉得背后有人，回顾一看，原来小安一直都跟在旁边。大自然有丰富的素材，有的小孩会不断主动去探索，有的小孩却一直在等待他人的引导。

其次，让孩子独立踏出的每一步。小孩子天生好奇、勇于体验，这也是人求生存不得不具有的本能。小孩降临到这世界，所有事物对于他都是陌生的，他要在这陌生的世界立足，就不能固守不动。求生本能驱使他不断去探索环境，熟悉环境的特性，以便逐渐适应。但这适应立刻又被另一新环境所牵动，孩子们就是在这样的动态平衡中不断成长。这种对新环境的好奇是与恐惧相伴而生的。小孩面临未知的新环境时，大人很容易同情小孩的恐惧心，而直接帮助小孩，提供给小孩解决的方法。一旦小孩习惯于依赖大人所提供的选择，很少有机会从自己的立足点出发，寻求能满足自己的解决之道。这将使他每当要独立踏出一步时，就倍感艰辛万分。试想在乡下，孩子整天在户外玩，没有玩具，就自制玩具，自创各种游戏；没有故事书，小孩自编故事。孩子独立踏出的每一步，都有属于他自己的创造成分，所以那里的小孩也比较有兴趣深入地与环境互动。就在这种深入活动的过程中，小孩的认知能力不断提高，也因此对自己解决问题的能力更加具有信心。

再次，重视生产创造的过程。我们经常说，要提供小孩丰富的环境。现代孩子的生活环境，确实充满了丰富的刺激，只是这些刺激大多属于消费性的。孩子面对五花八门的物品、各式各样的电视节目，甚至大人所提供的解决方法，有如自助餐的点菜过程，在既定、有限的物体当中不断作出选择。孩子只是享受他人提供的成果，并没有参与生产创造的过程。但是，人所面对的天地是无限的，它的原始面貌很粗糙，难以直接为人所用，人的生产与创造能力使这些物体变得精美可用。对孩子来说，这样由无到有的生产创造过程比选择性的消费行为来得重要。消费行为将使孩子根本看不到人类奋斗的痕迹与过程。若孩子只停留在有限的物体中作选择，这种被规格化的能力，将无法面对人类拓荒时期所面对的广大天地，同样，也会影响孩子们的创造力和适应能力。

最后，关注提供给孩子的是什么样的环境。好的教育环境是让孩子能在日常生活中体验到生产创造的过程。因此，当我们提供给孩子学习环境时，宜先反省我们所提供的是只让孩子选择他人生产成果的环境，还是有让孩子尝试错误、参与生产创造过程的环境。

第四节 学前儿童的体育

一、学前儿童体育的概念

体育的概念有广义和狭义之分。广义的体育是泛指人类社会的各种体育活动;狭义的体育是专指在教育机构中进行的、保证受教育者的身体正常生长发育的一种有目的、有计划、有组织的教育活动。

学前儿童体育是在幼儿园进行的,遵循学前儿童身体发育规律的,运用科学的方法以增强学前儿童体质、保证学前儿童健康为目的的一系列教育活动。

二、学前儿童体育的目标

《幼儿园工作规程》中明确提出,学前儿童体育的目标是促进学前儿童身体正常的生长发育和机能协调发展,增强体质,增进健康,培养良好的生活、卫生习惯和参加体育活动的兴趣。

促进学前儿童身体正常发育是保证学前儿童各方面健康发展的前提。做到身体的正常发育才能达到身体机能的协调发展,包括机体组织、器官以及各生理系统的协调发展,生理机能和身体运动机能的协调发展等。

学前儿童适应环境和抵抗疾病的能力强弱是体质好坏的主要标志。增进健康是指增进学前儿童身心两方面的健康,既身体强壮、抵抗力强,又性格开朗、情绪乐观等。良好的生活、卫生习惯是增进学前儿童健康的必要条件。生活习惯包括生活自理能力、自我保护能力,有规律的生活及良好的饮食、睡眠等习惯;卫生习惯包括学前儿童个人卫生习惯及在公共场所应有的卫生习惯。

学前儿童对体育活动的兴趣是学前儿童参加体育活动的动力。学前儿童体育的真谛不在于让学前儿童掌握体育的技能、技巧,而在于通过体育锻炼来提高学前儿童参加体育活动的兴趣和发展基本的活动能力,促进其身心健康成长。

三、学前儿童体育的内容

(一)促进学前儿童健康成长

为保证学前儿童的健康,成人应该为其建立安全卫生的生活环境;制定执行合理的生活制度和卫生保健制度;为学前儿童提供合理的膳食;积极锻炼学前儿童身体;重视学前儿童的心理健康。

(二)发展学前儿童的基本动作

基本动作主要包括走、跑、跳、平衡、投掷、钻爬、攀登等,发展学前儿童的基本动作是使学前儿童的动作灵敏、协调姿势正确。发展学前儿童的基本动作可以通过体育游戏、体操、户外体育活动、体育课等来完成。

(三)培养学前儿童良好的生活、卫生习惯

学前儿童良好的生活、卫生习惯主要是通过日常生活中的反复训练、培养来形成的。在培养教育时,要严格执行合理的生活作息制度,要求其一致性和一贯性,以及环境因素的良好影响和示范等。

(四)增强学前儿童的自我保护意识

学前儿童由于年幼、知识经验贫乏,缺少对危险事物的须知能力和自我保护能力,因此,成人应当对学前儿童进行必要的安全教育,从生活中常见的、与学前儿童关系密切的安全知识教育入手来进行。

四、积极开展体育活动的作用

(一) 体育是学前儿童健康成长的重要保障

学前儿童正处于生长发育的重要时期与特殊阶段,科学合理的体育可以保障学前儿童健康成长,为学前儿童身心全面发展提供良好的条件与基础。体育是学前儿童生命与健康的重要保障,在学前儿童的个体发展中生命健康存在是学前儿童一切发展的基础和前提。学前儿童正处于生长发育的特殊时期,身体发育迅速,身体各部分器官与系统尚未发育成熟,比较娇嫩柔弱,身体形态结构没有定型,可塑性极大。同时,学前儿童对外界环境的适应能力和对疾病的抵抗能力较差,容易感染疾病,身体容易受损害。据联合国儿童基金会的报告显示,在许多发展中国家,25%~30%儿童死于5周岁以前,而在某些地区,死亡率可以高达50%~70%。学前儿童独立生活能力差,正处于一生中最大限度地依赖成人的时期,他们依赖成人来满足身体的基本需要。他们缺乏生活经验与安全知识,没有能力来保护自己的生命与健康。因此,在这一时期体育具有特殊的重要意义。通过科学合理地安排与组织学前儿童的活动,可以保障学前儿童的生命与安全,提高他们的健康水平,预防和减少不必要的身体伤害与精神损害。

(二) 体育是学前儿童全面发展的基础

身体的发展是其他方面发展的物质基础,毛泽东曾把健康的身体比作"载知识之车"和"寓道德之舍"。人的其他方面的发展以身体的发展为基础。儿童年龄越小,身体的发展对心理的发展影响越大。学前儿童身体健康,就能活泼愉快、体力充沛、精神饱满、积极主动地探索周围环境,认识周围环境中的各种事物与现象,积极主动地与成人、伙伴交往,从而使身心各方面得到良好的发展。相反,如果学前儿童体质孱弱,经常患病,就容易疲劳、体力不足,就会影响他的精神状态与活动的主动积极性与持久性,也会影响他对自己的看法与评价。因为在学前阶段,学前儿童能够做什么,不能够做什么,往往与身体的活动能力有关。日本学者对4~6岁学前儿童进行的研究表明,凡运动能力发展良好的学前儿童,其社会性方面的发展也好;反之,凡运动能力发展迟缓的学前儿童,其依赖性较强,在社会性方向的发展也差。体育促进学前儿童身体的正常发育,促进学前儿童身体运动能力的发展,增强体质,可以为其他方面的发展奠定良好的基础。

(三) 体育为智育、德育、美育的实施创造良好的条件

人的大脑是心理活动产生的物质基础。学前儿童大脑和神经系统的生长发

育与机能的良好状态,是对学前儿童进行智育活动的必要前提。体育合理地安排在学前儿童的生活中,可以保证学前儿童神经系统的活动处于良好的状态,使学前儿童精力充沛、注意力集中地参与活动和学习,同时,体育活动也可以提高学前儿童神经系统反应的灵敏性,为智育提供了良好的条件。体育也可以促进德育和美育的实施,可以在体育中培养学前儿童克服困难、勇敢、合作等良好的品质。体育也是一种人体美的教育,帮助学前儿童认识与体验人体的动作美与姿势美,培养健美的体态与姿势,正是在帮助学前儿童感受、领悟与创造人体美。可见,体育对于智育、德育、美育等具有促进作用。

五、坚持体育运动的规律与原则

(一)坚持完整的学前儿童健康观

完整的学前儿童健康观不仅分为身、心两个方面,还可以分为生活护理与卫生保健、体育锻炼、健康教育三个方面。在生活护理与卫生保健方面,成人承担了主要的任务,学前儿童是受保护的对象,体育锻炼是在成人指导和护理下学前儿童主动的身体活动;健康教育则以培养学前儿童自我保护、自我锻炼能力和独立能力为主要目的。因为保教学前儿童是为了让学前儿童过一种独立健康的生活,所以健康教育在幼儿园保教活动中的地位就逐步得到提高。

(二)坚持科学性原则

学前儿童体育过程的科学性原则,即指学前儿童体育过程必须符合一般运动规律和学前儿童的身心特点。一般运动规律包括以下几点。

1. 动作形成的规律。动作形成一般要经过粗略掌握动作、改善与提高动作、巩固与运用自如三个阶段,这三个阶段各具特点,学前儿童动作技能的练习必须遵循这一规律。

2. 人体机能适应性规律。在运动过程中,人体机能的变化一般要经历四个阶段:第一阶段,工作阶段,即人体内各器官机能的活动和能量的合成水平提高,但体内贮备的能源逐渐被消耗;第二阶段,相对恢复阶段,即人体机能恢复到运动前水平;第三阶段,超量恢复阶段,即通过休息,人体能源储备和机能都超过了原有水平;第四阶段,复原阶段,即运动痕迹效应逐渐消失,人体机能又恢复到原有水平。依人体机能变化的规律,第一次运动结束后,第二次运动只有在超量恢复阶段开始,人体的机能才能不断增强。因此,在学前儿童进行体育运动过程中,要把握好两次运动之间的间隔期,确定好运动的频率。

3. 人体生理机能变化的规律。在体育活动的开始阶段,人体机能逐步上升。然后,达到并在一段时间内保持最高水平,最后又逐步下降,形成了上升— 平稳—下降三个阶段。学前儿童体育过程必须遵循这一规律,即注意体育活动的强度和密度要由弱到强,再逐渐地由强到弱。

(三) 坚持适宜性原则

学前儿童体育过程必须符合学前儿童的身心特点,学前儿童活动兴趣浓,情绪高,但自制力不够;学前儿童体内物质能量储备较少,身体机能较弱,但恢复快;学前儿童身体各器官惰性小,易动员,活动能力上升较快,但持续时间较短。所有这些,都决定了学前儿童体育过程不同于学龄儿童或成人的体育过程,学前教师必须提高学前儿童体育过程的适宜性。

(四) 坚持趣味性原则

学前儿童主要凭兴趣进行活动,年龄越小,兴趣对学前儿童活动的支配力就越强。因此,学前教师要善于运用语言、活动材料构成活动情节,引发和保持学前儿童的活动兴趣,要充分运用游戏的方法,使整个学前儿童体育过程富有变化、具有吸引力。

总之,学前儿童体育过程,既是一种教育过程,也是一种养护过程。学前儿童身体的孱弱性和心理的未成熟性,使得学前教师担负着较重的养护之责任。在体育过程中,学前教师应密切关注学前儿童的生理变化,加强安全防护,注意活动的身心卫生。学前教师也应注意将学前儿童体育过程同学前儿童的日常生活结合起来,将身心的卫生保健和体育活动、健康教育有机结合起来。

六、学前儿童体育的实施

(一) 为学前儿童创设良好的生活环境,科学护理学前儿童的生活

学前儿童身体的正常生长发育,体质的增强与健康水平的提高,需要必要的环境与物质条件。科学护理学前儿童的生活是指根据学前儿童身体生长发育的基本规律与特点,合理地安排与照顾学前儿童的饮食、睡眠等生活起居活动,为学前儿童的安全健康和身体的正常生长发育创造良好的生活条件。

1. 为学前儿童建立安全卫生的生活环境

安全卫生的生活环境是保证学前儿童生命安全与心理健康的基本条件。这里要求的安全卫生的生活环境,首先,是指安全卫生的物质生活环境。幼儿园应

当根据勤俭办园、因地制宜的原则,为学前儿童创设一个符合安全卫生要求的物质生活环境。其次,是指使学前儿童感到安全的、符合心理健康要求的心理环境。符合心理健康要求的心理环境,主要是通过学前教师与学前儿童之间建立和谐的人际关系来创造的。幼儿教师要尊重与关心每一个学前儿童,帮助学前儿童适应幼儿园的集体生活,重视学前儿童的心理卫生,尤其是要关心和了解情绪不安的学前儿童,帮助他们缓解紧张的情绪与压力。

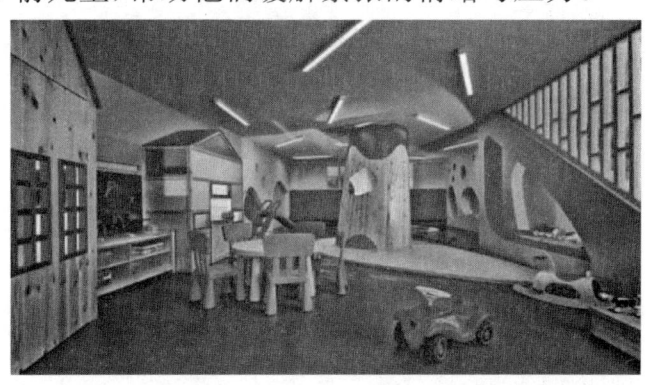

2. 合理安排与照顾学前儿童的饮食、睡眠等生活起居活动

为了保证学前儿童获得合理的营养,幼儿园应根据学前儿童的生理特点、饮食心理、营养因素的特性以及市场食物供应情况来制定食谱,合理调配每天的食物结构。此外,幼儿园还应制定合理的饮食制度,定时组织学前儿童进餐,保证合理的进餐间隔时间。在进餐中培养学前儿童良好的饮食习惯与卫生习惯,如不挑食、不偏食、细嚼慢咽、不撒饭、不剩饭菜等。家庭与幼儿园都应当保证学前儿童有充足的睡眠时间,创设安静舒适的睡眠环境,培养学前儿童良好的睡眠卫生习惯。家长与学前教师还应当注意学前儿童的着装大小要合身,式样以便于学前儿童活动与穿脱为宜,并要随气温变化及时增减衣物。

(二) 精心组织各项体育活动,提高学前儿童健康水平

幼儿园体育活动的组织形式有早操、体育课、户外游戏活动等。户外游戏活

动(包括集体的或小组形式的体育游戏和利用各种运动器械来进行的体育游戏),应当是幼儿园体育活动的主要组织形式。在组织学前儿童开展体育活动时,要尽量减少学前儿童等待、排队的时间,同时要注意学前儿童的安全。不要因噎废食,限制太多,要注意活动量的适宜性,避免活动不充分或过度疲劳现象的发生。学前儿童户外活动时间每天不得少于 2 小时,寄宿制幼儿园不得少于 3 小时,高温、高寒地区可酌情增减。

第五节 学前儿童的美育

一、学前儿童美育的概念

学前儿童美育是依据学前儿童的审美心理规律,引导发展学前儿童感受美、理解美、表达美和欣赏美的能力的教育。学前儿童美育主要对应于幼儿园的艺术教育,因为美包括自然美、社会美、艺术美和形式美四种类型,幼儿园美育以艺术教育为基础,在幼儿园的日常生活和其他领域的教育中渗透进行。

学前儿童美育可以培养学前儿童对美的兴趣和爱好,培养美感和初步的审美能力,学习简单的艺术活动技能,发展想象力和创造力,扩大和加深学前儿童对周围世界的认识,培养良好的情操和品质,形成愉快活泼的性格,也可以调节疲劳、促进健康,使学前儿童精神饱满、心情舒畅。总之,学前儿童美育不仅是学前儿童全面发展教育的一部分,也是全面发展教育的基础,是学前儿童德育、智育和体育的催化剂,对德育、智育和体育都有促进作用。

二、学前儿童美育的目标和内容

学前儿童美育的目标是培养学前儿童健全的人格、丰富的想象力和超凡的创造力。学前儿童美育过程一般包括审美感知、审美理解、审美表达、欣赏与评价四个阶段。

（一）审美感知阶段

审美感知是人们对能引起心理愉悦的事物完整形象的感性认识过程，是对事物美的"形式"的把握。审美感知所获得的心理体验即审美感受，简称为美感，是美育过程的起点；审美感知所获得的审美意象，是审美表达的原始材料，使人的审美活动具有选择性；通过审美感知所产生的审美兴趣和情绪体验，是审美理解和审美表达的内在动力。

学前儿童审美感知的发展，大致经历三个阶段：

第一阶段：0～1岁直觉性美感阶段。新生儿天生具有对色彩、图形和声音的视听觉偏好，他们一般喜欢红、黄两色，喜欢圆形、曲线和人脸，爱听和谐、有节奏的音律。随着年龄的增长，孩子视、听觉的偏好越来越明显。

第二阶段：2～4岁模仿性美感阶段。儿童能将"美的、好看的"等词语与具体物体和现象联系起来，并模仿成人的样子，表达自己的愉悦心情。这时，学前儿童的美感是在成人美感的影响下产生的，因而尚不具有独立性。

第三阶段：5～6岁独立性美感阶段。儿童逐渐学会欣赏多种形态的美，能分析美的特性，并能通过活动表达自己的审美感受。学前儿童末期是独立性美感萌芽的时期。

（二）审美理解阶段

审美理解不同于审美感知，是人们对审美感知对象的美的本质与特点的把握过程。学前儿童审美理解具有片面性、表面性和简单性,易以偏概全,也难以理解事物的寓意或深层含义。学前教师可以通过以下方法,注意学前儿童审美理解力的培养。

1. 丰富学前儿童的生活体验。生活体验是审美理解的基础,学前儿童通常由个人感受出发,通过联想和想象来理解美的意义。比如,学前儿童体验了喜、怒、哀、乐等情感,才能理解作品所表达的各种感情;体验过大自然和社会的具体美的形式,才能欣赏生活中美的事物。

2. 让学前儿童掌握各种艺术形式的简单表现技巧。不同的艺术形式具有不同的艺术语言,如文学是一种语言艺术,主要运用描述、对比、夸张、比喻、联想、独白等手段表达主题;音乐是一种声音艺术,通过不同声音营造意境、表达情感等。

3. 让学前儿童理解常见事物的象征意义。现实生活中,许多事物能引起人们特定的审美体验。因而,人们习惯赋予它们特定的意义,如太阳代表光明与希望,月亮代表温馨和柔情。

(三) 审美表达阶段

审美表达是人们将头脑中的审美意象表现出来的过程。审美表达是美育过程的终点,是将审美意象再加工,并使之外在化、具体化,有利于审美主体情绪体验的表露与发泄。

(四) 欣赏与评价阶段

欣赏与评价阶段就是将学前儿童审美表达的结果展现出来,并对其结果,包括整个美育过程作出总结评价。学前教师在引导学前儿童欣赏与评价艺术作品时,应注意如下几个方面。

1. 尊重并鼓励学前儿童创造。审美表达是学前儿童展现自我的过程。学前教师尊重学前儿童的创造,也就是尊重学前儿童的个性。学前教师应欣赏每个孩子的作品,珍惜并反复展示孩子的作品,使孩子体验成功的快乐。

2. 技法与主题并重。学前教师评价学前儿童的作品,既要评价学前儿童审美表达的技巧,又要注意学前儿童作品的主题。学前教师应善于透过学前儿童的作品理解学前儿童的感情,把握学前儿童的心声。

3. 应客观、公正和积极。学前教师对学前儿童作品包括整个审美教育过程的评价,应实事求是、公正合理,以正面引导为主。学前教师应从孩子的审美特点出发评价孩子的作品,尊重学前儿童的个体差异,并使自己的评价得到多数学前儿童的认可。

三、学前儿童美育应遵循的基本原则

(一) 趣味性原则

美育过程一般具有娱乐性,即"寓教于乐"。学前儿童意志力较弱,兴趣在其活动中占主导作用,审美活动受兴趣的影响,因而,美育过程更应强调趣味性。学前儿童美育过程应丰富多彩、妙趣横生、生动活泼。学前教师也应善于引导学前儿童发现审美活动的乐趣,激发学前儿童审美活动的积极性,使学前儿童主动、积极、愉快地参与审美活动。

(二) 形象性原则

形象性是一般美育过程的特点,即"寓教于形"。美,总是体现在一定的形象之中,美育过程中所使用的工具和材料也都是具体可感、生动鲜明的形象。

(三) 情感性原则

情感性也是一般美育过程的特点,即"寓教于情"。学前儿童活动易受个人情绪和情感的影响,因而,学前儿童美育过程更需强调其情感性。学前教师应营造一定的情绪氛围,引导学前儿童进入现实和艺术的美的意境,激起学前儿童的情感共鸣。

(四) 活动性原则

学前儿童审美感知具有动作性,学前儿童活泼好动,喜欢表现自己。因此,在美育过程中,学前教师应让学前儿童亲自活动,如让学前儿童摸、听、看、闻、做、评等。在艺术教育中,应注意让学前儿童多唱、多跳、多画、多折纸和雕塑,使学前儿童的审美能力在各种活动中得到发展,使学前儿童陶醉其中,将美融化于心灵。

(五) 创造性原则

自由表现和创造是艺术的灵魂。学前教师在让学前儿童掌握艺术语言的同时,一定要注意培养孩子自由、开放和创造性的心灵。学前教师应鼓励学前儿童自由表达自我,充分发挥其想象力,大胆地进行创造。应对学前儿童独创性的审美活动表示赞赏,允许学前儿童的作品与学前教师的示范不相同,理解并尊重学前儿童在审美方面的个体差异。

阅读是最浪漫的教养

德国人极为重视家庭教育,也是唯一把父母教养儿童的义务明文写入宪法的国家。比起传授知识,德国人更注重传授技能,注重培养孩子一生的习惯和解决问题的能力。这种教育在德国家庭教育中体现在很多方面。我们可以清晰地找到德国的国民素质普遍较高的原因:好的教育培养好的习惯,好的习惯影响孩子的一生。

阅读塑造了强大的民族

全世界图书中有12%的语种是德语,而德国的人口仅占世界人口的1.2%。德国也是全世界人均书店密度最高的国家,在柏林,每平均1.7万人就有一家书店,而这么密集的书店里却永远不缺读者。

去过德国你会发现,在机场候机、在地铁上玩手机的德国人很少,不管大人还是孩子,手里经常拿着本书看,还通常是有一定厚度的书。就算是五六岁的孩子,通常手里也会拿着绘本,安安静静地阅读。德国人很少看电子书,电子书的占有率至今仍然很低。他们的书店里和家里都有大量的印刷书籍,给孩子看的书更是品种丰富。

在德国的公共场所,你看不到喧闹、喊叫的孩子,安静读书的是大多数。在德国,从家庭到学校甚至到整个社会,都很鼓励孩子阅读,那里的公共场所,包括大型活动场所,都会辟出一个安静的角落提供书给孩子读。

德国不主张"学前教育",不准教孩子学数学、认字母,但却鼓励家长陪伴孩子们阅读。阅读是最浪漫的教养,爱书的孩子永远不会寂寞。

健全的人格锻造逻辑

德国人的很多好习惯是家庭教育的结果,比如严谨、守规则、守信用、有公德。在德国,有一大套和儿童教育有关的绘本,书店里到处都是,德国孩子几乎都看过。它用一个个暖暖的故事,来教孩子形成健全的性格、培养好的习惯和好的品德,也来教孩子什么是对,什么是错。

承诺:A Promise Is a Promise

德国有句谚语——Ein Mann, ein Wort(一言既出,驷马难追)。"承诺"被德国人看得很重,人不能轻易许诺,许诺后就要遵守约定,答应过的事,就要在规定的时间内做好。在德国生活,恐怕遇到最多的一个词就是Termin(预约)了,看医生要Termin,约老师见面要Termin,去管理部门办事也要Termin,而Termin定下的日期,双方都会严格遵守,即使有更改,也会提前告知。

重视承诺的品质就是德国文化中的"契约精神"。对父母、对同伴、对同事、对朋友哪怕是陌生人,都是如此,这成就了全球对德国品牌的信任。

合作:One for all–All for one

有一本绘本,叫作 One for all–All for one。讲的是一只腿脚不太好的小老鼠,想去闯荡外面的世界,在路上遇到了不少的阻碍,但也收获了不少的朋友,每个朋友都不完美却都各有所长,他们齐心协力完成了很多无法独自完成的事情。这是一本很典型的德国教育绘本,它讲的是一个简单却没法人人做到的道理——Wer alleine arbeitet , addiert. Wer zusammen arbeitet, multipliziert(一个人的努力是加法,一个团队的努力是乘法)。教给孩子认识合作的力量。

德国学生的团队协作能力真的非常强大。研读一本小说的时候,老师会布置读书报告,而这个报告,常常是要求几个学生一起完成的。比如一个人负责查找作家生平,另一个人则负责梳理小说的脉络,这样几个人一起,互相帮助磨合,做出一份体例完整的报告。这种团队精神,应该也是德国足球与德国制造"战无不胜"的原因吧。绿茵场上的德国队,分工明晰的德国工厂,每个人都恪守本分,做好自己的岗位,将团队的力量发挥到了极致。

公德心:A ball for all

德国对公德心的教育是从孩子抓起的,为的就是培养"与社会和谐相处、有公德、能帮助他人"的人。在德国,除了家庭教育层面,还有社会教育层面的作用,每个公民都有义务为下一代的健康成长负一份责任,这个下一代不只指自己的孩子,而是社会所有的孩子。

在德国,你绝对看不到车辆横冲直撞、杂物占领走廊的情况,大家都小心翼翼地恪守社会公德,在做自己事情的时候,努力不去打扰别人。每个人的家门口都收拾得干干净净,到了下雪的时候,邻里之间轮班扫雪,为大家开辟道路,仿佛这是一件再自然不过的事情。而车辆上路后,见到行人总是提前减速,偶尔还会停下来,伸手示意让行人先走……每个人自觉规划好自己的疆界,相互之间都有100%的安全感。

同情心

德国有很多绘本,里面出现的小动物或者主人公以及配角并不是完整健康的,他们中的很多,或多或少地有点问题或是残疾,这种人物设定在国产绘本中是没有的。而事实上在德国,老人摔倒一定会有人来帮忙;遇到残疾人时,会有人主动询问是否需要帮助;遇到困难时,也一定会有来自陌生人的温暖。

父母的陪伴胜过一切教育

经常看到"德国禁止学前教育"这种说法。其实,德国不是没有学前教育,德

国人对学前教育有自己的理解,"学"的内容与我们不同。德国当然也有幼儿园,幼儿园通常每天只上半天课,当然了,这也是在德国"教育假"的支持下才得以实现。幼儿园老师会教孩子们如何乘坐公共交通回家,如何遵守交通规则,在公共场合不可大声说话,甚至会对他们进行如何做垃圾分类等遵守社会秩序的教育。

德国人认为,在孩子的婴幼儿时期,父母与孩子建立良好的、安全的情感关系是孩子人格完整、心智健全的基础。在德国人的心中,家庭的地位很高。大多数德国家庭都有家庭日,父母会全身心地陪伴孩子。他们陪孩子散步、玩耍,一起骑着车去野外……而德国父母的陪伴并不只是陪孩子玩,教孩子规则,教孩子整理房间,做力所能及的家务,都是陪伴的一部分。所以6岁的孩子就已经有很强的自理能力了。

"一个国家的繁荣,取决于她的公民的文明素养,即在于人民所受的教育,人民的远见卓识和品格的高下。这才是真正的利害所在,真正的力量所在。"对一个国家而言如此,对每个孩子而言,这段话同样适用。

在德国人看来,品德、人格、好的习惯是被感染的,而不是被训导的,是从小让孩子在心灵深处种下懂得的因,才能收获获得的果。"如何成为一个完整的人",是每个德国家庭教育的第一课。

好书推荐

1. 《倾听孩子:家庭中的心理调适》

——帕蒂·惠芙乐

《倾听孩子:家庭中的心理调适》(第2版)要告诉父母们的最核心的一点是:你们有能力帮助孩子处理各种负面情绪,让孩子有更好的注意力去认知、学习,为友谊、合作和欢乐敞开自己的心胸。

《倾听孩子:家庭中的心理调适》(第3版)作为父母真好!孩子是那么活泼开朗,乐于施爱,也乐于接受爱。他们让我们表现出内心最美好的东西,以他们的热情、善良、幽默和欢乐丰富着我们的生活。

这本书将为父母们提供一些方法,帮助他们应对这些经常出现的困难时刻,还会为父母们提供一些基本思路帮助维系亲子之间的珍贵关系,其中有关如何倾听的方法,不但有助于减轻孩子的烦恼,同样有助于减轻父母的烦恼。

2.《走好人生第一步——为孩子的终身学习奠定良好的基础》

——[美]芭芭拉·柯蒂斯

作为一个专业教师、一个家庭教育家和11个孩子的母亲,芭芭拉·柯蒂斯有一套教育幼儿的完善经验。本书就是她依据自己养育11个孩子的实践经验和十数年的分析研究,总结出一套科学的育儿方式。这种方式把孩子的日常生活转化成学习的机会,从而尽早地开发孩子的智力和其他方面的能力,也减轻了父母的养育劳动。

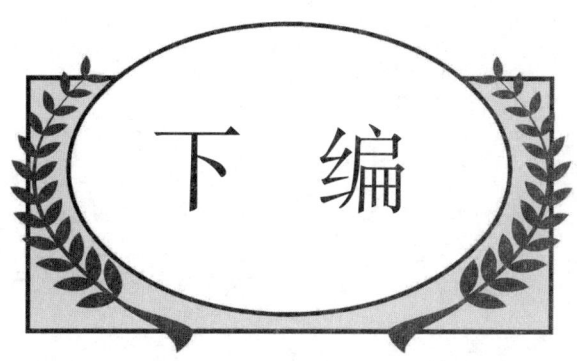

下 编

第六章　幼儿教师与学前儿童

　　人的美丽可爱,不仅仅是由于他的容貌,首先决定他的是精神面貌,一个品质高尚的人,永远是年轻和美丽的。

——冯雪峰

第一节 幼儿教师

一、幼儿教师的角色

幼儿教师角色问题的实质就是幼儿教师在学前儿童生活学习中做个什么样的人的问题。幼儿教师本人的角色观直接影响幼儿教师与学前儿童之间的关系,也影响其所从事的教育工作。幼儿教师的角色观与学前儿童观相辅相成,与教育观也有着千丝万缕的联系。如当幼儿教师把自己当作前辈时,学前儿童就是晚辈,教育过程就是前辈对晚辈的引导、扶持过程;当幼儿教师把自己当作学前儿童的知心朋友时,学前儿童就是与之平等的一员,教育过程就会更重视师生的平等交流;当幼儿教师只把自己当作"高级保姆"时,学前儿童就会成为需要被保护的弱者,教育工作就会以保育为主,教育为辅。

另外,社会对幼儿教师有总的要求与期望,这就构成了幼儿教师的社会角色观;教育理论工作者对幼儿教师也有这样或那样的期望和要求,这就构成了教育理论形态的幼儿教师角色观。幼儿教师的社会角色观直接影响幼儿教师的职业声望和社会地位,而教育理论形态的幼儿教师角色观则直接影响幼儿教师的工作。因此,树立正确的教师角色观是每一个幼教工作者做好工作的观念前提。

《幼儿园教育指导纲要(试行)》指出"幼儿教师应成为学前儿童学习活动的支持者、合作者、引导者"。倡导"合作探究式"的师生互动关系,要求幼儿教师要以教育者、学前儿童的游戏伙伴和知心朋友、学前儿童生活中的母亲等多重角色投入学前儿童教育工作中,促进学前儿童身心健康的发展。

（一）学前儿童学习中"教育者"的角色

幼儿教师首先是一个教育者，学前儿童教育机构的中心任务就是教育、教导学前儿童，所以，幼儿教师要用教育者的标准严格要求自己。

1. 作为学前儿童教育者，要为学前儿童的学习活动提供物质和心理上的支持。幼儿教师必须善于制作玩耍教具，布置好室内外环境，为学前儿童创设丰富的物质环境和宽松的心理环境，学前儿童才能进一步地学习、实践和探究。

2. 作为学前儿童教育者，要成为学前儿童学习活动的合作者。瑞士心理学家皮亚杰在论述儿童的道德发展时认为，由于成人与儿童的地位不平等，成人通过语言对儿童施加压力，造成了儿童对成人的单方面的尊重以及道德的他律性。皮亚杰的儿童发展理论认为，教师要与儿童合作，做儿童的"合作伙伴"，学前教师要以"合作伙伴"的身份参与到学前儿童的学习活动中去，形成合作探究式的师生互动，共同促进学习活动的不断延伸。

3. 作为学前儿童教育者，要成为学前儿童学习活动的指导者。幼儿教师应作为学前儿童学习的引路人和身心发展的指引者，依照明确的教育目的，对学前儿童施加具体、有效的学习指导，以促进学前儿童身心健全地发展。

4. 作为学前儿童教育者，要对学前儿童作好观察和记录。每个学前儿童都有自己的独特个性和丰富的内心世界，他们正处于迅速成长变化的年龄阶段，学前教师要做到"因材施教"，就必须细心观察，通过自己的双眼去发现孩子的点滴进步和不良倾向，给孩子及时的引导教育。

5. 作为学前儿童教育者，要作好学前儿童的榜样和示范。苏联教育家加里宁说："一个教师必须好好检查自己，他应该感觉到他的一举一动都处在最严格的监督之下，世界上任何人也没有受着这样严格的监督。孩子们的几十双眼睛盯着他。"幼儿园教师应衣着整洁、美观大方、不浓妆艳抹、行为举止文雅有修养、待人说话和气有礼貌、有良好的生活作风和习惯，给学前儿童树立一个良好的榜样。

（二）学前儿童生活中"母亲"的角色

学前儿童教育机构是学前儿童所遇到的第一个社会性机构，可以说是学前儿童迈向社会的第一站。学前儿童由于生活经验缺乏，身心发展水平较低，对成人的依赖性还很强，当他们脱离母亲温暖的怀抱走进幼儿园陌生的群体时，面对不认识的人，会产生孤独与恐惧，迫切需要老师像妈妈一样爱护他们。因此，学前老师要热情接待每一位学前儿童，用母亲般的关怀和照顾问候他们的温饱冷暖，随时注意观察学前儿童的情绪及身体状况，及时与学前儿童交谈，让学前儿童感到幼儿园集体的温暖和母爱的存在。这样,学前儿童就会把对家长的依赖逐渐转移到幼儿教师身上,把对家长的亲情也逐渐迁移、扩展到幼儿教师身上,逐渐消除离家后的焦虑与不安,产生"(托儿所)幼儿园是我家"的美好感觉,从而更安心愉快地在幼儿园生活和学习。

(三)学前儿童情感中"知心朋友"的角色

苏霍姆林斯基说:"教师不仅要成为一个教导者,而且还要成为学生的朋友,和他们一起克服困难,一起感受欢乐和忧愁。"一个优秀的幼儿教师必须热爱孩子,并能从与孩子的交往中寻找乐趣,应善于和孩子们交朋友,感受他们的欢乐和痛苦,了解他们的内心。学前儿童尽管是幼稚的个体,也有丰富的内心世界,他们的社会性得到了初步的发展,产生了交友的愿望,形成了最基本的交友能力,幼儿教师必须关心和洞察他们的内心世界,进而走进学前儿童的内心世界,和他们交朋友,以心换心,建立起亲密的师生关系。

(四)教育工作中"学习者"和"研究者"的角色

真正出色的幼儿教师,不仅要热爱教育工作,精通学前儿童教育专业的基础知识,还要自觉拓宽知识领域,了解学前儿童教育发展新动态,将学前儿童教育新思想、新理念、新方法运用于实际工作中。幼儿教师要摆脱"教书匠"似的工具性自我形象,从单纯的实践者向行动的研究者转变,积极参与教科研活动,在工作中进行自我观察、记录、反思,用敏锐的眼光去发现问题,研究学前儿童、课程、教学、游戏、家长和社区环境等,不断地将经验上升到理论的层面,提高行动质量,改进实际工作。

总之,幼儿教师的角色是多重的、变化的,在幼儿园教育活动中,幼儿教师要将这些多重的角色融为一体,才能在学前儿童的生活和学习中承担多种职责,对学前儿童的生活和学习、身体和心理的良好发展产生全面深刻的影响。

二、幼儿教师的基本素质

(一)深厚的文化素养

1. 广泛的科学文化知识

学前儿童教育机构一般不设分科的教学任务,每个幼儿教师通常要承担孩子的语言、科学、艺术、健康、品德等多方面的教育任务,为了促进学前儿童身心全面和谐地发展,幼儿教师必须具备较为广泛的文化科学知识。另外,学前儿童对世界充满了好奇,学前儿童提问往往涉及动物、植物、天文、地理、文学等各个

领域,涉及自然和社会的许多方面,这也要求幼儿教师要有广博的文化知识,并且要根据社会和科技的发展,不断更新自己的知识,完善自己的知识结构。

2. 扎实的学前儿童教育理论基础

理论是实践的基础,为了做好学前儿童教育工作,幼儿教师必须具备充分的理论基础。这就要求幼儿教师要充分学习学前儿童教育学、学前儿童营养学、学前儿童卫生学、学前儿童心理学、学前儿童教育评价学等学科知识,善于运用教育规律;要懂得教育社会学、教育文化学、教育人类学等方面的知识,以便在学前儿童教育中发挥学前儿童家庭和社区的教育力量;要具备音乐、体育、美工、舞蹈等方面的基本知识,全方面更好地教育引导学前儿童的身心发展。

(二)浓烈的热情与爱心

1. 热爱学前儿童教育事业

幼儿教师职业道德的基本原则是忠诚于社会主义教育事业,这也是学前儿童教师最重要的思想品德素质。对学前儿童教育事业的热爱,源于对工作意义的深刻理解,这种热爱是教师做好教育工作的精神动力,幼儿教师必须坚信自己所从事的教育工作是一项神圣而崇高的事业,才能全身心地搞好学前儿童教育工作。

2. 热爱和尊重儿童

苏联教育家苏霍姆林斯基曾说过"生活中最主要的东西是对孩子的爱"。对学前儿童的热爱,是推动幼儿教师无私尽责地为学前儿童服务,并能有所作为的内在精神动力。幼儿教师对学前儿童的爱是一种具体的教育力量,它能为学前儿童创造安全、信任、和谐的教育气氛,能感化学前儿童,使学前儿童主动配合教师的工作,发扬积极因素,克服消极因素。

幼儿教师还要特别注意尊重学前儿童的人格,保护学前儿童的自尊,把每位学前儿童看作是一个独特、能动、有潜力地发展着的主体。不能把他看作"小木偶",可以让教师任意摆布,更不能把学前儿童看作是小玩具,可以任教师随意玩耍。热爱和尊重学前儿童,把自己的身心奉献给学前教育事业,是幼儿教师社会义务感、道德责任感、为人民服务的理想和信念最实际、最集中的体现。

(三)健康的身心素质

教育的活力,来自教师身心素质的活力。没有良好的身体素质,教师无法承担教书育人之责,而教师的心理素质同样制约教师职业工作效力。

健康的身体是教师做好学前儿童教育工作的保证。身体素质包括良好的生活和卫生习惯、浓厚的体育活动爱好、正常的发育、良好的体能及健康的体质等,

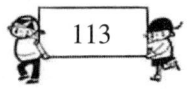

这是做好工作的前提。幼儿园的工作特点决定了幼儿教师必须既付出脑力劳动，又付出体力劳动，劳动强度较大。目前幼儿教师队伍中独生子女幼儿教师的比例在逐年攀升，虽然他们从小就享受了比较优越的家庭生活，但身体素质却不尽如人意，常常觉得身体吃不消。然而学前儿童教育工作的特点是需要幼儿教师精力充沛、体质健壮、反应敏捷、身心健康。因此，幼儿教师首先要掌握个人卫生保健知识，养成良好的生活卫生习惯，加强体育锻炼。

幼儿教师作为学前儿童发展的重要他人，作为学前儿童观察、学习、模仿的榜样，自身的情感、个性、性格、行为方式等心理素质极其重要。美国心理学家经过广泛调查研究发现，成功的教师一般具有如下心理素质和特征：温和、理解、友好、负责、有条不紊、富有想象力、热情等。信任学生，不但善于理解而且也善于倾听，对每一个学生有兴趣、喜爱和爱护，以及具有较强灵活性等，也是成功教师具有的重要心理素质。如果教师具有创新精神和不断进取精神，则有利于培养学生的开拓、创新能力；如果教师保守、拘谨，则容易扼杀学生的个性和创造精神。作为一个幼儿教师应当具有宽阔慈爱的心胸、主动乐观的心态、快乐稳定的情绪、丰富美好的感情、活泼开朗的性格、良好的行为习惯等等，这样的幼儿教师容易与学前儿童打成一片，接纳学前儿童，并潜移默化地让学前儿童受到学前教师的熏陶，从而有利于学前儿童身心的成长。

三、幼儿教师的必备能力

为了有效地培养孩子，幼儿教师仅有品德和知识是不够的，还必须具备多方面的教育技能。

（一）观察与评估的能力

观察和了解孩子是教育过程的开端，是教育活动的第一步。幼儿教师只有深入地观察孩子、了解孩子，教育才能做到有的放矢。幼儿教师不仅要学会把握全班孩子的共性，还要善于把握不同个体的差异性，要善于挖掘孩子的优缺点，在优秀孩子身上找到不足，在后进的孩子身上发掘闪光点。总之，幼儿教师要能从孩子的言行中洞察出他们的心理活动，找出他们发展的倾向和动态变化的规律，以便进行有针对性的教育，做到因材施教。

（二）组织各种活动的能力

托幼机构的活动是丰富多彩的，既有生活活动，又有学习与游戏活动；既有集体活动，又有小组与个人活动；既有室内活动，又有室外活动；等等，这些都要求幼儿教师具备一定的组织能力。幼儿教师要善于依据学前儿童保教目标和本

班孩子的身心特点,制订教学计划,妥善安排本班的学习和生活活动,使孩子在生动活泼的活动中得到全面发展。

(三) 创设与利用环境的能力

环境是指对学前儿童产生影响的各种物的因素与人的因素的总和。学前教师要善于发动学前儿童参与环境的建设,充分利用已有的空间和材料设施,创造性地使用废旧材料和自然材科,为学前儿童创设活化的物质环境。学前儿童教师还要善于与学前儿童建立和谐的师生关系,调解学前儿童之间的矛盾,创造良好的班风和气氛,为学前儿童身心的健康成长创设良好的心理环境。

(四) 与学前儿童交往的能力

与学前儿童合作和交流,给学前儿童恰当的引导是幼儿教师必备的教育技能。幼儿教师在与学前儿童互动的过程中,要善于站在孩子的立场上分析问题,能与孩子平等交往,友好合作;要善于消除师生间的隔阂,与孩子们交心谈心。在同孩子交往时,幼儿教师要善于运用生动形象、亲切自然的身体语言和浅显易懂、积极肯定的口头语言表达自己的思想感情。

(五) 开展家长工作与社区工作的能力

幼儿教师要善于以教育目标为中心,深入了解学前儿童的家庭情况,并利用多种手段与学前儿童家长取得联系,提高学前儿童家长的教育意识和能力,实行家园合作,共同促进孩子的身心发展。幼儿教师还应充分利用社区的一切条件,努力争取社会人员的理解和帮助,为学前儿童教育创建良好的社会环境。

(六) 自我发展的能力

社会的发展,对幼儿教师的素质要求也在不断变化,要跟上时代的步伐,学前教师必须具备自我发展的能力。幼儿教师一方面要善于从书本、网络中学习,参加继续教育活动,努力提高自身对间接知识的学习能力;另一方面,要从实践中学习和向同行学习,不断总结工作经验和教训,虚心接受别人的合理建议,努力提高自己的工作能力。

第二节 幼儿教师与学前儿童的相互作用

一、树立科学的学前儿童观

学前儿童的发展指学前儿童个体成长过程中生理和心理方面有规律的由量变到质变的过程。学前儿童的生理发展是指机体的正常生长和机能的成熟,心理发展是指认识过程、情感、意志和个性的发展。但学前儿童的发展是一个有方向、有价值选择的过程,只有学前儿童身心的发展是沿着由简单到复杂、由初级到高级的序列演变时,我们才将这种变化称之为发展。学前儿童教育的对象是学前儿童,学前儿童的身心发展是学前儿童教育的依据,也是学前儿童教育的目的。学前儿童的生长过程既可以表现为进步,也可以表现为退步,为了科学地教养学前儿童,幼儿教师首先要了解学前儿童,研究学前儿童。

(一)学前儿童是自然人

学前儿童作为一个独立的生物个体,不仅从父母那里继承了一些作为人的基本的生物构造特征和心理基础,也有其自身的生理发展规律,这个规律是自然的、较稳定的,并非完全由成年人决定。作为一个自然人,学前儿童对周围世界具有较强的依赖性,必须从周围环境中获得衣食、照料和安慰。因此,要反对任何剥夺学前儿童生存及损害学前儿童生存发展规律的行为,学前儿童教育不应将学前儿童看成与小动物无异的生物体,也不能期望学前儿童像成年人,而应该尊重学前儿童的天性和生长的自然规律。

（二）学前儿童是社会人

学前儿童生来就具有人的尊严和价值,理当享有生存权、发展权、参与权等基本的人权和社会地位。不论什么种族、性别、地位和家庭的孩子,也不论孩子的智力和个性如何,他们的权利是相同的。幼儿教师应为学前儿童提供与同龄人活动的机会,让学前儿童在与同龄伙伴的交往中学会交流、合作和谦让,在社会活动中表现和发展自己。成年人应为学前儿童提供一切有利于生存、发展和学习的条件与机会,应保护、扩展和改善现有的学前儿童教育资源,如幼儿园、游乐场、动物园、儿童读物以及儿童电影等。

（三）学前儿童是完整独立的个体

学前儿童机体的各个部分相互联系、不可分割,学前儿童心理的各个方面也相互影响和相互制约,学前儿童的生理和心理是完整和谐发展的整体。因此,学前教师必须高度重视其在身体、认知、品德、情感、个性等方面的整体发展。

二、辩证分析影响学前儿童发展的因素

学前儿童的发展绝不是某一种因素单独影响的结果,而是由遗传、环境和教育及学前儿童的主观能动性多种因素综合地、系统地相互作用的结果。因此,幼儿教师不能简单地分析某一种因素对学前儿童发展的作用,而应该辩证地、客观地看待这些因素在学前儿童发展中的共同作用,只有这样才能全面地认识学前儿童发展与教育的问题。

(一)注重各因素的综合影响

儿童的发展是生物因素和社会因素互相结合、互相作用的过程。这些因素构成一个复杂的综合体,总体地对学前儿童身心发展起作用。这个综合体的各因素之间的关系与组合不是固定不变的,而是随着主体的发展而不断变化的。影响儿童发展的诸多因素如果方向一致,就会产生合力,使儿童身心发展的可能性得到最大程度的实现;如果方向不一致,就会产生分力,使这种发展可能得不到充分实现,甚至变成阻力,妨碍这种可能性的实现。

(二)充分关注学前儿童的主动性

学前儿童是在内部动力、能动性与生物因素、社会因素的多层次的相互作用中获得发展。在发展过程中,学前儿童不是消极被动地接受外部环境的影响,而是充分发挥自身的主动性。在自身内部动力的作用下,按照自己的需要和兴趣,接受自己所需要的东西,拒绝不需要的东西,如新生儿选择喝甜水,不喝白开水,不爱喝牛奶;有意将鼻子离开不好的气味;等等。静止地看待学前儿童的发展,孤立地强调遗传、环境或教育的作用,抹杀学前儿童的主动活动,把学前儿童看成

是消极被动的承受者,都不能科学地认识教育和发展的问题。

学前儿童天生就充满好奇,天生就是一个探索者,且具有一定的自主性。孩子生下不久,就能随声响转动头部,眼睛也能追随物体,稍稍长大以后,当孩子能抓握、能行走时,孩子就会不停地摸、不停地看和玩。因此,幼儿教师应让学前儿童以主人的身份与外部环境相互作用,自由、独立地在各种活动中发展。学前儿童也只有亲自参与各种活动,在活动中积累感性经验,才能保证其发育良好、精神丰富和完善,才能不断地构建自己独特而丰富的内心世界和自尊自爱、自信自强的人格。

三、学前儿童的"学"与幼儿教师的"教"

在幼儿教师的劳动中,学前儿童是劳动对象,是一个有意识的、独立发展的人。在幼儿教师对学前儿童实施影响的教育过程中,学前儿童既是"教"的客体,又是"学"的主体。但学前儿童不是被动地接受外部的影响,而是通过自身内部作用主动地选择和接纳外部影响,形成自己的知识结构和经验,发展自己的思想情感。

（一）建立平视的互动形态

现阶段探寻理想的幼儿教师与学前儿童互动形态的工作，应该先从在学前教师与学前儿童间确立起平视的视角入手。平视，顾名思义，是指幼儿教师需要站在和学前儿童水平的位置上去看孩子的世界，去理解学前儿童最为自然的、真实的想法，去体会学前儿童经历的是什么，这些经历对他们的身心发展有什么意义，而不是想当然地从成人角度、按照成人世界的标准去判断学前儿童行为的合理性。而要真正做到这一步，幼儿教师在与学前儿童进行相互作用时，就应该尽可能地把自己因为成熟的生理与心理水平而滋生的成人感悬置起来，既不能因为学前儿童的受教育者身份而去俯视、贬抑他们，又要尽可能避免完全以学前儿童为中心仰视甚至崇拜他们。平视的视角可以帮助幼儿教师与学前儿童之间达成一种视角上的融合，进而使师生互动真正成为其行为主体双方的事情，以利于双方各自能动性的发挥。

（二）确立明确的"师生"关系

1. 挖掘学前儿童的学习潜能和创造力

学前儿童具有巨大的学习潜能。出生后几个小时就有了视觉偏爱，能分辨声音和气味，通过实验学习，还可以形成条件反射；在胎儿期，孩子就有了听觉、触觉、记忆力等方面的反应能力；在0~6岁阶段，学前儿童基本上能掌握本民族的口头语言，具有时间和空间的辨别能力，其知觉、思维、想象、记忆的有意性开始萌发，并初步学会了基本的生活自理能力和社交能力。在短短的6年中，学前儿童接受外界影响、吸纳外界信息的能力以及学前儿童身心发展的速度极其惊人，学前儿童并不像人们原来想象得无知无能，而是具有极大的学习潜能。

孩子本身是灵活的、可塑的，我们需要帮助孩子去发掘其内在的创造力，让他们具有灵活的头脑，去面对这个复杂的世界。有一个很有趣的心理实验，让孩子和父母说出同一件小东西的用途，小孩子说出的用途要比成人多，孩子的年纪越大，说出的用途越少，可见孩子是很有创造力的，我们需要保存孩子的创造力。

2. 培养学前儿童的积极心态

孩子是完全开放的,不能让孩子永远待在童话世界里,要在合适的时间把合适的东西带给孩子,幼年的时候为孩子保存了将来认识世界的机会。在7岁前,应该尽量让孩子的生活简单,当孩子的生活相对简单时,很多事情就是可以预料的,孩子才更有安全感,才能为将来探索世界做好准备。只有感觉安全的孩子,才有强大的驱动力去发掘好奇心,发现世界的美好。如果我们能让孩子在他小的时候感觉这个世界的美好,当他们长大了以后,他们才能会以更开放的心态去发现世界之美好,他们也更有力量、有热情想通过自己的努力让世界变得越来越好。

3. 培育学前儿童尊重生命的情感

教育久远而宏大的终极旨趣是人的灵魂的教育,而非单纯的理智知识和认识的堆积。教育决不能忽视学生基本人格、基本道德、基本情感的养成,以至于有些学生对生命、对世事愈来愈冷淡、冷漠甚至冷酷。一位教育家说,我们要培养学生有"面对一丛野菊花而怦然心动的情怀"。对人的尊重,对宇宙的敬畏,最基本的就是尊重生命的存在,知晓生命的不可重复性。人不应无端地剥夺生命,即使是非常低级的生命。古人说:"夫哀莫大于心死。"一个对外部世界冷漠无情的人,是没有希望的人;一个由许多对生活、对生命无动于衷的人组成的民族,是没有希望的民族。作为教育者,也许有许多具体的工作要做,有许多具体的课业要抓,但培养学生良好的思想品质、人文情怀,其中最基础、最根本、最重要的一点乃是唤醒学生尊重生命的意识。学前儿童教育正是埋下这样美好种子的最佳时机。

4. 给学前儿童玩耍的时间和空间

让学前儿童拥有玩耍的时间和空间,这里指的是没有成人干涉的玩耍,成人可以引导,但孩子们一旦开始自己玩了,成人就要退出。玩耍对孩子来说是非常严肃认真的工作,他们玩的时候会很开心,他们非常认真地在工作,对成人来说工作是外界交给的任务,对孩子来说,是孩子内在的需要。小小的孩子不需要玩具,他们可以玩自己的手或者其他感兴趣的东西。你带孩子到一个地方,你可能觉得没有什么好玩的,孩子却会自己找东西玩起来,他们可以用所有的东西来制作玩具。现在对于玩耍的危险在于有太多的玩具了,有很多智力开发的玩具,也有让孩子学习到形状的玩具。但是实际上,你如果想让孩子学习形状,可以让他们看花;如果想学习打结,可以给他们不同的物品。

想象力像一块肌肉,你要经常去锻炼它,长大后才能成为创造力的来源。学前儿童在玩耍中学会了尊重,也培养了创造力。在自由玩耍中,孩子试图消化他们获得的信息。可以给3～6岁的孩子很简单的玩具,不需要太复杂,但是他们用这些东西的方法是不一样的。3岁的孩子可能拿一块木头当电话,6岁的孩子可能会说:"我们都是警察,我们都需要电话。"孩子需要时间和空间,和简单的东西待在一起,大自然是一个孩子们玩耍的地方,也是孩子们获取知识的最好的大课堂。在玩耍中,孩子们学习到了很多东西,他们也许会把自己弄得很脏,也许可能会受伤,但这都是他们体验的一部分,给孩子足够玩耍的时间和空间,才能让孩子自由成长。

第三节 我国幼儿教师的权利义务及工作原则

为了保护教师应有的权利和监督教师应尽的责任,我国于1993年10月31号颁布了我国教育史上第一部关于教师的法律——《中华人民共和国教师法》。1995年3月颁布的《中华人民共和国教育法》规定,幼儿教师是在幼儿园履行职责、对学前儿童身心进行特定影响的专业教育工作者,担负着培养社会主义事业的建设者和接班人、传播精神文明、提高全民族素质的历史使命。

一、我国幼儿教师的权利与义务

(一) 我国幼儿教师的权利

1. 进行保育教育活动,开展保育教育改革和实验的权利。
2. 从事科学研究、学术交流,参加专业的学术团体,在学术活动中充分发表意见的权利。
3. 指导学前儿童的学习和发展,评定学前儿童成长发展的权利。
4. 按时获取工资报酬、享受国家规定的福利待遇以及寒暑假带薪休假的权利。
5. 参与幼儿园民主管理的权利。
6. 参加进修或者其他方式的培训的权利。

(二)我国幼儿教师的义务

1. 遵守宪法、法律和职业道德,为人师表。
2. 贯彻国家教育方针,遵守规章制度,执行幼儿园保教计划,履行聘约,完成工作任务。
3. 按国家规定的保教目标,组织、带领学前儿童开展有目的、有计划的教育活动。
4. 关心、爱护全体学前儿童,尊重学前儿童人格,促进学前儿童的全面发展。
5. 制止有害于学前儿童的行为或其他侵犯学前儿童合法权益的行为,批评和抵制有害于学前儿童健康成长的现象。
6. 不断提高思想政治觉悟和教育教学业务水平。

其实,每一位幼儿教师都应该为自己肩上光荣而艰巨的使命感到自豪和骄傲,珍惜和保护自己的权利,履行自己的义务,自觉主动为学前儿童的教育事业努力奋斗。

二、我国幼儿教师的工作任务

《幼儿园工作规程》第四十一条规定,幼儿园教师对工作全面负责,其主要职责有以下几点:

(一)观察了解幼儿,依据国家规定的幼儿园课程标准,结合本班幼儿的具体情况,制订和执行教育工作计划,完成教育任务。

(二)严格执行幼儿园安全、卫生保健制度,指导并配合保育员管理本班幼儿生活和做好卫生保健工作。

(三)与家长保持经常联系,了解幼儿家庭的教育环境;商讨符合幼儿特点的教育措施,共同配合完成教育任务。

(四)参加业务学习和幼儿教育研究活动。

(五)定期向园长汇报,接受其检查和指导。

在这五项任务中,第一项任务是教师工作的中心任务,第五项任务"向园长反映意见",说明幼儿教师在开展活动时,不单是一个实践者,同时也是一个敏锐的观察者和意见提供者,从不同的角度进行观察、分析、检讨和反映意见,让各项活动能够更加顺利地进行和不断进步。

教育案例

案例一

开学第一天,一所美国小学的一年级教室里,所有的学生都坐在地毯上。贝特勒克老师取出一本名为《姜饼男人》的厚书。这本厚书放在桌上有30英寸高,超大的文字和彩色的插图,不仅吸引了所有学生的注意力,也有助于他们理解故事的内容。贝特勒克老师戴上"姜饼男人"的面具,指着插图为全班同学朗读这本书,还不时带领学生表演其中的一些词句,如"跑呀,快跑呀,你们追不上我,因为我是姜饼男人"!在愉悦中,他们就以这种朗读和表演的方式,学完了这本厚书。

刚读完这本书,学校的厨师走进教室,交给贝特勒克老师一张纸条。贝特勒克老师向着全班大声地读起来:"我从你们的书里跳出来跑到了自助餐厅,快来和我见面!姜饼男人。"老师和学生迅速来到自助餐厅,但没有找到姜饼男人。他们向厨师打听,厨师都说没见过。后来,他们在烤箱里发现另一张姜饼男人留下的纸条:我已去浴室旁边的门卫储藏室!全班又去门卫室找,还向门卫打听姜饼男人。门卫告诉他们来迟了,姜饼男人已经去医护室。在医护室,护士告诉他们又迟了一步,姜饼男人已经去了辅导主任办公室。他们又去辅导主任办公室和校长室。最终,校长告诉他们,姜饼男人已经回到他们的教室。当孩子们回到教室时,每个人在自己的课桌上找到了一块饼干——姜饼男人的饼干。学生津津有味地吃着饼干,贝特勒克老师把《姜饼男人》又朗读一遍。下课铃响了,孩子们不依不饶,一定要贝特勒克老师再为他们朗读一个故事,但是老师无论如何都不答应。孩子们生气地嘀咕着:"就算你能认字了,有什么了不起!总有一天,我也能认字、我也能读书……"在孩子们学习拼音、识字的时候,孩子们就可以阅读、写作。这是世界上一种新的语文学习理论——全语文学习的观点。

美国老师贝特勒克先生运用"体验性学习"方式使理论成为现实:让学生参与阅读——表演文中的词句;感受人物形象——追寻姜饼男人的踪迹。对一年级新生而言,这一堂课他们没有学到一个字母、一个规范,没养成一种习惯。但他们认识了学校里应该认识的人和部门,更重要的是他们在人人参与中体验到语文学习的乐趣——期待着老师的下一本书籍;激发了语文学习的动机——期待着独立阅读和写作的那一天。

案例二

2006年，恒涛双语实验学校，阅读汇报课上，老师创设情境让孩子离开座位分成两组表演《和甘伯伯去游河》一书中的故事情节。七八岁正是模仿、表演能力特别强的年龄，孩子们的表演应该会精彩纷呈。可是习惯于"听讲"的孩子们面对这完全放开的课堂，竟然不知所措，书中调皮得把船都弄翻的小猫、小狗、小猪们经孩子扮演后都变得规规矩矩，不会叫，不会跳，不会闹。由于阴天，室内光线暗，老师提醒同学们看不清的可以到前边去。可孩子们伸了伸脖子，竟没有一个动的。老师又提醒一遍，后面有几个同学直了直腰看样子想到前面去，但看到周围同学没有动，又坐下来睁着迷茫的双眼，继续待着不动。后来，老师让孩子们根据情节猜测船翻后甘伯伯的话，可他们的嘴巴里冒出的却都是道理深刻的大人话，毫无童心童趣可言。

孩子们到底怎么了，无拘无束的年龄为什么就开始缩手缩脚，为什么老师百般启发，学生依然稳坐不动呢？这件事情让校长感触很大，后来的调研总结会有人发言说："我们必须坚决彻底地卸下传统课堂套在学生身上的'枷锁'，把课堂还给学生。学生可以举手示意回答问题或提问，也可以不举手；学生可以站着表述自己的看法，也可以坐着表述等。教师要重视学生离奇的想法、貌似错误的提法、不恰当的问法、不正确的做法，并进行科学巧妙地引导……我们要打破陈规，改变教学方式，给学生创造一个自由呼吸的生命课堂，让他们自主参与、积极思维、快乐体验、主动发展，在课堂上发出自己的声音！但越是走上了革新的路越是发现我们应该做的原来还有很多，于是我们可以考虑并努力践行参与教育。"

以上两个案例，同样的第一节课，不同的做法，让我们不得不反思我们的课堂，反思我们的教育。第一节后，美国孩子期待着有一天自己能朗读和写作故事，而我们的孩子呢？脑子里装下的可能是一个个细得不能再细的习惯养成，在这也不许、那也不行的约束下变成乖顺的小绵羊，甚至在一年级就对学校心怀恐惧，对学习丧失兴趣。人生的第一堂课应该怎样设计？我想首先应该点燃的是孩子主动学习的热情，是幼小的心灵对校园生活的向往和留恋。教育追求的不应仅仅局限于牢固的基础知识和习惯养成，更重要的应是让孩子学会学习、学会思考、学会发现、学会创造。温家宝总理在一次讲话中指出："当前，我国教育改革和发展正处在关键时期。""应该清醒地看到，我们的教育还不适应经济社会发展的要求，不适应国家对人才培养的要求。"温总理的感叹，源于对中国教育深层次问题的忧虑。缺乏人才长远规划的短视行为，以及由此产生的扭曲的考核评价和选拔机制，怎能催生"独立之精神、自由之思想"？怎能让创新之花盛开、创新之树常绿？我想，首先需要我们幼儿教育者、小学教育工作者具有创新的思想,具有正视自我、剖析自我、否定自我、重塑自我的胸怀和魄力。此刻我们怀着一份厚重的责任,躬耕于教育的原野,用思想引领实实在在的改革。实在,就要给予每一颗纯真心灵理解和尊重;就要给予每一颗稚嫩生命呵护和关爱;就要对每一份生命尊严和质量进行扶植。果实源于沃土,源于每一粒种子,每一个花朵和园丁的辛勤浇灌。

1.《恢复蒙特梭利》

本书很好地把握了蒙特梭利的中心思想和基本概念,不仅是对蒙特梭利教育的浅显说明,更是对这种教育的基本原理及运用技巧精要而完整的介绍。文中叙述了此教育在美国的实行经过,举出了在教室中实地运用的例子,更对其在现今教育界的价值以及未来发展之趋向提出了分析讨论。作者是母亲、是教师,也是思想深明透彻的学者,它比蒙特梭利本人的书更易于引起初始兴趣,正如马利欧·蒙特梭利所说的那样,是"同类书中最好的一本"。

2.《0岁方案——撒向人间都是福》

您可以有童年的遗憾,但您不可以给孩子遗憾的童年。本书为1998年太原人民广播电台采访冯德全教授实录,向人们阐述了关于教育孩子的深刻道理,如所有的孩子生来都是天才,但绝大多数孩子在他生命最初的几年里,天资被磨灭了;即使是普通的孩子,只要教育得法,也会成为不平凡的人;今天,您在孩子的身上少花工夫,明天,您就要花百倍的精力去补救;等等。

第七章 幼儿园课程

在每个孩子心中最隐秘的一角,都有一根独特的琴弦,拨动它就会发出特有的音响,要使孩子的心同我讲的话发生共鸣,我自身就需要同孩子的心弦对准音调。

——苏霍姆林斯基

第一节 课程目标

一、课程目标的类型

课程目标是一定的教育价值理念或者教育目的在课程领域的具体化，任何课程目标总是带有一定的价值取向，明确课程目标的基本价值取向，有助于人们更好地把握课程目标，提高制定课程目标的自觉性与自主性。根据美国课程论专家舒伯特(W.H.Schubert)的见解，我们把课程目标取向分为四种类型，即普遍性目标、行为目标、生成性目标和表现性目标。

（一）普遍性目标

普遍性目标一般依据一定的哲学思想或者伦理观、意识形态、社会政治需要对课程进行原则规范或总括性指导。这种目标的特点是把一般的教育宗旨或者原则与课程目标等同起来，因此具有普遍性、模糊性、规范性等特点，对所有教育实践都具有指导作用。

普遍性目标取向体现了课程目标的一般性原则或者宗旨，为教育工作者创造性地阐释教育目的提供了广阔的背景，它可以适应各种具体的教育实践情境与特殊需要。然而，普遍性目标却不可避免地带有一些局限性，如模糊、泛化，并有一定的随意性，对目标设计者本人的哲学观、世界观及教育思想要求比较高，需要我们辩证地把握。

（二）行为目标

行为目标是具体的、可以操作的，它在目标中明确指出课程实施后在儿童身上可能引发的行为改变。行为目标的特点是具体、精确和具有可操作性。

行为目标在课程领域的确立始于博比特，他曾用"活动分析法"对人类经验和职业进行系统分析，并提出10个领域中的800多个目标，在行为目标的课程领域确立了最初的基础。泰勒在1949年出版的《课程与教育的基本原理》一书中系统发展了博比特等人关于行为目标的理念。他指出，在目标确立之后，应该用一种最有助于学习经验的选择与教育过程的指导方式来陈述。最有效的目标陈述形式是"既指出要使学生养成的那种行为,又指出这种行为能在其中运用的生活领域或内容",即每一个课程目标都应该明确教育的职责。到20世纪中叶,著名教育家布卢姆等人继承并发展了泰勒的行为目标理念,他们借用生物学中的"分类学"概念,在教育领域建立了"教育目标分类学",从而把行为目标发展到新的阶段。到20世纪六七十年代,梅杰等人总结并发展了前人的行为目标理念,领导发动了"行为目标运动",将行为目标取向的发展推到了顶峰。

行为目标学对于学前儿童掌握基础知识和技能达成一些相对简单的教育目标是有一定意义的,在课程领域科学化的发展进程中起到了积极的作用。但是,行为目标越来越细化、越来越精确化容易导致一些偏差,使学前教师只看到目标而不见学前儿童的个性,并且人的许多高级心理是很难用外显的目标进行量化,也很难观测到,如人的价值观、情感、态度等。

(三) 生成性目标

生成性目标也称展开性目标。它是在教育情境中随着教育过程的展开而自然生成的课程目标。如果说行为目标关注的是结果,那么生成性目标注重的则是过程,反映的是教育过程中学前儿童经验生长的要求,反映的是学前儿童问题解决的过程与结果。生成性目标的根本特点是过程性。

人本主义课程论强调学前儿童个人的生长、个性的完善与自我的实现。课程的功能就是为每一位学前儿童提供有助于个人自由发展的、有内在奖励的学习经验。罗杰斯就曾这样说过:"凡是可教给别人的东西,相对来说都是无用的,即对人的行为基本上没有什么影响的。能够影响一个人的行为的知识,只能是他自己发现并加以同化的知识。"

生成性目标是非预成性的、在教育情境中自然产生的目标。它充分尊重学前儿童,使学前儿童有权利决定什么是最值得学习的。当学前儿童从事与自己的目标相关联的学习的时候,他们会越来越深入地探究既存的知识。随着问题的解决和兴趣的满足,学前儿童会产生新的问题、新的价值感和对结果的新的设计。这个过程是持续终身的,因此基于生成目标的课程必然会促进终身学习。

在西方国家,以生成性目标为取向的早期儿童课程或教育方案并不少见,如意大利"瑞吉欧"学前儿童教育方案就是典型的以生成性目标为取向的课程。这些课程较少带有预设的痕迹,课程实施的过程能比较充分地发挥学前儿童的主体性。但是,生成性目标确实带有教育的理想主义色彩,学前教师实施起来比较困难,需要高超的技术与额外的努力。

(四)表现性目标

表现性目标是由美国课程论专家艾斯纳提出的。艾斯纳受其所从事的艺术教育的影响,他认为艺术领域里预定的目标是不适合的,从而提出了表现性目标作为补充。表现性目标是指每个学前儿童在具体的教育情境中所产生的个性化表现,它追求的是学前儿童反应的多元性,而不是同质性。

艾斯纳认为,课程计划中应该区分两种目标,即教学性目标和表现性目标。教学性目标是在课程计划中预先规定好的,它指明学前儿童在完成一项或几项学习活动后所应习得的具体行为,如知识、技能等,旨在使学前儿童掌握现成的文化。教学性目标对大部分学前儿童来讲是共同的。表现性目标强调学前儿童的个性化,关注学前儿童创造性的培养。它不是规定学前儿童在完成一项或多项学习活动后准备获得的行为,而是描述教育情境中的"际遇",即学前儿童在教育中作业的情境、学前儿童将要处理的问题、学前儿童将要从事的活动任务等。使用表现性目标意在实现学前儿童多样性、个体性的反应效果,而非反应的一致性。幼儿教师只是提供一个表现性活动的情境,学前儿童在此情境中获得个人化的意义。

艾斯纳认为这两种目标在课程中都是需要的,而且也都存在于课程实践中。教学性目标适用于表述文化中已有的规范和技能,这样可以使学前儿童的探究成为可能。表现性目标则适用于表述那些复杂的智力性活动,已有的技能和理解是这种活动得以进行的工具。并且,这类活动有时需要发明新的智力工具,从而导向创造性的活动,这样就使文化得以扩展和重构从而保持勃勃生机。所以艾斯纳提出表现性目标,其用意并非替代教学性目标,而在于完善课程目标,从而使不同的学科、不同的学习活动有更为适合的目标,最终体现对学前儿童主体的尊重,表现出对"解放理性"的追求。

二、课程目标制定的依据

幼儿期是学前儿童个性形成的奠基时期,幼儿园教育不以系统知识学习为主要任务,因此,幼儿园课程目标应着眼于未来,立足于培养"个性和谐发展的学前儿童"。幼儿园课程各类或各层次目标的厘定都应以此为基点并与之相符合。

(一)国家提出的幼儿园的教育目标

国家在关于幼儿园教育工作的文件中提出了幼儿园的教育目标,它是幼儿园制订课程目标的根本依据。相关的指令性文件,比如1989年颁发的《幼儿园工作规程》所提出的目标,就是幼儿园的课程目标;指导性文件,如2001年颁发

的《幼儿园教育指导纲要(试行)》所提出的目标,幼儿园必须在制订课程目标时作为重要参照。

(二)学前儿童的身心发展规律和特点

幼儿园课程目标是要通过学前儿童的学习落实到学前儿童的发展上,因而,学前儿童的身心发展规律和特点直接限制和影响着幼儿园课程目标的制订。当然,在把学前儿童的身心发展规律和特点作为课程目标制订依据的同时,必须考虑教育促进学前儿童发展的功能,从教育促进学前儿童发展的可行性来提出课程目标。每个学前儿童的发展水平和特点是不同的,因此,应为不同学前儿童制订不同课程目标,特别要注意为特殊学前儿童制订个别化课程目标,本着教育对象的差别性,做到因材施教。

学前儿童期是孩子心理发展的敏感期。心理是指心理过程和个性心理特征的总称,也叫心理现象。心理现象人人都有,人人都熟悉,比如我们在家庭教育活动中,每天"看到"孩子的举止行为的种种表现,"听着"他的欢声笑语,"思考"着家庭教育中所碰到的种种问题,也"想象"着孩子长大后的状况,常常为孩子的良好品德行为而"愉快",为孩子不好的行为举止而"气愤",经常考虑甚至决心制订教育行动的计划,并克服困难,持之以恒,等等,所有这些都是人的心理现象。它包括感觉、知觉、记忆、思维、情感、意志、气质、性格、能力等,前面所说的看到、听到、思考是人的认识过程;愉快、气愤是人的情感过程;"决心"是人的意志过程的表现。人在处理事务的过程中,不但有各种心理活动过程,而且每个人都有不同的心理反应特点,这就构成了个性心理特征。它主要表现为每个人的气质、性格、能力以及兴趣、爱好等的不同。人的心理发展是有其客观规律的,先天遗传和生理发展是人的心理发展的物质前提,而后天的环境和教育则是人心理发展的关键。先天遗传只为孩子身心发展提供了生物前提,而后天环境的优劣,对个体成长起着决定性的影响,其中教育则起主导作用。环境、教育对孩子施加影响的过程也就是孩子社会化的过程。

在正常的生活环境和教育条件下,学前儿童期孩子身心发展有以下特点。

1.学前儿童的认识活动是无意性占优势。所谓无意性是指没有预定目的,不需要意志努力,自然而然进行的注意、记忆和想象等心理活动,在心理学中称为无意注意、无意记忆、无意想象等。学前儿童认识活动发展的趋势是从无意性向有意性过渡的。所谓有意性,是指有目的的、需要经过意志努力的心理活动。

学前儿童的注意呈现不稳定、不持久的状态,对于新颖的、鲜艳的、强烈的、活动的、多变的、具体形象的以及能够引起他们兴趣和需要的对象,才集中注意力,但又很容易被更加强烈的新异刺激物所吸引。心理学实验告诉我们,在较好的教育环境下,3岁学前儿童的注意可连续集中3~5分钟,4岁学前儿童可集中10分钟左右,5~6岁学前儿童可以集中15分钟左右。如果活动方式适宜,教育得法,6岁学前儿童可以保持20分钟的稳定注意。当然,注意的集中时间不是一成不变的,常受个性、兴趣、智力水平的影响。兴趣浓厚、情感深沉、善于思考的学前儿童,注意易于集中且稳定。注意是学前儿童认识的开始,学前儿童在游戏、学习和劳动中,不论感知物体、回忆往事、思考问题,注意都起着引导和组织的作用。"视而不见,听而不闻",认识就不能很好地进行,更不可能深刻。就像照相,不把镜头对准物体,调好光圈、焦距,再拍照,就得不到清晰的影像。所以,只有注意集中,才能在大脑皮层留下深刻的痕迹,记忆才会牢固。对学前儿童进行的观察和实际都发现,学前儿童的智力与他们注意的发展有着很大的关系,注意力集中、稳定的孩子,掌握知识的速度快,而且记得牢,智力发展比较好;注意力不集中、不稳定的孩子则相反。超常学前儿童共同的特点之一,就是注意力集中,不受干扰。注意是学前儿童认识和掌握客观事物的先决条件,它直接关系到学前儿童入学后学业的好坏。为此,学前儿童教育者和家长必须十分重视学前儿童注意力的培养和发展。

2. 身体发展比较迅速,动作协调。学前儿童身体越来越结实,肌肉耐力明显增强,身体活动量大,生活自理能力大大提高,但自护能力比较差。大班学前儿童身高每年增4~7厘米,体重每年约增加2公斤,生长发育速度较稳定;动作发展迅速,动作的稳定性和协调性增强,基本掌握了走、跑、跳、爬和平衡的动作要领,还能做复杂的跳绳、翻单杠、爬树等动作,手指的灵活性增强,动作精细、准确、熟练,能够用铅笔写字和画画,也能做比较复杂的手工,会灵活地使用筷子等;大脑皮层的功能明显发育迅速,睡眠时间减少,觉醒和活动时间延长。

3. 心理发展迅速。学前儿童的语言能力逐步增强,大班学前儿童已经掌握本民族的全部基本语言,词汇量增加3000~4000个,词类范围大。处在这时期的学前儿童会用形容词、连词等,对词义的理解加深,能连贯地讲故事。其语言的特点表现为:会像成人一样交谈,语言有逻辑性,会有表情地朗读和讲故事;开始用比较复杂的句子结构表达自己的想法。抽象思维能力萌发,开始掌握一定的学习方法。大班学前儿童的思维仍然具有直觉思维的特征,但明显出现了抽象思维的萌芽。这一阶段的学前儿童观察力和理解力迅速发展,求知欲和好奇心强烈,学习能力明显增强,游戏水平更高。他们情感丰富,做事的独立性和坚持性较强,常常积极参与成人活动,言语、行动表现出明显的个性特征。出现了有意识地自觉抑制和调节自己心理活动的方法。情绪情感的调节能力逐步增强。大班学前儿童情绪体验日益丰富,表现为高级道德情感明显发展,情感体验与社会需要紧密联系,能有意识地控制自己的感情。

(三) 幼儿园的环境条件

幼儿园本身的园内环境条件(包括设备、材料、师资等方面)和幼儿园园外环境条件制约着教育的效果。因此,幼儿园制订课程目标要充分考虑环境条件,如即使是同一课题的活动,一个农村的幼儿园和一个城市的幼儿园的同级年龄班同时开展,两者也应根据各自不同的环境条件提出不同的目标,选择不同的活动内容,最终可能取得不同的效果。

三、课程目标的表述

(一) 从幼儿教师角度的表述

从幼儿教师角度表述课程目标比较明确地指明了幼儿教师应该做的工作与应该努力达到的教育效果,对于幼儿教师明确自己在课程教学中的角色与作用有很大的帮助。从幼儿教师角度表述时,会经常采用"鼓励""引导""帮助""使"等字眼,如下面这样的课程目标表述:

1. 鼓励学前儿童提出问题,对事物进行比较,找出互相之间的联系。
2. 帮助学前儿童获得形状、颜色、大小、分类、顺序等概念。
3. 使学前儿童体验到在幼儿园生活的乐趣以及靠自己能力行动的充实感。

从幼儿教师角度出发表述课程目标容易促使幼儿教师过多地关注自己的"教",考虑"教什么""怎么教",而忽略学前儿童的"学",多数人主张从学前儿童角度表述课程目标。

(二) 从学前儿童角度的表述

从学前儿童角度出发表述课程目标时,须明确学前儿童通过学习后应该达到的发展程度。经常采用"感受""喜欢""理解""能"等字眼,例如以下这些:

1. 能初步感受并喜欢环境、生活和艺术中的美。
2. 喜欢参加艺术活动,并能大胆地表现自己的情感和体验。
3. 能用自己喜欢的方式进行艺术表现活动。

从学前儿童角度表述课程目标可以促使幼儿教师更多地关注学前儿童"学什么"与"怎么学",关注学前儿童的学习方式,关注学前儿童学习的效果,促使学前教师更多地"以学定教",避免单纯地"以教定学"。

第二节 课程内容

一、幼儿园课程的概念

关于幼儿园课程,不同学前儿童教育家有不同的理解和定义,比较公认的幼儿园课程是指为实现幼儿园教育目标而采取的各种教育手段,是帮助学前儿童获得有益的学习经验,促进其身心全面和谐发展的各种活动的总和。幼儿园的课程内容是根据幼儿园的课程目标和相应的学习经验选择的、蕴含或组织在学前儿童的各种活动中的基本态度、基础知识、基本技能和基本行为方式。

二、幼儿园课程的范围

幼儿园课程是实现幼儿园教育目的的手段,是帮助学前儿童获得有益学习经验,促进其身心全面和谐发展的各种活动的总和,其表现形式多样化,无论是上课,还是游戏、生活活动,都是幼儿园课程的组成部分。

幼儿园课程存在于各种活动中,幼儿园的课程范围包括幼儿园课程的基本要素或基本组成部分,可以理解为那些有助于学前儿童发展的基本知识、基本态度、基本技能、基本行为方式所组成的区域。

(一)有助于学前儿童获得基础知识的内容——客观世界的知识

知识不仅能帮助学前儿童认识自己生活的环境,还能影响学前儿童的行为,如避开危险、节约资源等,知识还是智力发展、能力提高和情感态度培养的基础与前提。学前儿童必要获得的知识,如生命活动必需的知识、健康安全有关的知识、解决基本生活交往问题的知识、基本的社会行为规则及意义的知识、认识自己生活环境的知识等等,具体如自然和社会环境中常见事物的名称、属性、学前儿童能理解的事物之间的关系和联系等;基本的数、量、形、时间、空间概念等,为今后学习系统的学科知识打基础的知识;简单的环保知识等,为成长为未来社会的高素质公民奠基。

在对待基本知识时,一方面不能过分强调知识的作用,把它提高到不恰当的高度,给学前儿童带来很大的学习压力;另一方面也不能忽视,要考虑学前儿童应该学习哪些必要的知识,如何培养他们的知识迁移与运用能力。

(二)有助于掌握基本活动方式的内容——活动方式的经验

人类的活动大体有几种基本类型,如生产劳动、社会交往、科学实验等,每一类活动都有自己的一些基本方式方法,基本的原理原则,这些基本的活动方式是每个人都需要掌握的,掌握它们不仅可以提高人的生存能力,也可以让人体验到活动成功的快乐。

学前儿童的基本活动从大类上看,包括生活、交往、认识活动等,具体又可分为自我服务、自我保护、游戏、观察、探索、交流、表达等等。各种活动都包含着一些基本的方式方法、技能技巧,需要学前儿童学习。

(三)有助于发展学前儿童的智力和能力的内容——创造性的经验

智力的特点之一是问题性,即只有在遇到问题需要解决的时候思维才会活跃起来。真正的智力是在解决问题的过程中发展起来的,而不是死记硬背,所以,课程内容应包括解决问题的过程,课程中是否包含问题,也就成为是否能促进学前儿童智力发展的指标。

解决问题的一般过程为发现并提出问题(意识到困难或问题,并通过分析明确问题)、寻找问题的"症结"(根据线索,推测原因)、形成假设(根据对原因的分析设想出一个或几个解决问题的办法)、验证假设(用适当的方法或手段检验)。也许很多问题在学前儿童期得不出一个明确的答案,但尝试解决问题、寻求答案的过程本身就是有价值的,因为它使学前儿童体会到如何去思考,感受到影响事物因素的复杂性,学习多角度考虑问题;同时,"做事""研究""解决问题"的经验和能力也会逐渐提高。

(四)有助于培养积极情感态度的内容——主观情感的知识

原则上讲,态度不是教出来的,而是潜移默化的结果,是伴随着活动过程而产生的体验,更多属于隐性课程,但教育仍然可以根据态度形成的规律对学前儿童的态度施加影响。形成态度的途径有三种。

1. 环境的同化作用。周围人对某事的评价会不知不觉影响学前儿童,使他也持有同样的观点。如家人、老师、同伴对某一事物持某一态度,就会使学前儿童潜移默化形成相应的态度。

2. 经验的情绪效应。学前儿童对使自己体验到愉快、满意的事物会形成积极的态度,如喜爱;对使自己感到痛苦的事物则形成相反的态度,如厌恶。

3. 理智的客观分析。当学前儿童认识到并真正理解了某种事物或特定行为的实际含义时,会根据这种认识对它们形成"好"或"恶"的态度。如让孩子吃完饭就去漱口,孩子觉得很烦,总是让老师提醒。但如果让幼儿园老师跟小朋友一起做一个实验,小朋友漱口水接在杯子里,另一个杯子装清水,看过几天有什么变化,经过理智的分析,小朋友自然就主动漱口了。

此外,依靠研究所揭示的有关规律,选择适当的内容,提供关键性的学习经验,学前儿童的情感态度同样可以培养。例如,让他们有机会探索他们感到好奇的事物,满足其好奇心,从而培养学前儿童的学习兴趣或对学习的积极态度。让他们在学习中获得某种有趣、惊讶的愉快体验，从而培养学前儿童对学习活动的主动性等等。

三、选择课程内容的原则

（一）合目的性原则

课程内容本身是为了达到我们的教育目的，也就是符合我们的教育目标，幼儿园老师与中小学教师最大的不同就是，更多地参与课程设计，不像中小学一样有统一的课程，幼儿园的课程内容都是由教师来选择的。教师有选择教育内容、教育方法的权利，那么教师怎样去选择适宜的教育内容呢？

1. *有目标意识*

教师要有目标意识，要清楚我要培养的人是什么，选择内容时要考虑"选择这个内容是为了实现哪一个或哪几个目标"；对拟选的内容进行基本分析，这项内容是否与目标有关联、是什么样的关联，是否还有关联更密切的内容等。

2. *正确理解目标与内容的关系*

内容与目标并非一一对应的关系，一个目标往往需要多项内容的学习才能达到，围绕某一目标来选择内容时需要考虑"还有哪些内容可以促进这一目标的实现"，一个内容也可能指向多个目标，在选择内容时还需要考虑这一内容还可以达到哪些目标。

3. *考虑目标达成所需要的关键学习经验*

有些目标没有什么直接与之相对应的内容，因此这些目标的实现很难由特定的内容来保证。如自信心源于多次的成功经验，我们无法通过教什么或学什么来获得。自信心的获得与每一个内容有联系，可以让学前儿童通过一系列关联的内容，反复体验成功感，感受到自信的变化，变得自信起来。

（二）价值性原则

有价值的内容对学前儿童的发展有一定的意义和价值，有效的学习也依赖于此。

1. 贴近学前儿童的生活——经常接触的事物或现象

可以利用学前儿童的已有知识，比如物体的运动，学前儿童在路上会踢石头，或易拉罐之类的，这些经验就可以作为同化新知识的基础；利用学前儿童的已有经验，增强学习过程中的主动性；通过发现每天司空见惯的事物或现象中的问题及新异性，可以使学前儿童逐渐具有一双善于发现的眼睛。比如影子，学前儿童已经觉得很了解影子了，但是对影子进行调查后发现原来还有那么多不明白的，这可以培养学前儿童善于发现、思考的习惯。

需要注意的是，不能对贴近生活作过于狭隘的理解。比如，幼儿教师作调查，下一阶段我们要研究小动物，你们最喜欢什么动物，最想研究什么动物，结果这个班的儿童大部分都提出来他们喜欢恐龙，他们要研究恐龙。应该看到今天的学前儿童生活在这样一个现代社会，他们的生活经验已经超越传统的生活时空，虽然儿童生活中没有恐龙，但是在电视上他们看到过很多恐龙，他们对于这部分的经验并不比成人少，全世界的儿童都可以说是恐龙专家。搜集有关的信息，探讨恐龙灭绝的原因，初步理解生物与环境的关系，萌发学前儿童的环保意识，同样可以看作是从学前儿童的生活中发掘出来的有价值的课程内容。

2. 有利于学前儿童认识事物的本质以及事物之间的关系和联系

有人认为学前儿童年龄比较小，他们只能看到表面的现象和联系，但是有些事物的本质属性和规律性联系是存在着一些可感知的外部特征的，是学前儿童目前的认知方式和特点能够理解的，这样一些事物就是比较有价值的。

3. 有利于学前儿童学习和掌握基本的研究方法

研究的目的是让学前儿童自己学会发现知识。今天我们对知识有了新的看法，并不认为只有在书本上的才是知识，还有做的知识，这是一种实际解决问题的能力。过去我们强调学科学，学习别人的结论，但现在认为科学是做出来的，是一个过程，是人不断通过自己实践去发现问题、解决问题的过程。有些内容比较有利于学前儿童去研究，在研究中发现学习，这不仅有利于学前儿童理解知识，同时可以学习基本的研究方法，比如观察、比较、测量、实验，甚至调查，那么这些就应该成为课程的内容。如果一个内容能够让学前儿童去研究，并学习运用某种方法解决问题，那么这个题目就是有价值的。同时，学前儿童在其中也能自然而然地形成学习兴趣和主体性品质。

4. 挑战学前儿童的能力并包含需要合作才能解决的问题

这一点和教育学中社会建构主义的观点是最贴近的,既挑战最近发展区还有合作。维果斯基理论认为儿童的发展要有一些基本的条件,有一定难度的内容和必要的社会支持。最近发展区这样一种潜能怎样变成现实呢?就是同伴,在这方面发展比他强的同伴一起游戏的过程,就是合作学习的过程。

有价值的研究内容应该落在学前儿童的最近发展区内,并包含着合作的需要和机会。同一阶段的学前儿童既有共同的最近发展区,也有各自不同的最近发展区。因此,课程内容既要适合学前儿童的一般年龄特点,又要适合学前儿童的个别差异。

(三) 兴趣性原则

"兴趣是最好的老师",心理学研究认为兴趣本身也是一种积极的情绪,具有一种动机的力量。兴趣具有一种动机力量,能使人进入一种"情感性唤醒状态",产生一种吸收信息、扩展自己的倾向,为观察、探索、追求和进行创造性努力提供可能性。因此,选择内容必须考虑学前儿童的兴趣,焕发孩子的兴趣。

1. 从学前儿童感兴趣的事物中选择教育价值丰富的内容

学前儿童感兴趣的事物中有不少具有教育价值的内容,教师要善于分析、发现,及时将它们纳入到课程。但这并不意味着教师成天跟着孩子走,每个孩子的兴趣都不一样,那么选择哪个感兴趣的内容,就取决于教师。教师能否分析哪个兴趣更有价值,需要用前面的价值原则来进行分析。

2. 必要的课程内容"转化"为学前儿童的兴趣

有些课程内容从学前儿童长远的发展来看是必要的,但不见得所有的孩子都感兴趣,那么就需要幼儿教师尽量调动学前儿童的兴趣。

(四) 直接经验性原则

幼儿园的课程内容应该具有直观性、情境性和活动性,使学前儿童能够通过直接感知、操作和体验,将学习内容转化为自己的直接经验。比如在苏联的幼儿园里有"生物适应性"这一课程。虽然此课程比较深奥,但是学前儿童却可以通过了解动植物的外形特征、生活习性、生存环境之间的依存关系等掌握这一课程。再如中国著名的枯叶蝶,当秋天人走近了也分不清它是树叶还是蝶;小白兔的耳朵为什么那么大等,这些都可以通过幼儿教师的引导让学前儿童直接了解。

四、课程内容的组织原则

课程内容的组织原则由学前儿童的学习与发展的规律所决定。其具有以

下特点。

(一) 顺序性

心理发展本身有顺序,选择和组织内容也要有适当的顺序,学习经验的获得、理解也要有顺序,所以,课程内容的安排也要有一定的顺序。课程内容的组织安排一般应该由浅入深,由易到难,由近到远,由简单到复杂,由具体到形象。

(二) 连续性

连续性强调的是后续学习和先前经验的关系。课程内容的安排应当使每一后续的内容都是建立在前面学习经验的基础之上,使前面学习的终点成为后面学习的起点和认识的基础,后面的学习是原有经验的扩展与加深。

(三) 整合性

加强课程内容之间、内容和学生学习经验之间以及学习经验之间的有机联系,帮助学前儿童获得完整的学习经验。课程组织时要考虑帮助学前儿童把各领域所学到的知识和先后获得的各种经验加以统整和贯通,目的在于增强学前儿童对所学内容的理解,提高其应用知识的能力。

五、课程内容选择中值得注意的几个问题

(一) 课程目标流失

选择内容时,偏重智育、基本知识与技能的比重,较少情感态度方面的内容,是课程目标流失的表现。

防止课程目标流失要从课程目标出发,全面选择课程内容;要将课程内容与课程目标进行比照,看看课程内容是否兼顾了课程目标。这里面涉及课程的方式、方法,课程设计者必须形成学习经验的概念,了解达成这些目标所需要的关键学习经验是什么,构建能使学前儿童获得这些经验的课程情境和课程活动,是防止目标流失的关键。

(二) 课程内容超载

课程内容超载主要表现为课程的量太多。每一个内容要真正学习好,有限的时间内根本完不成,这就会使学习成了走过场,无法产生真正的效果;内容难度过高,超出学前儿童的理解范围,结果就会使学前儿童只是去机械记忆。

造成内容超载现象的原因很多,其中科技进步和社会发展使很多新的学科

领域出现了,而很多新学科也被添加到了幼儿园的教学内容中。这就要求在制订幼儿园教学内容的时候选择最适合学前儿童的学科内容,防止出现教学内容过多的现象。

(三)忽视学前儿童的兴趣

忽视学前儿童的兴趣的现象表现为片面适应社会需求,无视学习代价。根据现代脑科学的发展成果,在没有得到教育验证的情况下,被比较随意地、想象性地用来解释儿童的学习潜力,认为目前是儿童学习什么什么的关键期。这使得人们对早期教育抱以过于浪漫的期望,家长唯恐孩子输在起跑线上,这对幼儿园的教育造成了不小的压力。有些课程设计者把所有的新内容都装在幼儿园课程内容里,既不考虑幼儿园的客观条件,也不考虑学前儿童学习和发展的规律,更不考虑学前儿童为这些学习所付出的代价。现实中,过于强调知识和特长,追求立竿见影效果的教育,往往是以牺牲学前儿童的健康、兴趣等为代价进行的。

《探索儿童的新世纪》一书中用"习得性愚蠢"一词来概括这种现象,指出儿童并不是先天的智力方面出了问题,而是在后天习得过程中出现了偏差的,即因不恰当的教育方式导致儿童学习兴趣的丧失和对自己学习能力信心的降低,使其在学习过程中获得的一种学习的无能感。可以说学前儿童在学习过程中,体验到的是什么会直接影响其自信心及兴趣。

(四)与学前儿童的生活经验和小学课程不衔接

与学前儿童的生活经验和小学课程不衔接主要表现为"缺失性"不衔接和"多余性"不衔接。

缺失性主要表现在社会性方面,如基本的自理能力欠缺;缺乏人际交往能力,不知道怎样跟其他同学和教师打交道。

多余性首先表现在幼儿园传授的知识简单重复,甚至低于学前儿童在家庭和社会生活中获得的自发经验。比如,在盛产西瓜的地区,有些幼儿园煞有其事地组织学前儿童进行认识西瓜的集体教育活动,实际这种活动是多此一举。但这并不是说生活中的事物不可以被选作教育内容,但如果被选作的教育内容不能扩展、提升学前儿童的认知经验,仅仅是在同一水平上进行重复,那无疑就是在浪费时间。其次表现在幼儿园成了小学课程的先修班,抢先教授给学前儿童小学低年级的课程内容。

六、幼儿园课程的实施

常用的课程实施模式有目标模式和过程模式两种。

(一) 目标模式

1. 基本原理

按照美国课程专家拉尔夫·泰勒的观点,编制任何课程必须回答以下问题:

(1) 学校应该达到哪些教育目标?(我们的课程设计要回答的第一个问题是课程的目标问题)

(2) 提供哪些教育经验才能实现这些目标?(涉及的是我们的课程内容问题,给什么样的内容,获得什么样的经验才能实现上面的目标)

(3) 怎样才能有效地组织这些教育经验?(当我们把需要儿童学什么确定下来后,怎样学、怎样教就会影响目标的实现)

(4) 怎样才能确定这些目标正在得到实现?(当我们编制好课程,并且实施了课程,我怎么确定这些目标是正在达到还是没有达到以及达到什么程度。这里涉及课程评价问题,通过及时评价了解课程效果,从而对课程状况进行控制和调节,使课程达到预定目的,促进学前儿童相应的发展。)

上述四个问题也是课程设计的四个基本环节,即确定课程目标、选择课程内容、组织与实施课程及课程评价。

课程设计是一个复杂而系统的工作,不仅要回答上述四个基本问题,还要在价值判断的基础上作出某种决策。

2. 具体步骤

具体步骤如下所示:

诊断需要→形成具体的目标→选择内容→组织内容→选择教学活动→组织教学活动→评价。

3. 特征

(1) 以明确而具体的行为目标作为课程设计的中心,其他设计步骤都是围绕预先设定的行为目标来进行的。

(2) 强调目标的行为导向,要求确立明确的、可以测量的外显行为目标,然后根据这些行为目标来选择和组织课程内容,最后还要根据行为目标的实现程度来评价课程的效果。

4. 优点

(1) 课程设计条理清晰。

(2) 增强了教育者的目的性。

(3) 课程评价程序简单易行。

5. 不足

目标模式的不足主要表现为具有机械化和工具化倾向,具体表现为下面这

几点。

(1)强调目标的行为化、可预期性和可测量性,必然容易忽视非预期的、没有明显的外部表现、缺乏可测量性的学习结果,如情感、态度等方面。而这些方面的学习,在今天看来是更重要的学习。

(2)课程目标的行为化必然会导致目标的分解和细化,从而可能会限制教育者的视野。

(3)课程评价是看重结果轻过程、重定量轻质量的分析。

(4)过于强调课程设计的科学性与技术性的一面,容易忽视教育的"艺术性"和"人性",即个性和创造性。

(二)过程模式

1.设计流程

具体步骤如下所示:

设定一般目标→实施有创造性的教学活动→论述→评价教学活动引起的结果。

2.过程模式最大的特征是具有开放的设计思路

(1)过程模式认为学习不是一个直线的过程,诸多偶发事件、学生兴趣等的变化都必然会影响到学生的学习,因此课程实施不可能完全按照预定的目标、程序展开,而必须保持高度的动态性、开放性,能根据具体情况作相应的调整。这就使课程设计成为一个"研究性""实践性"的过程。

(2)过程模式认为教育是一个过程。这种过程本身就蕴含着重要的教育价值。教育目的也就不应仅仅是追求预期的行为变化,而是要鼓励学前儿童去主动探索,在探索的过程中实现多方面的发展,尤其是智慧、求知能力和批判能力的发展。

(3)过程模式认为教育应是经验的改造过程,所以应根据学前儿童的实际情况,相对灵活地选择和组织课程内容,以促进学前儿童能力的发展。

(4)过程模式认为教师是课程的设计者、研究者,而不仅是方案的执行者。

(5)过程模式认为形成性评价是改进课程、提高教育质量的有效途径,因此强调通过形成性评价来对教育教学过程进行详细的考察、研究和分析,以明确存在的问题,并提出改进的策略。

(6)过程模式认为目标虽然是重要的,但课程应确定的是"一般性的目标"或"总目标",其表达方式也应是笼统的、有很强的原则性的。可见它是反对设立具体的行为目标的。

3. 优点

(1) 强调课程的弹性、灵活性。

(2) 重视课程实施过程。

(3) 积极发挥学前教师和学前儿童在课程中的主动性与创造性。

4. 缺点

(1) 目标的作用相对被忽视了,从而使得操作比较困难。

(2) 对学前教师的素质要求很高,特别需要学前教师能领会和把握课程所要实现的价值的核心,并能灵活地利用各种教育资源以引导学前儿童的学习,否则就难以保证教育的效果。

由此可见,这两种模式各有千秋,所以一般主张把目标模式和过程模式的长处结合起来,进行综合性的课程设计。

(三) 幼儿园课程设计的实际过程

幼儿园教育活动的设计过程可以简化为一个基本公式:

目标+兴趣需要+内容=活动

课程设计的起点是灵活的,从目标、兴趣需要或内容方面都可以开始。但是不变的是一定要将这三方面都要考虑到。

1. 从目标方面考虑

目标:发展幼儿的肌肉动作。

兴趣需要经验:剪窗花。

内容材料:安全的剪刀、各色彩纸。

活动:欣赏窗花,学习剪纸。

2. 从幼儿的兴趣、需要方面考虑

兴趣需要经验:玩具。

目标:学会玩具分类,探究拆装制作,培养爱心。

内容材料:幼儿园的玩具、孩子家里的玩具。
活动:玩具博览会。

3. 从内容材料方面考虑

内容材料:椭圆、骨碌的肯德基玩具小汽车。
兴趣需要经验:这样的车不舒服也走不快。
目标:探究动手能力,锻炼表达能力。
活动:关于制作汽车的活动。

4. 从已经设计好的教育活动方案方面考虑

从已经设计好的教育活动方案方面考虑时,需要注意以下几点:
(1)与本班儿童的兴趣经验是否符合?
(2)活动的目标与本班的阶段性目标关系密切吗?
(3)这个活动所需要的材料容易获得吗?
(4)需要对这个活动进行哪些调整?

第三节 课程内容

一、幼儿园课程评价的概念

幼儿园课程评价是对幼儿园课程进行考察和分析,以确定其价值和适宜性的过程。

课程评价在整个课程系统工程中占有举足轻重的地位,它既是课程工作的"终点",又是课程继续发展的"起点",而且伴随着课程运作的全过程。

二、课程评价原则

幼儿园课程的设置并不完全由人们主观决定,它必然受到一定时代的社会文化、知识体系、学前儿童发展等因素的影响和制约,学前儿童课程的设置与安排是否适合学前儿童的身心发展,能否取得良好的教育效果,是评价学前儿童课程的重要原则。

1. 课程是否适应学前儿童身心全面发展的需求。首先,要满足学前儿童游戏的需要,从时间和条件上,保证游戏真正成为学前儿童的基本活动,让学前儿童通过游戏获得生动、活泼、主动的发展;其次,要满足学前儿童获取某些直接经验的需要,以设置促进学前儿童身心主动发展的多种活动予以保证;最后,要保证课程目标和设置涵盖学前儿童身体发展、心理发展与社会发展三个方面,使得学前儿童健康、全面、和谐地发展。

2. 课程是否适应学前儿童身心发展的年龄特点。过去,人们往往过分强调教育目标,而较少考虑学前儿童对课程的接受能力。"拔苗助长"式的教育屡见不鲜。现在,随着教育科学、心理学理论的发展,使得人们越来越重视学前儿童的身心发展特点。心理学家皮亚杰将学前儿童智力发展分为感觉运动、前运算、具体运算和形式运算等四个时期,认为各阶段均有其各自的特点,各阶段之间具有质的差异。这一成果猛烈地冲击了忽视学前儿童思维特点的传统观念,使教育者对学前儿童如何思维和学习的认识发生了根本性变化。这使课程的设计既要适应现阶段学前儿童的发展水平,也要照顾到学前儿童身心发展的进一步要求,更好地推进学前儿童从一个阶段向下一个阶段的顺利过渡。

3. 课程是否适应学前儿童发展的个别需要。每个学前儿童的心理活动特点以及在才智、审美、体质、品德的发展上存在差异,从学前儿童的爱好来说,有的喜欢运动,有的爱好音乐,有的喜欢制作,有的爱好文学;就学前儿童的能力来说,有的善于观察,有的善于记忆,有的长于思考,有的擅长动手操作,这就要求幼儿园的课程应具有层次不同的多重水准。

三、幼儿园课程评价的基本要素

(一) 评价目的

幼儿园课程评价的目的在于了解学前儿童的实际发展状况,使学前教师能够针对学前儿童的需要、特点及个体差异,决定教育活动的目标、内容及活动形式、指导方式等;了解课程的目标、内容、实施过程,以及学前儿童整体的发展状况,从而评价课程是否符合教育目的和适合学前儿童。

(二) 评价内容

评价内容应该包括课程方案、实施过程、课程效果等诸多方面,但不论课程评价的具体内容如何,都应该包括以下这些基本的共性要求。

1. **接受该课程的孩子感到放松、愉悦,并积极参与其中**

孩子们在学习和游戏中感到很放松、愉悦是一项好课程的重要特点。但同时在具体的教育实践中,要把"保障孩子的安全"和"为了使孩子自主地、快乐地成长"结合起来。幼儿教师对学前儿童的尝试活动既不要轻易制止或包办代替,也不要强求幼儿一定要做成某种动作。

2. 有足够的受过专门训练的幼儿教师

孩子越小,越需要个别关注。一般来说,一个班至少应有2名幼儿教师,一个2～3岁的学前儿童班人数应为10～14人,一个4～5岁的学前儿童班人数应为16～20人。受过学前儿童教育幼儿教师能更好地理解学前儿童是如何成长、如何学习的,从而能为学前儿童提供更有效的照顾和教育。

3. 成人对不同年龄和有着不同兴趣的学前儿童的期望有相适应的变化

2岁的学前儿童与4岁的学前儿童有着明显的不同。随着学前儿童年龄的增长,应给予学前儿童不同的玩具和材料。这些玩具和材料又是有助于实现学前教师对学前儿童的期望。同时,幼儿教师和保育员应意识到并尊重学前儿童在能力、兴趣、喜好等方面的个别差异。

4. 学前儿童各方面的发展都应受到重视

好的学前儿童教育课程不仅仅是帮助学前儿童学习数字、形状和色彩,同时还应帮助学前儿童学习如何提问题,如何发现答案,如何与人相处,如何使用他们正在发展的语言、思维和控制能力。

5. 幼儿教师应经常一起讨论设计和评价课程

课程设计应反映各种激烈的室外活动和安静的室内活动之间的平衡。在确保引导学前儿童按照幼儿教师的设计进行活动的同时,还应该保证学前儿童有足够的进行独立或团队的学习和玩耍的时间。灵活性也是课程的一个重要方面,随时调整学前儿童的日常活动以满足学前儿童个体的需要和兴趣。

6. 应欢迎学前儿童家长来园参观,参与讨论课程及提供意见

学前儿童家长和幼儿教师的密切交流非常重要。幼儿教师应该经常与学前儿童家长讨论学前儿童的优点和长处,并充分尊重各个家庭的文化差异和社会背景。

四、课程评价的作用

从评价对课程实施过程的影响看,它具有鉴定、诊断、改进、导向等作用。

1. 鉴定作用

评价的重要作用之一就是检查或鉴定教育目标是否达成,或者判断达到目标的程度。

2. 诊断作用

通过评价,可以及时发现现行课程与预定目标之间的差距和问题,对明确努

力方向,提高教育效果,改善今后的教育教学,有很大意义。

3. 改进作用

评价最重要的作用就是促进教育教学的改进。在评价过程中会发现不足和问题,可以及时地通过信息反馈,引起注意,促进保教工作的改进,提高教育质量。尤其在教育过程中及时地评价,可以使课程更适合学前儿童的需要,更符合教育目标的要求。

4. 导向作用

评价所依据的标准是按《幼儿园工作规程》和《幼儿园课程标准》的指导思想确立的,具有鲜明的方向性。评什么和怎样评对教育的实践产生直接的导向作用。例如,对教学活动的评价,如果我们只以学前儿童获得知识技巧的多少来评价教学效果的话,就会引导幼儿教师忽略在教学过程中培养学前儿童的态度与情感,不重视学前儿童主动参与活动,不重视发展学前儿童的创造性,而热衷于采用"满堂灌""骑兵式"的教学形式,让学前儿童死记硬背,机械模仿,反复训练。因此,评价的导向作用是十分重要的。

五、幼儿园课程评价应注意的问题

(一) 评价应有利于改进与发展课程

我们必须明确课程评价的最终目的是为了发现课程中的问题,找到原因,提出建议和措施,以此完善课程,因此课程评价本质上应是种"对事不对人"的评价,而不是为了给学前儿童贴标签,给幼儿教师划分优劣等级,所以要着重发挥课程评价的诊断与改进功能。

(二) 评价中要以幼儿教师自评为主,以充分发挥幼儿教师的主体性

评价过程应主要是由幼儿教师运用相关专业知识,去审视自己的教育实践,发现、分析、解决问题的过程。只有让幼儿教师参与课程评价的过程,评价才能起到改进、发展的作用。因此应坚持以幼儿教师自评为主,园长、其他幼儿教师参与评价为辅。即使是园长或他人组织的评价活动,也要充分尊重幼儿教师的主体地位,与幼儿教师充分沟通,把评价过程看作是一个平等研讨、共同研究与进步的过程。

（三）评价要有利于学前儿童的发展

要全面了解学前儿童的发展状况，尤其不能只重认知的发展，而忽视其情感、态度、社会性等的发展；要承认和尊重学前儿童的个体差异，多进行纵向比较，而不是在学前儿童之间的横向比较；要采取自然的方法，在日常活动与教学过程中进行；要注意多渠道、多方面收集资料；要慎用评价结果，保护学前儿童的自信心。

孩子一生的三次叛逆期

尊重孩子的身心发展特点，引导孩子的行为，才能更好地促进孩子健康成长。从个体心理发展来看，孩子从幼年到成年，会经历3个特别的时期，期间都会表现得很逆反，父母可根据自家孩子的年龄特点区别对待。

第一叛反期：两岁半到三岁左右，自我意识萌发

孩子的第一个逆反期出现在自我意识萌发的时期，一般是在两岁半到三岁左右。不过现在的孩子大约一岁前后就开始表现"叛逆"了。一方面，现在孩子的确越来越聪明了；另一方面是父母们养孩子更加小心，也因此对孩子更早、更多说"不"。孩子们说出的第一个"不"，就是从父母这里学来的。这个时期的孩子，在行动上常会用"打人"来表达自己不同意、反对的态度；语言上，则开始说"不"，对什么都说"不"，这是孩子从意识上最早开始与父母分离的表现。在这个过程中，孩子开始形成自己的想法和态度，感受与他人分离的快乐，并由此建立和派生出孩子优秀的个人品质。比如一位妈妈问："老师，您好！我的女儿两岁八个月了，一个月前我刚送她上半天制的幼儿园。在此之前，她不执拗，不爱发脾气，凡事与我商量。但上了幼儿园之后，她好像突然就叛逆、任性起来，稍不如意就撅嘴，甚至做出打人或者拍打东西的动作，'不''就不'这样的字眼经常挂在她的嘴边，仿佛时刻等着反驳大人似的。"究竟会是什么原因使这位妈妈的女儿变成现在这个样子的呢？每个孩子都会经历"叛逆期"，而且还不止一次。"叛逆期"是心理学家们的一个说法，代指这个阶段孩子的自我意识快速发展，对独立、自主、自由有了迫切需求。其实，若父母能够读懂孩子叛逆行为背后的心理需要，学会尊重孩子，亲子冲突就不再是必然的结果了。

第二叛反期：七岁到九岁，准大人期

这个阶段的孩子不同于婴幼儿时期的宝贝，他们认为自己已经"是一个成人，不再是孩子"了，表现为如不愿意让家长拉手，不让父母叫自己"宝贝"或小名了，要求叫他的全名等。凡事都喜欢跟家长对着干，大人说东，他偏往西；另一方面，他们又非常依赖大人、不讲道理、爱哭、比较娇气等。一位妈妈就曾提出这样的疑问："老师，您好！我女儿快九岁了，过去一直比较听话，近几月不知怎么了，她总顶嘴。什么事都要给自己找一个开脱的理由，哪怕是吃巧克力，明明是她吃完的，非要说是爸爸妈妈吃完的，她只吃了三四颗。写作业、弹钢琴这些事情我让她做，她总要找个理由跟我辩解。今天我陪她听写单词并帮她记不会的，她不是抠鼻子就是抠手，我制止她，她不听。我生气之下打了她两巴掌，她又哭又闹跟我吵，还要摔我的手机。我很伤心，我在她身上花了那么多心血，可她怎么变成这样——处处挑剔我、厌恶我、指责我。我该怎么办？"

孩子脾气秉性的突然转变，以及强烈的逆反心理都是这个阶段孩子的常见现象。孩子进入学校后学到了很多知识，他们急于想要证明自己已经长大了，因此，会开始要求独立，行为上想要脱离爸爸妈妈的掌控，表现为说话、做事具有独立性和自我性。此时，父母是时候转变对孩子的教养方式和互动模式了。放弃家长一言堂的方式，对涉及孩子自身的事不妨多与孩子沟通和商量，也可尝试着逐步将自主权交还给孩子，并在孩子遇到挫折和困惑的时候，帮助和引导孩子朝向正确的方向前进。比如，对于兴趣爱好的培养，孩子不喜欢弹钢琴，妈妈可以和孩子商量，询问孩子是不是有别的爱好、是否想要发展这方面的爱好等，沿着孩子的兴趣方向培养。这样孩子高兴，妈妈也轻松，孩子学习动机增强了，才能收到更好的学习效果。此时，需要注意的是，家长所反映的"不听话"的孩子，大都还会出现学业问题。为什么会这样？一方面，是亲子关系的不和，让他们缺少有效引导，缺乏好的学习动机；另一方面，是他们将精力都用在了与父母对抗上。就此，父母首先要改变自己与孩子的互动模式，化解与孩子的对峙状态；其次，要知道，七岁到九岁的孩子出现学习问题，更多的是学习习惯不好所导致的。比如，该看的书不看，该做的作业不做，看书时惦记着玩耍等。还有很多家长将孩子的学习全权揽了过来。正如上面案例中的那位妈妈所说："天天盯着孩子学习。"这样，学习就完全成了父母的事，跟孩子无关。与其天天盯着孩子学习，不如帮孩子养成一个好的学习习惯。比如制定好固定的写作业时间、地点等；孩子因为磨蹭作业没写完时，也要定时收作业；孩子写作业的时候不去打扰更不去点评，除非孩子求助，帮孩子确保规律的作息等。

第三叛反期：十二岁到十五岁，青春期

　　一位父亲曾咨询孩子的教育问题时说："我家孩子十五岁了，近一年来他站着都比我高了，与个子成正比的是，他的脾气也渐长，对他我都不知道该怎么办了。老师不时地反映孩子逃学，因此，我没少抽他，他也不反抗，就硬着脖子让我打，每次打得我手酸、一肚子气，末了他恨恨地来一句'再打我就不上学了'。我还发现他在外面学会了抽烟喝酒，真怕他在外面结交一些社会上的小混混。他妈妈为这都愁得睡不着觉，每次都苦口婆心地劝他。心情好的时候，他会跟他妈妈说：'我没有交坏朋友，就是上个网什么的。'心情不好要么爱答不理，要么就用一句'我烦着呢'来回复。"

　　青春期的孩子身体已发育成熟，觉得自己已经很"强大"了，而心理发育尚未成熟，常常受到各种挫折感，这样，在身体与心理矛盾的自我纠结和成长中，孩子开始有了更多样的情绪体验。对女孩来说，会变得内向并体验到自我怀疑、愧疚或抑郁等情绪；对男孩而言，则更多地体验到暴躁和愤怒。正如这位父亲所说，青春期的孩子大都处于"烦着呢"的状态。孩子的角色和身份也会发生一些变化，最明显的是他们开始寻求同龄人的支持。表现为，青春期的孩子大都很好面子，自尊心强；重视同伴关系，易受同伴影响，可能会做一些并非自己意愿但同伴认同的事，如抽烟、喝酒。这些行为虽然父母不认可，但对孩子来说，可能是成人的象征，代表他们摆脱了对父母的依赖等。这也意味着青春期的孩子来说他们会面临一些危险，如网络成瘾、早孕、酗酒、犯罪等。有的父母会过度忧虑孩子可能面临的危险，希望孩子顺利度过这一时期。面对青春期的孩子，首先，要学会信任孩子。事实上，大多数孩子也的确能顺利度过这个特别的时期。除了信任，还有什么呢？我们要做好孩子们坚实的后盾。用一句话概括，就是与孩子保持亲密而有间的亲子关系，将孩子当作独立的个体，平等对待，支持孩子渴求独立的尝试，在孩子失败时给予鼓励、安慰，在孩子成功时给予肯定和表扬。要重点提醒的是，针对这个阶段的孩子，父母很有必要为孩子提供一个健康的社交氛围。不要以为孩子大了就不用陪了，带孩子去参加一些团队活动，多与自己的亲戚朋友走动。别让孩子们把自己封闭起来，或者经常宅在家里玩电游。孩子们有自己的社交，拥有自己的朋友，或者是有自己尊敬的长辈等，这些都有助于他们的心理健康。有些话，即使不能跟父母说，他们也还能有别的倾诉渠道。同时父亲的作用尤其显得重要，父亲最好能够跟这个年龄的男孩做朋友。记得，对你的男孩来说，要紧的不是你如何说他、批评他、指点他，而是他信任不信任你，在你身上，他能否看到一个成熟、有责任感的男人的样子。对于女孩来说，对父亲持一定距离是对的，但是仍然需要保持对你的女孩情绪和情感上的关注、支持。

这对她们很重要。总之,不同时期的孩子有不同的困扰,对于他们的不听话、叛逆,父母要有清醒的认识。

下面是一些原则性的提醒,更是很多父母在教育孩子方面容易疏忽的地方。

1. 不当的教育方式容易导致孩子逆反。孩子是成长中的个体,每天都在不断地发生着变化。父母的教育方式也需适时调整,切不可因孩子与自己的想法相左,而强行要求孩子按照自己的要求去做,这样做实际上漠视孩子真正的需要,不利于孩子健康成长。

2. 教育孩子不能采取高压政策,更不能讽刺、挖苦孩子,要学会欣赏自己的孩子,肯定和鼓励孩子的进步和努力。研究表明,用低声细语的方式教育孩子更能获得好的效果。

3. 对于不同逆反期的孩子,父母需要区别对待。对较小的孩子,可通过转移注意力,给出选择等方式引导;对于较大一些的孩子,可通过讲道理、正面引导和肯定的方式引导。父母言行不一或身处不和谐的家庭氛围中的孩子更容易逆反。父母是孩子成长路上的引领者和榜样,要时刻注意自己的言行。父母言行不一,只会招来孩子的不满,孩子还怎么听从大人的话呢?另外,父母关系紧张经常吵架,孩子要么厌恶父母的行为,要么逃避这样的氛围,父母将无法在孩子面前树立权威,孩子只会越走越远。

1. 《0岁方案　雏鹰早飞篇》
　　　　——冯德全

这是一本家长教育孩子的经验集,内容非常有趣、感人,这些文章会像一群"小鸟"飞向千万家庭,去叩开爸爸妈妈、爷爷奶奶、外公外婆的"门窗",给他们送去信息、希望和美好的憧憬。

2.《0岁方案 腾飞的一翼篇》
　　　　　——冯德全

这是一本教儿童如何识字阅读的书,只要宝宝对识字阅读不排斥,就能够接受这本书里的方法。作为家长我们要顺水推舟,把孩子引入知识的海洋里。

第八章 幼儿园教育

教育孩子的全部秘密在于相信孩子和解放孩子。

——陶行知

第一节 幼儿园的日常生活

一、幼儿园日常生活的界定

幼儿园日常生活是指学前儿童一天活动中的各个生活环节和一些每天都要进行的日常活动。它包括入园、晨检、早操、进餐、饮水、睡眠、如厕、散步、课间活动、自由活动和游戏等，都是对学前儿童进行全面发展教育的重要途径和手段。

二、幼儿园日常生活的意义

（一）生活活动是学前儿童的第一需要

幼儿园的教育对象是3～6岁的学前儿童，他们正处于迅速的生长发育时期，他们身体的各个器官和机体组织发育尚未完善，对疾病的抵抗能力和承受压力的能力较弱。因此，能否开展合理的生活活动，不仅关系到他们现在的健康，还会影响到他们一生身心的发展。合理安排好学前儿童的生活，满足他们的基本生活需要，可以为学前儿童正常生长创造良好条件，促进学前儿童的身体健康。

（二）生活活动是学前儿童学习的重要途径

日常生活活动能让学前儿童养成有规律的生活习惯和健康的生活方式。在生活活动中活泼多样、寓教于乐的形式与内容，让学前儿童乐于学习穿衣、进餐、洗漱等生活的基本技能，从小养成自己的事情自己做的独立生活能力和良好的文明习惯。生活活动中伙伴之间相互关心、相互帮助等，也培养了学前儿童关爱他人、尊重他人的优良品质，为学前儿童的健康、全面发展奠定良好的基础。

三、幼儿园日常生活的意义

（一）建立良好的师生关系，创设丰富温馨的育人环境

学前儿童一天的大部分时间是在幼儿园中度过的，师生关系不仅影响学前

儿童的情绪、情感发展,而且影响学前儿童身心的发展。在一天生活的各项活动中,要建立良好的师生关系,使学前儿童感觉到幼儿教师是值得信赖的,感觉到安全与温暖,消除焦虑、紧张等消极情绪,更积极地投入到各环节的活动中。

(二)建立合理的常规,注意生活安排的稳定性、规则性和灵活性

常规是学前儿童必须遵守的日常生活规则,是学前儿童健康发展的保证。为了使幼儿的生活内容丰富而有规律,调动学前儿童在一日生活中的主动性、积极性,培养幼儿的自主性与独立性,幼儿园需要建立规范化、固定化、制度化的合理常规环节,使学前儿童知道一个活动后接下来应该做什么,形成生活秩序,以利于学前儿童健康全面的发展。

(三)幼儿教师直接指导的活动和间接指导的活动相结合

幼儿教师直接指导的活动是幼儿教师按照教育目标特别组织的,要保证学前儿童积极地参与,它是学前儿童获取知识经验、培养各种习惯、进行全面发展的良好途径。同时,应该提供学前儿童自己选择活动的时间和机会,保证学前儿童每天有适当的自主选择和自由活动时间。它可以培养其自主性、独立性,培养对自己的选择负责的意识。

四、幼儿园的节日活动

幼儿园的节日活动是指幼儿园为庆祝节日而组织学前儿童开展的活动。它是学前儿童生活中的欢乐事件,对学前儿童有着深刻的影响,是幼儿教师对学前儿童进行教育引导的有效途径。幼儿园庆祝的节日活动有很多,大致可分为两类,一类是纪念性的节日,如"六一"国际儿童节、"十一"国庆节等;另一类是传统性节日,如春节、元宵节、端午节、中秋节等。

节日活动对学前儿童有着突出的教育作用,是对学前儿童进行全面发展教育的辅助手段。庆祝节日时,学前儿童通过图片、影视、幼儿教师的讲解等手段知道节日的内容,了解节日的意义,不仅增长了知识,而且让学前儿童加深对国家、对民族丰富多彩的传统习俗和风土人情等生活情趣的了解,增强学前儿童的民族自尊心和自豪感,增进对家乡和本民族的热爱。

五、幼儿园的游戏教学

(一)游戏教学方法

最好的学前儿童教育应该是寓教于乐之中,而游戏是学前儿童最喜爱的

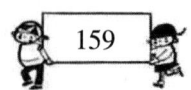

活动,幼儿教师采用有规则的游戏或以游戏口吻进行教学,最能激发学前儿童的学习兴趣和积极性,提高教学效果。这种运用游戏的方法进行教学可以称之为游戏教学法,是幼儿园教学的突出特点。幼儿园教学中经常运用的有智力游戏、音乐游戏、体育游戏等,它们都是根据各科教学大纲要求编制的,各有其特点和作用,在教学中运用何种游戏,取决于各科的性质和具体要求。

幼儿教师组织的教学游戏是幼儿教师为实现特定的教育目标而组织的活动,能让学前儿童学到一定的知识与技能,有助于促进学前儿童按一定方向发展,又有游戏的体验,是体现了游戏特征的教育活动。值得注意的是,以游戏的方式组织教学是以游戏为手段,服务于特定的教育目的和任务,客观上具有一定的功利性,这种活动的进程有事先设计好的程序,有对手段与目的、过程与结果的考虑,只是学前儿童年龄较小,不能过早承受压力和紧张,所以,必须淡化实现目标的功利意识,不要求过于注重结果,也不追求统一的结果,力求一种寓教于乐的境界。

(二) 游戏教学方法的基本要求

1. 游戏教学方法的运用不同于纯粹的游戏活动

幼儿教师在运用游戏方法进行教学时,应和平时的学前儿童自主游戏活动有所区别,它的实质是教学活动,其目的在于完成一定的教学任务,必须按照学前教师预定的计划,严格遵守预定的规则,组织全体学前儿童参加。幼儿教师既可以将游戏作为教学活动中的一个环节,也可用一个游戏贯穿于整个教学活动中。运用游戏方法时,还要和其他教学方法结合使用,来提高教学效果。

2. 游戏教学法的运用在各班中的分量应有所不同

对年幼的小班儿童,可较多地以游戏方法进行教学,随着学前儿童年龄的增长,知识的日益丰富,语言和智力的发展,游戏方法的使用应相对地减少,而注重讲解、谈话等教学方法的使用。

3. 游戏教学法的运用应把握教育目标的实现

在实际学前儿童游戏过程中,有时学前儿童可能会因为对某个无关紧要的游戏情节感兴趣,导致游戏偏离教育目标的要求,此时,幼儿教师应在尊重学前儿童兴趣的基础上,灵活地将他们的注意力吸引过来,以保证游戏作用的充分发挥。例如,在认识交通规则时,幼儿教师组织了"我是小司机"的教学游戏活动,小朋友每人手握一个方向盘,扮演小司机,自由地模仿开汽车的动作,并在学前教师的信号声中学习红灯停、绿灯行的交通规则。游戏进行的时候,幼儿教师应该关注学前儿童的规则意识的建立,让学前儿童在愉快的游戏中认识交通规则。

第二节 幼儿园的游戏活动

一、游戏活动的本质及意义

　　幼儿园的游戏是每个学前儿童都非常熟悉的一种娱乐活动,然而,游戏本身却是一个高度抽象的、难以捉摸的概念。对于什么是游戏、儿童为什么游戏等问题,从柏拉图到皮亚杰,一直到现在,始终是人们关注的问题,给游戏下一个精确的定义显得非常困难,而对这些问题的回答,则有助于我们对游戏的本质及其意义的理解。

　　首先,在游戏的情境中,儿童逐渐了解到"我的"和"你的"之间的区别。他们逐步学会发现自我和他人。他们在游戏中还积累了许多实际经验,比如了解到他们自己是什么样的,知道了自己的行动会带来什么样的后果,别人对自己会有什么样的反应,以及自己对别人会有什么样的反应等。

　　其次,在游戏的情境中,学前儿童对社会文化、自己的个性特点和情感有了初步的了解。学前儿童在游戏中作为集体的成员,开始学会互相理解,这也许是游戏经验在社会性发展方面的最重要的价值。这种相互作用,有助于他们形成对待他人的态度和行为,有利于他们体会各种情绪情感和态度,帮助学前儿童了解生活的基本形式。

　　最后,共同游戏帮助他们学会遵守规则,接受集体的支配。借助于游戏,学前儿童的社会性协作可以达到最高水平,他们的想象力和创造性以及对游戏的喜爱,使他们能够接受各种各样的规则要求,这种兴趣使他们进入了新的社交环境,并学会去应付新的环境,这种对能力的演习既获得了现时的乐趣,又为以后的生活提供了充分的准备。

二、学前儿童游戏活动的特点

　　游戏是学前儿童特有的一种学习方式,学前儿童游戏的过程也是学前儿童学习的过程。游戏过程中,学前儿童通过不断地与环境相互作用,学习与人交往,

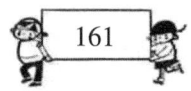

从而认识周围的环境,理解和掌握一些行为规范等。例如,孩子在玩玩具时,他(她)会在充满新奇、奥秘的玩具世界里,不停地问问题,反复地去摆弄并期待得出答案。比如,他们会问,陀螺为什么会转动？汽车为什么会跑？轮船为什么不沉水底？这些问题不仅能激发孩子丰富的想象力、思维能力,同时也成为孩子认识世界的工具和启迪他们智慧的教科书。

学前儿童在游戏中的学习是一种自发性的,与其他学习活动相比有着不同的特点。

(一) 游戏中的学习动力来自于学前儿童内在需要

学前儿童在游戏中学习,是为了满足自身的好动、好奇、操作摆弄物体及与人交往等需要,而不是成人的要求。所以,游戏中的学习完全是由学前儿童的兴趣、爱好、探索等内部动机推动的。

(二) 游戏中的学习目标是隐含的

学前儿童并非为了学习而游戏,是为了"玩"而游戏的。幼儿教师在提供游戏环境时将教育目标隐含其中,学前儿童积极、主动参与游戏,就能自然地实现某些方面的发展目标,经常进行各类游戏,相应地就能促进学前儿童各方面的发展。

(三) 游戏中的学习方式是潜移默化的

在游戏中,学前儿童意识不到其中有学习,都不知不觉学到了很多东西。例如,学前儿童玩积木游戏,就认识了许多几何形体；玩角色游戏,知道了谦让、分享等。游戏为学前儿童提供了一个轻松愉快、丰富刺激、能鼓励学前儿童自主学习的良好环境,使他们获得安全感、自尊和自信,获得对学习的持久热情,从而终身受益。

三、学前儿童游戏的作用

(一) 学前儿童游戏的生理作用

游戏是童年生活中的快乐,游戏是最适合学前儿童的一种活动形式。游戏不仅对学前儿童有娱乐作用,而且对学前儿童的身体、智力、社会性和情绪等方面有重要的发展价值。有人说,游戏的重要性仅次于母乳喂养和母爱。

1. 游戏可以促进学前儿童身体的生长发育。几乎所有的游戏都伴随着身体运动,使学前儿童身体的各种器官得到活动,促进机体的新陈代谢和肌肉的成熟,

内脏和神经系统的发育。游戏活动发展了学前儿童的基本动作和基本技能,以跑、跳、钻、爬、攀登等为主要动作的体育游戏,能锻炼学前儿童大肌肉活动能力;插翅和搭积木等游戏能发展学前儿童手部小肌肉的活动能力和手眼并用的协调能力。在户外进行的游戏,学前儿童直接接触到充足的阳光、新鲜的空气,能增强学前儿童对环境变化的适应能力,促进身体健康。

2. 游戏给学前儿童带来愉快和满足,而愉悦的心情是学前儿童身体健康所必需的。情绪与人的身体健康有密切关系,长期处于紧张或焦虑等不良情绪状态,会造成食欲减退、消化不良、心跳加速、血压和呼吸不正常等病态。游戏适合学前儿童的生理和心理特点,学前儿童游戏时总是快乐的,轻松愉快的情绪对学前儿童身心健康发展有积极作用。

(二) 学前儿童游戏的教育作用

1. 游戏能促进学前儿童认知的发展

游戏是学前儿童认识事物的途径,能够扩展和加深学前儿童对周围事物的认知。游戏使学前儿童接触到各种游戏材料,通过具体的活动,认识各种物体的性质和用途,获得有关事物之间关系的经验。例如,在玩水的游戏中,学前儿童不仅认识了水的流动、溶解等特性,还能获得水的浮力的科学知识,同时,也认识了喷壶、水桶等盛水工具;角色游戏、结构游戏是学前儿童对现实生活的反映,学前儿童在游戏中把自己对生活的印象和感受表现出来,从而对生活的认识得以加深和巩固。多种多样的游戏使学前儿童获得丰富的知识和经验。

2. 游戏能促进学前儿童想象力的发展

游戏是具有象征性的,它以假想和想象为条件,在游戏中,学前儿童会把自己想象成火车司机,把小椅子或积木想象成一节节的火车车厢,把其他小朋友想象成乘客。在游戏中学前儿童展开想象的翅膀在自己创造的世界中遨游。象征性游戏的"假装"和"好像"的性质,能有力地促进学前儿童想象力的发展,而想象力恰恰是创造力的基础。

3. 游戏能够促进学前儿童思维能力的发展

在游戏中,学前儿童不断地思考,不断地解决一个又一个问题。例如,玩角色游戏公共汽车时,学前儿童要分配角色,分配谁当售票员,谁当司机,谁该当乘客等。当司机的学前儿童要决定用什么当方向盘,用什么当刹车;当售票员的小朋友要有票本,并要报站名;当乘客的学前儿童把自己当成老爷爷或老奶奶,要假装去某个地方做一件事情。在需要开动脑筋的智力游戏中,学前儿童思考的积极性更是突出,计算游戏、语言游戏、猜谜语等科学常识游戏都有利于促进学前儿童思维的发展。

4. 游戏能够促进学前儿童社会性的发展

在学前儿童的成长过程中,必然要参与社会生活,学习与他人进行交往并建立人际关系,如亲子关系、同伴关系、师生关系等,在环境和教育的影响下,他们的社会性逐步发展,学前儿童处于从"自然人"向"社会人"转变的时期,游戏活动对学前儿童的社会性发展具有重要意义。

游戏活动提供了学前儿童社会交往的机会,发展了学前儿童社会交往的能力。学前儿童与同伴的交往对学前儿童发展是十分重要的,在交往中,学前儿童逐渐熟悉、认识周围的人和事,了解自己和同伴的想法、行为、愿望与要求,理解他人的思想、行为和情感,学习与同伴分享、互相谦让、合作等人际交往技能。例如,在角色游戏"娃娃家"中,学前儿童商量分配角色,有人当妈妈,有人当爸爸,有人当奶奶,每个角色各尽其责,在这个过程中,学前儿童学习相互配合,互相谦让,发展同伴之间的友好关系。

游戏活动帮助学前儿童学习社会角色,掌握社会性行为规范。学前儿童出生后,就不可避免地处在一定的人际关系和社会地位中,他们不可避免地被赋予某种角色。有些角色是一出生就决定的,如男性或女性;有些角色是随着社会生活范围的扩大而出现的,如在家里是儿子,在幼儿园是小朋友,进入学校后是学生,长大后会成为丈夫、爸爸、妈妈、教师,等等。每种角色都有社会规定认可的角色行为,学前儿童需要不断学习社会角色行为。

游戏活动能够促进学前儿童意志的锻炼。意志是个性的重要构成因素。在现实生活中行动的果断性、对无意义行为的自我控制能力、遵守规则、克服困难等意志品质,是学前儿童社会性构成的重要方面。学前儿童自制力差,意志行动尚未充分发展,但在游戏中,学前儿童会表现出较高水平的意志行为,游戏能使学前儿童发展控制自己冲动的能力。例如:在"老狼老狼几点了"的游戏中,扮演"老狼"的学前儿童在回答几点钟时不能回头看,其他学前儿童只有听到"老狼"说"天黑了"或"十二点"时,才能转身往回跑。在体育游戏、智力游戏等规则游戏中,学前儿童为使游戏得以进行,必须学会控制自己,游戏为学前儿童提供了大量的让学前儿童依靠自己的努力克服困难的机会。

5. 游戏活动能够促进学前儿童情感的发展

游戏可以丰富学前儿童的情绪体验,有助于培养学前儿童高级情感。游戏活动丰富学前儿童的情绪体验。游戏的内容和形式灵活多样,学前儿童能够在游戏中体验各种情绪情感。在游戏"娃娃家"中,扮演父母的学前儿童亲身体验父母对孩子的关心与呵护,给孩子做饭、喂饭,为孩子穿衣服、盖被子,给孩子洗澡,送孩子上学等。尽管游戏里有"好像""假装"等词,但学前儿童游戏时产生的情

感永远是真的,孩子不会作假,也不会装样子,"妈妈"真心爱着自己的孩子,"飞行员"由衷地想着怎样更好地使飞机降落等。随着游戏主题的发展和构思的变化,学前儿童的情绪情感体验会更加丰富,更加深刻。在"医院"的游戏里,学前儿童会像医生一样给"病人"听诊、开药,嘱咐"病人"按时吃药,扮演"护士"的学前儿童不仅给"病人"试体温、打针,还主动搀扶"病人"、让"病人"好好休息。该游戏中的情感体验还有利于学前儿童同情心的培养。

游戏活动发展学前儿童成就感和美感。游戏是学前儿童自主的活动。游戏中,学前儿童没有对成功或失败的担忧,情绪是放松的,他们任意摆弄玩具材料,想象扮演角色,反映自己对生活的认识,在游戏中不断地获得成功的喜悦和成就感。

游戏可以消除学前儿童的消极情绪。游戏,尤其是角色游戏,为学前儿童提供了表现自己各种情绪的机会。学前儿童的愤怒、厌烦、紧张等不愉快情绪,在游戏中得以发泄缓和。以弗洛伊德为代表的游戏精神分析理论认为,游戏是儿童的精神发泄,游戏可以补偿现实生活中不能满足的欲望,缓解心理紧张,减少忧虑。游戏是学前儿童消除生活情境中产生的忧虑和紧张感,向自信和愉快情感过渡的方法。

四、学前儿童游戏的指导思想和原则

(一) 儿童游戏的自主性

早期的研究者以人的起源为核心,从生物学的角度来尝试性地描述游戏的起源和原因。柏拉图认为,游戏是由于年轻的生物(动物和人类)跳跃的需要。德国思想家席勒认为,活动是人和动物的普遍行为。低等动物把精力和时间全部用于生存活动上面,无多余的力量来从事游戏;而高等动物除了维持基本的生存外,还有多余的精力和时间来从事游戏活动。鉴于游戏的创造性、想象性的特点,他把游戏界定为一种艺术的形式。英国心理学家斯宾塞发展了席勒的思想,从神经生理学的角度来探讨游戏活动的生理基础。他认为游戏是剩余精力发泄的产物,是过剩的生命能量的转换,游戏是与生俱来的本能,是无意识的产物,但他却不能解释儿童即使精疲力竭,仍不停进行游戏的原因。因此,与他们的观点相反,德国的拉察鲁斯和裴茄克则不同意游戏是发泄剩余的精力的说法,而是认为游戏是在工作疲劳后,恢复精力的一种方式。游戏是儿童重新获得能量的必需途径,是放松的一种需要。随着儿童的成长和发展,他们的游戏活动远远超越了动物。随着儿童年龄的增长,他们使用游戏材料的方式也有所不同,游戏的类型也不同,而且游戏也呈现出阶段性的特点。

1. 认知发展

练习性游戏阶段。0~2岁的儿童主要是通过感知和动作来认识环境,最初,他们在进行与人交往的游戏时是用自己的身体来作为游戏的中心,后来,逐渐地会摆弄与操作具体的物体,并不断地反复练习已有动作,从简单的、重复的练习中,他们尝试发现、探索新的动作,从而使自身获得发展。

象征性游戏阶段。对于2~7岁的儿童来说,随着他们语言和表象的发展,通过练习性游戏来掌握的新东西越来越少。象征性游戏,成为此阶段儿童游戏的典型形式。儿童的游戏不再是身体动作的简单重复,而是有思维的参与,出现了象征物或替代物,游戏中有特殊的嬉戏性表征结构。游戏中的主要特征就是模仿和想象,儿童通过模仿和想象来反映现实生活,从中获得快乐的体验,满足游戏的愿望。随着游戏的发展,儿童抽象思维能力得到发展。儿童对象征活动的需求逐渐降低,象征性游戏逐渐出现了被规则性游戏取代的趋势。

规则游戏阶段。对于7~11岁的儿童来说,随着他们智力的进一步发展,思维的发展越来越接近现实,象征性的成分逐渐消失,规则在游戏中成为中心,儿童按规则进行游戏,按既定的规则控制自己的行动。随着儿童年龄的增长,规则游戏逐渐复杂,竞赛性的特征越来越明显,逐渐演变为体育运动和棋类游戏。有研究报告表明,规则游戏的发生频率在6~10岁的儿童群体中呈稳步上升趋势。

2. 游戏中儿童的社会性发展

美国心理学家伯顿根据儿童在自由游戏中的社会交往关系和协同程度将儿童社会性发展分为以下六种水平。

(1) 偶然的行为。儿童注视着身边突然发生的、使他感兴趣的事情,或摆弄自己的身体,或从椅子上爬上爬下,到处乱转等。

(2) 旁观行为。大部分时间在看别人玩,听别人的谈话或向别人提问题,不参加其他儿童的游戏,但对所发生的一切心中有数。

(3) 独自游戏阶段。儿童独自一个人玩玩具,所使用的玩具与周围其他儿童的不同,只专注于自己的活动,不管别人在做什么,也没有作出与其他儿童接近的行为表现。

(4) 平行游戏阶段。儿童仍独自玩,他所使用的玩具同周围儿童的玩具类似,在同伴的旁边玩,而不是和同伴一起玩。

(5) 联合游戏阶段。儿童个人的兴趣不属于集体,仍以自己的兴趣为中心,但愿意与其他儿童一起玩,做自己愿意做的事情。

(6) 合作游戏阶段。儿童以集体共同目标为中心,在游戏中相互合作并努力达到目的,有明确的分工、合作及规则意识。

(二) 按儿童游戏特点指导

不同研究者对游戏有不同的看法,给游戏下一个明确而清晰的定义是困难的。不过尽管如此,研究者们都倾向于将游戏定义为一种追求快乐的行为,是儿童自愿参加的、以娱乐为主要目的的活动,具有属于自己的特征。

1. 游戏是一种自愿的行为,它具有主动性

游戏是非强制性的,被迫参加的游戏就不再是游戏了。儿童之所以参加游戏,是因为游戏能给他们带来欢乐,因为他们喜欢游戏,是儿童自发的、自愿的需要。儿童可以自由选择游戏,他们是游戏的主人,游戏的内容、玩法及同伴等都是由他们自己来决定的。游戏是由内部动机引起的,当游戏创造的快乐成为一种必需时,对游戏的需要就变得急切起来。

2. 游戏是一种假装的行为,它具有虚构性

游戏不是平常的、真实的生活,不带功利的性质及生产性,每个儿童在玩游戏时,都清楚地知道"只是玩玩""是假装的",游戏只是一种愿望和要求的满足,是一种获得愉快体验的手段。儿童在游戏中自娱自乐,不注重游戏的结果。儿童在游戏中利用模仿、想象来创造性地整合和表现周围生活。可以不受日常生活的约束,也可以把日常生活暂时抛弃,这种不真实的、虚构的情境,给游戏带上了一种神秘的色彩,正是这种神秘而充满幻想的虚构色彩深深地吸引着儿童。

3. 游戏是一种有规则的行为,它具有有序性

儿童在游戏中并非毫无约束和限制。观察儿童的游戏可以发现,尽管他们的游戏有时显得乱七八糟、不成体系,但每个游戏中都隐含着一种秩序性,每个个体都有一定的自我约束,也正是这种秩序的约束,把儿童的游戏带入一种和谐与有序。任何游戏都是有一定规则的,不管是行为方面的规则还是游戏本身的规则,一旦规则被违背或破坏,就会影响游戏的有序开展。此外,游戏的发生地点和时间也有别于"平常"生活,一旦游戏发生,儿童就生活在游戏的世界里,而当游戏一结束,他们就会立即回到现实,等到下次游戏开始时,他们可以将上次的游戏重复进行。

(三)按儿童发展规律指导

1. 按照儿童生长发育规律指导儿童游戏

游戏是儿童身体生长发育的保障,身体健康的儿童比身体不健康的、营养不良的儿童更喜欢游戏。游戏使儿童身体各器官得到活动和锻炼,大到追、跑、跳、跃的游戏,小到拼图、绘画、玩沙等游戏,都可以促进儿童肌肉的运动,促进关节的灵活与协调。儿童在不同的游戏中变得结实、健康,在与外界环境多方面刺激的相互作用中,变得反应迅速而敏捷;在欢快的游戏中,形成各种技能,增强了对外界环境的适应能力。游戏为儿童身体的正常发展提供了许多必要的锻炼和运动的机会,锻炼了儿童的身体,增强了儿童的体质。

2. 按儿童智力发展规律指导儿童游戏

游戏是儿童智力发展的动力,它保证儿童智力的发展。儿童通过游戏及玩具材料,可获得日常生活环境中各种事物的知识,促进儿童观察力、注意力、记忆力的发展。史普德克认为游戏是一种方法,通过这种方法,儿童可以接收外部世界的信息,并对它们进行加工处理,使之适应自己内部的编码因式。也正如皮亚杰提出的游戏是同化超过顺应的产物,游戏中的假扮和象征有助于发展儿童的创造力,提高其解决问题的技能。积木游戏是培养儿童三维空间思维能力的最佳方法;游戏中对物品的假想促进了儿童想象力和创造力的发展;儿童在游戏中相互接触、积极交流,语言能力能得到较好的发展。游戏为儿童提供了重复练习的机会,儿童通过游戏来获得技能,在游戏中学会了推理,发现了有关数的知识及事物之间的简单关系,学会了解决问题的方法,锻炼了处理问题的能力,为今后进入学校学习知识、经验和能力做准备。

3. 按儿童情绪与情感的良好培养规律指导儿童游戏

愉快地游戏,是儿童心理健康的标志。游戏是正在成长中的儿童最大的心理需求,游戏对于儿童情感的满足和稳定具有重要意义。游戏中,儿童没有来自外界的强制目标,不需要承担任何责任,他们积极投身于游戏中,感受极大的快乐和满足,体验着成功带来的成就感和自豪感。游戏中,儿童有时也有消极情绪的表现,游戏为儿童提供了表达各种情绪的场所。当冲动的行为或实现愿望受阻而产生挫折时,游戏中的儿童可以学会如何控制这种挫折,保持儿童心理健康发展。儿童通过模仿各种成人的言行,体验到成人的情感,这是儿童同情和移情发展的基础。游戏也以其自身的娱乐性、趣味性,以及色彩艳丽、造型优美的玩具材料和内容丰富的主题,深深地感染和吸引着儿童,极大地满足了儿童的愿望。

4. 按游戏促进儿童社会情感的生成规律指导儿童游戏

儿童在游戏中,由于需要且必然要与其他伙伴发生联系,在与别人的交往中逐渐地发现和了解自我与他人,在集体的游戏中实践着如何使自己的行为能被同伴接受,如何与别人相互适应,逐步学会理解别人,掌握和学习轮流、协商、合作等社交技能。特别是在角色游戏中,儿童通过扮演角色,按角色的身份及情感体验来行动,并与伙伴一起共同发展游戏的情节。有研究表明,角色游戏的数量与复杂程度可以预示儿童的社会性技能、声誉及积极的社会活动。游戏使儿童从自我中心中解脱出来,逐渐认识自我,认识别人,学会与人合作、与人交往,理解角色的关系,掌握社交的态度和礼貌,获得人际交流技巧和社交规则,加深伙伴间的友谊。

五、幼儿园十个经典音乐游戏介绍

在幼儿园里音乐游戏活动是每个年龄段的儿童都必不可少的活动,好的音乐游戏更是深受学前儿童的喜爱,下面就介绍十款经典的音乐游戏活动。

游戏一:问候舞

目标:

1.通过律动感受单二部曲式 AAB,感受乐句的长短。

2.在欢快的音乐中感受游戏的快乐。

准备:

问候舞音乐。

玩法:

全体学前儿童自由站在空的活动场地,A 段音乐开始时学前儿童边拍手边走,找到一个好朋友面对面站好。A 段音乐重复时和对面的伙伴拍手。B 段音乐共三个乐句,前两个乐句两人相互问好两遍,第一次握手说"你好";第二次鞠躬或脱帽问好等;第三次所有的孩子在教室里找老师在什么地方,并向老师挥手问好。然后学前儿童重新找朋友,游戏反复多次进行。

建议:

刚开始游戏时,学前儿童对音乐和玩法不够熟悉,教师可以先让学前儿童玩找朋友的游戏。两次 A 段音乐都让学前儿童找朋友,以便每个学前儿童都有足够时间找到朋友。

游戏二:小星星

目标:

1.能够根据音乐的节奏绕圈走。

2.在游戏中遵守规则。

准备:

《小星星》的音乐。

玩法:

学前儿童手拉手按顺时针方向跟着音乐走,老师作为"领导者"站在圈外跟着音乐按逆时针方向行走。当每次唱到"小星星"时,领导者随意触碰一个学前儿童的肩膀,该学前儿童就离开圆圈,右手拉住领导者的左手,跟着领导者按逆时针方向走,圆圈里的学前儿童继续唱着歌按顺时针方向走,同时离开学前儿童的左右两个伙伴将手拉在一起,形成封闭的圆圈。如此反复直至中间只留下一名学前儿童,此时领导者的右手拉住自己队伍中最后一名学前儿童的左手,形成一个圆圈并下蹲。中间唯一的学前儿童举双手成为小星星。第二次游戏时,中间的学前儿童就是领导者,游戏继续。

游戏三:小蝌蚪找妈妈

目标:

培养学前儿童的音乐节奏感。

准备:

小蝌蚪头饰若干,青蛙头饰一个。

玩法:

学前儿童戴上小蝌蚪头饰,跟着音乐边唱歌边做简单的动作,如游来游去,扭一扭,转一转等。唱到"小小蝌蚪游游游"时,学前儿童蹲下用手蒙住眼睛,老师戴上青蛙头饰在活动室一角躲起来。唱到"妈妈妈妈在哪头"时,学前儿童作寻找的样子。当歌曲结束后,青蛙妈妈叫两声"呱呱",小蝌蚪循声跑到妈妈身边,说:"妈妈找到了,妈妈找到了!"

建议:可以让个别能干的学前儿童当青蛙妈妈。

游戏四:海狮顶球

目标:

培养学前儿童转换节奏型的能力,发展学前儿童的思维和反应的灵敏性。

准备:

《海狮顶球》音乐,图画卡片海狮4只,皮球4个(其中两个画上ＸＸ节奏型,两个画上Ｘ节奏型)。

玩法:

学前儿童围成圆圈,老师把4个球任意放在4只海狮头上成一个节奏型,学前儿童起立按此节奏型在圈内边走边做节奏动作,如跺脚、拍手、拍肩。当乐曲停时,教师变换球的位置,学前儿童站立拍出新的节奏。

规则:

拍错的学前儿童,回座位暂时退出游戏。拍对的学前儿童,听音乐继续按节奏做动作。老师按情况结束游戏,让全体学前儿童重新做游戏。

游戏五:老鹰捉小鸡

目标:

听音乐做母鸡下蛋、小鸡出壳、跳舞等的动作。

准备:

《老母鸡》《小小蛋儿把门开》《老鹰捉小鸡》的音乐,母鸡、老鹰头饰;积累母鸡生蛋、小鸡出壳、孵蛋等知识。

玩法:

老师扮作母鸡,听到《老母鸡》音乐时做下蛋动作,此时学前儿童扮作小鸡不动。听到《小小蛋儿把门开》音乐时,学前儿童做小鸡出壳和跳舞的动作。听到老鹰的音乐时学前儿童马上躲在母鸡的身后,一个跟一个搭着肩。(或者扮作老鹰不爱吃的东西,保持身体不动)

规则:

被老鹰捉到的小鸡停做游戏一次,母鸡和老鹰角色可以请能干的小朋友来扮演。

游戏六:小老鼠上灯台

目标:

听音乐模仿小老鼠上灯台的动作,在游戏中感受音乐活动的快乐。

准备:

小老鼠头饰若干,猫头饰一个,蛋糕盒做的灯台一个。

玩法:

老师戴上猫的头饰,在一边躲起来。学前儿童戴上小老鼠的头饰,围绕灯台成一个圆圈。学前儿童跟着音乐,边唱边模仿小老鼠上灯台的动作。当唱到"喵喵喵,猫来了,叽里咕噜滚下来"时,小老鼠要躲避猫的追逐。

规则:

被猫捉到的小老鼠停做游戏一次。猫可以让能干的儿童来扮演。

游戏七：碰一碰

目标：

根据不同物体种类、颜色等相同的特征，听游戏信号玩碰一碰。

准备：

音乐《碰一碰》，各种小动物或水果的纸偶若干。

玩法：

请小朋友选择自己喜欢的纸偶套在手指上。音乐开始时，小朋友起立边唱歌边做找朋友的动作。当唱到"碰哪里"时，听老师的口令，如小鸭碰小鸭，拿小鸭纸偶的互相碰一碰。以此类推，游戏重复几次。

规则：

找错的学前儿童停做游戏一次。

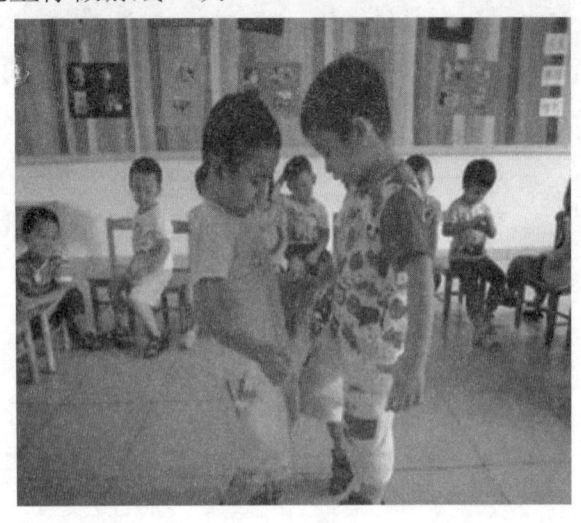

游戏八：十个小矮人

目标：

1. 能唱清歌词,掌握4/4拍音乐节奏的特点。
2. 在学会歌曲的基础上,能够随音乐做游戏。

准备：

一个"领头小矮人"的头饰,每位幼儿一顶"小矮人"的帽子,音乐磁带。

玩法：

1. 通过提问,导入课题。

教师：小朋友们都听过《白雪公主和七个小矮人》的故事,那你们喜不喜欢故事当中的小矮人呀?为什么喜欢小矮人呢?(学前儿童回答：可爱、善良……)今天老师就教小朋友一首关于小矮人的歌曲,歌曲的名字叫作《十个小矮人》。

2. 学唱歌曲。

(1)教师范唱歌曲《十个小矮人》。

(2)学前儿童学习边打节奏边说歌词。

(3)教师将歌词加入到歌曲旋律中,领着全体学前儿童学唱这首歌。

3. 游戏："拍矮人"。

游戏规则：全体学前儿童站成一个大圆圈,请一名学前儿童扮作领头的小矮人,领头的小矮人跟随音乐节奏拍其他学前儿童,被拍到的幼儿即是"小矮人",被拍的小矮人要跟随第一位领头的小矮人做相同的动作,走内圈。就这样,领头的小矮人一个一个地拍下去,内圈的小矮人越来越多,小矮人们逐渐围成一个圆圈,没被拍到的小朋友在外圈随音乐节奏拍手,直到所有的小朋友都被拍到,游戏结束。

游戏九：听音找朋友

目标：

能够辨听并根据音的数量,找到相应数量的朋友。

准备：

铃鼓一个。

玩法：

老师拍击铃鼓，若听到连续快速的声音，有几声就要和几个小朋友抱在一起。比如老师拍二下，小朋友赶紧两个两个抱在一起。若听到声音连续一样的时候，就要放开手，自己走自己的，不要走出圆圈就可以。若有人找不到朋友，或者找错朋友，那么就要给大家表演一个节目。

建议：

刚开始时老师拍击的铃声数量少些，根据学前儿童的掌握情况增加拍击铃声，但不要拍得太多。

游戏十：拍蚊子

目标：

1. 培养认真倾听的习惯。
2. 发展敏捷的反应能力。

准备：

钢琴。

玩法：

老师弹钢琴（连续弹一个和弦声）作为蚊子发出的声音，也就表示有蚊子出现了。小朋友仔细听，当声音消失的第一时间，老师迅速说出一个方位，如头顶，则小朋友立即用手在头顶合掌，表示拍蚊子。谁没有打到蚊子（也就是在音乐声停的那一刻，没有拍手），就要给大家表演一个节目。

建议:游戏反复进行两次左右,可以请孩子来说方位。

如何与孩子相处

如何和孩子相处,如何在孩子面前建立威信并让他们朝好的方向发展,这些是教师和家长始终在思考的问题,下面简要介绍几个法则,供家长和老师参考。

1. **鱼缸法则——心灵的成长需要自由**

一家公司的鱼缸里放着几条小鱼,好几年后这几条鱼还是那么小,于是人们认为,这鱼就是这种小个头品种的鱼。有一天,鱼缸被打破了,因为一时找不到鱼缸,就把这几条鱼养在院子的池塘里。没想到这些小鱼竟然疯了似的长得很大。鱼需要自由的成长空间,人更是如此。我们常常帮孩子作出选择和回答,选择学校,选择衣服,选择玩具,回答是或不是,回答同意或不同意,等等,因此,孩子没有选择,没有思考,没有创新思维,也不会有太多尝试,你可以让他学到很多知识,你却无法让他举一反三,也无法让他有更好的想象力。

2. **罗森塔尔效应——对孩子进行积极期望**

罗森塔尔是20世纪美国的心理学家,皮格马翁是古希腊神话的主角。这个效应,指的是一个积极的期望带来积极的结果的效应。在皮格马翁神话里,他是塞浦路斯的国王,也是位雕像家。他爱上了自己的一尊美女雕像,他期待她能接受她的爱。他执着的爱感动了爱神,雕像活了,成了国王的妻子,于是有了今天的塞浦路斯人。神话终归博人一笑,而罗森塔尔的试验,却得出了这个效应。他对两组随意组合的学生分别给予积极和消极的评价,后来,果真就是那样的积极或消极的结果。积极的期望,其实就是一种外界的支持。在人的心目中,家人、

朋友是这种支持力量的核心,家人、朋友的期望支持也更有塑造力。在你挫折的时候,无论是孩子,还是我们成人,对这种力量都非常期待。反过来,缺少这种积极的期望与支持,他就变得消极,或者在挫折后一蹶不振。

3. 强化定律——培养好习惯

人的习惯是被培养的,无论是有意识的,还是无意识的。而事实证明,一个好的习惯,会让人走向成功,或者拥有好的心态。有一个鲸鱼实验:科学家在水里放一堵玻璃墙,将鲸鱼和食物各放在一边。一开始,鲸鱼猛烈地撞击着玻璃墙,后来它终于发现,那是不可能的,一段时间后,它不再撞击了。后来科学家把玻璃墙拆了,然而,鲸鱼还如有玻璃墙时一样,只在自己那边活动。人的行为正如这个故事一样,在一段时间或一些重复的经历后,就被固定起来,形成了习惯。研究表明,21天就可以让孩子形成一种习惯,而改变一个习惯,却要花费更多时间。所以,我们要注重孩子的细节,注重引导。一个好的习惯,就是一笔财富,它会使人享受一生。

4. 梦想法则——孩子的成长需要梦想

比尔老师在课堂上布置了一篇关于未来理想的作文。罗伯特同学描绘了一个200亩牧场,以及在这个牧场里纵马奔驰的情况,并为自己的设想画了一幅牧场图。比尔老师给了他一个差价。罗伯特满怀希望,却没有得到好的评价,他去问老师。老师的回答是罗伯特的设想太不切合实际,因为罗伯特的父亲只是一位驯马师。老师表示如果罗伯特重做一份作业,就可以给他好成绩。罗伯特思考再三,并没有那么做。多年来,这个作业成了激励他的动力,后来他果真拥有了200亩的牧场。当年的比尔老师来参观罗伯特的牧场的时候,泪流满面,因为他这才意识到自己当年差一点就毁了一个孩子的梦想。

在一个关于"你长大了想做什么"的调查中,92.7%的学生的选择是读一个好大学,找一份好工作;仅有7.3%的学生的选择是周游世界、到外星球工作等。那么大部分学生的想象力到哪里去了呢?

在一个实验中,主持人在黑板上用粉笔画了一个圆,并问这个圈代表的是什么意思。对于这个问题,机关干部没有作出回答,而是望向在场的上级,局长说"没有经过研究,不能随便回答这个问题";大学生表示拒绝回答这个傻子就知道的问题;一名成绩拔尖的中学生的回答是"零",一个成绩一般、性格调皮的中学生的回答是"英文字母O";最后当小学生回答这个问题的时候,孩子们争先恐后回答:"这个圈代表的是月亮、是乒乓球、是烧饼、是李谷一老师唱歌时的嘴、是老师发怒时的眼睛。"这个实验的题目被命名为"人的想象力是怎么样丧失的"。

5. 尊重法则——心灵的成长需要尊重

鲁迅先生说过:对孩子"小的时候不把他当人,大了以后,也做不了人"。孩子都是有自尊心的,相信自己不比别人差。"棍棒出孝子"这种观念,在很多家长心中占有重要地位。然而,这种观念带来的是什么呢?面对家长,孩子小的时候只能是哭泣,大一点的时候保持沉默不语,长大以后是倔强的姿态。

自尊是人生要学的第一个原则。在一个老师的课堂里,老师拿出一本著名漫画家的书,告诉孩子们这本书里的故事,也叫孩子们自己讲一个故事,并让他们画出来。虽然孩子们讲的故事很不成故事,画得也不太成样,老师还是很认真地记下来,并将记下的故事跟画装在一起。他告诉大家,这是你们写的第一本书,现在你们小,以后长大了,就能写出好的书来,也会成为伟大的人物。要让孩子真正长大成人,就应该让孩子从小就"站着",而不是"趴着"去仰视那些大人物。这种对等的方式,可以让孩子有一个自信和健全的人格。

研究表明,与9个月到3岁的幼儿多交谈,他长大以后会更聪明。子女与父母之间关系平等,相互尊重,且保持沟通交流的家庭,孩子的智商明显比别的孩子高出许多。比如,当孩子迟到时,妈妈了解到,原来孩子是为了去河边看日出而迟到的。这时妈妈告诉孩子"日出很美丽,孩子你真的很棒",同时告诉孩子"日出虽然美丽,但时间也很宝贵,所以要珍惜时间和学习的机会"并送给他一块表。从此,孩子就会在头脑中有了时间的概念。尊重孩子,把他看作一个独立的人,尊重他的隐私,尊重他的选择,尊重他的朋友,常跟他交流,多加尊重,合理引导,他就会得到更好的成长。

6. 延迟满足主义——从小培养孩子的耐心

人有无耐心,表现出两个方向。一个是想要什么就要什么,另一个是能够等到自己需要的东西到来。这中间的区别就在于,一个不等,一个可以等。这个等,就是耐心。克制是可以培养的,克制的培养可能对于一个人来说是很难做得到,可以尝试多人配合去实现培养克制的目标。有一个"三分钟游戏"讲的是孩子不喜欢读书,只喜欢玩游戏、看电视。对此爸爸找来一个仿古的沙漏,而孩子非常想玩这个沙漏。爸爸跟他约定:这个漏斗是古时的计时器,沙子漏完正好是三分钟,咱们一起看故事书,三分钟一到,你就去玩吧。开始几次,孩子根本没看书,而是盯着沙漏看,等沙子漏完就去玩了;但爸爸并不气馁,多次之后,孩子慢慢地把视线转到书上来。再后来,孩子被书中的内容吸引了,要求延长看书时间,但爸爸坚持只看三分钟。不久之后,孩子就能主动看书去了。这个游戏正是适合孩子的注意力特点,培养了孩子的克制能力,使孩子就能做到在一定时间内专注于一件事物。

 好书推荐

1. 《犹太家教智慧》
　　　　——赛妮亚

本书是犹太民族文化秘密的宝库,讲述了犹太民族视教育如敬神,将教师的地位置于仅次于上帝的社会现实。本书蕴含了犹太智慧中对人类灵魂秘密的充满激情的探索,表现了犹太民族对知识的真正尊重。

2. 《健康·智慧 从零岁开始》
　　　　——[德]耶特纳·哈特曼著　宋玲、霍颖楠译

本书讲述了很多适合于0～10岁儿童的益智游戏。本书提供了大量简洁、实用的游戏建议,这些建议中包含着体操和运动的游戏等,例如,在"自然和客观世界"一章中提供了众多鼓励儿童利用日常生活物品进行游戏的技巧;"美术"一章中则涉及了艺术教育领域内的最新状态;"儿童聚会"一章有针对不同年龄阶段儿童的活动建议。这些建议也给父母带来了勇气,让他们和其他孩子的父母们建立联系,从而共同促进孩子的发展。

第九章　幼儿园教育与外界的合作

　　教师不仅要成为一个教导者,而且还要成为学生的朋友,和他们一起克服困难,一起感受欢乐和忧愁。

——苏霍姆林斯基

学前教育是多渠道、多层次、多样化的,各种环境以及人与物的生态因子不断地与学前儿童相互作用。亲友、托幼机构、游戏伙伴、社区、大众媒体、少年宫、革命纪念馆、动物园、公共娱乐设施以及那些为成人服务的图书馆、博物馆、展览会等都能对学前儿童产生一定的影响,都会有意无意地成为积极或消极的教育信息来源。因此,我们既要树立大教育观,又要紧紧依靠对学前儿童发展影响较大的小系统。因为,小系统最直接、最密切、经常地与学前儿童发生交互作用,而中间系统、外系统和大系统的许多影响则往往透过小系统的筛选和传递才能进入学前儿童的注意领域。我们应当使家庭、托幼机构和社区这三个对学前儿童最重要的微观环境通力合作,利用当时、当地的一切有利资源,把握教育的物质流、能量流、信息流的纵向、横向渠道,为学前儿童建构一个更加健康、和谐、开放的教育生态环境。

第一节 幼儿园教育与家庭教育的合作

一、家庭与家庭教育

家庭是学前儿童生活、活动的重要场所,为学前儿童提供了生存的物质基础和发展的基本条件;家庭是学前儿童的第一所学校,父母是学前儿童的首任教师,学前儿童就是从家庭这个生他养他的摇篮开始踏上人生旅程的。在人的一生中,没有哪个阶段像幼儿阶段那样依赖于家庭,学前儿童有一半以上的时间待在家里,与家人建立了极其亲密的关系。家庭是社会的基本细胞,是社会影响学前儿童的中介。因此,家庭对学前儿童和学前儿童教育都有深刻的影响。

家庭教育一般是指父母或其他年长者,在家庭这个社会组织里,自觉地、有意识地对子女进行的教育。由于父母与子女之间的特殊关系,家庭教育又是贯穿于日常生活之中的、显性和隐性相结合的、有计划和无计划相结合的双向相互影响的共同成长的过程。

二、家庭教育与学前儿童及学前儿童教育的关系

（一）家庭教育决定学前儿童的生理基础

学前儿童的先天生理素质在很大程度上取决于父母的身体健康状况，取决于父母是否注意胎教、优生。父母如果身体健康，能选择良好的受孕时机，科学地进行胎教，并保证母亲安全顺利地分娩，孩子的先天生理条件就较好，这就可能为孩子今后接受教育打下较好的基础。否则，生理条件就会限制学前儿童接受教育或者导致教育效果不明显。

（二）家庭教育是学前儿童性格雏形形成的关键

首先，家庭物质环境决定学前儿童的生活和学习条件。学前儿童生存和发展都要求有一定的财力和物力作基础。学前儿童吃、穿、用、住、行、玩、学的所有物品的多与少、贵与贱，均取决于家庭的物质条件。对贫穷家庭而言，学前儿童只能满足于吃饱穿暖的最低生活水准，而对富裕的家庭而言，学前儿童可以享受舒适的生活和具备进入良好教育机构、接受优良教育的条件。

其次，家庭精神环境也影响学前儿童的身心健康。家庭人际关系是影响学前儿童身心健康的一个重要因素。如果家庭成员之间互敬互爱，和睦相处，学前儿童一般情绪比较稳定，对家庭具有安全感，对父母易产生信任感，易形成活泼开朗的性格。反之，学前儿童容易对家庭和父母失去信任，产生自卑心理或攻击性人格。家庭人际关系对学前儿童的社会化也有影响，有调查表明，在联合式的大家庭中，由于人际关系复杂，学前儿童心理一般趋向早熟，善于社会交往。

（三）家庭教育是学前儿童身心健康发展的保证

家庭是学前儿童感知外界的第一驿站。学前儿童生下之后，父母的照料、呼

喊和逗弄,最早开启了学前儿童的童智和童心,为学前儿童将来成才打下了最初的基础。据调查,许多超常儿童在家里接受过良好的早期教育。他们的父母及时发现了他们的优良天赋,并给予及时科学的引导,才使他们具有某些突出的才能。现代家庭越来越重视学前儿童教育,科学育儿的意识和能力也有所增强,这使得学前儿童家庭教育成为学前儿童社会教育的良好基础和补充。

值得注意的是,家庭教养社会化对学前儿童教育也有相应的影响。人类学家发现,随着社会的发展,家庭的部分职能逐渐丧失或弱化,而社会逐步接替了家庭的部分职责。如家庭的生产职能、司法职能、生育职能、赡养职能、文化娱乐职能等,都出现了社会化的趋势。随着家庭职能的相对简化,家庭职能中的教养职能也出现了社会化的趋势。学前儿童教育逐渐由家庭转移到社会,并使学前儿童接受社会教育的年限一再提前。学前儿童教育,原来主要指3~6岁儿童的教育,现在学前儿童教育受教的范围则已提前到了0岁的初生儿,甚至包括孕儿。欧洲的一些国家,如瑞典,妇女一旦怀孕,社会就要进行医务检查和孕期指导。家庭教养社会化,一方面,节省了家庭的人力、财力、时间等方面的开支,提高了家庭生活的质量和效率,使学前儿童的父母从家庭繁重的教养任务中解脱出来,可以追求自身全面自由的发展;另一方面,又促进学前儿童社会教育的发展,对学前儿童社会教育提出了更高的要求。

(四) 家庭教育是整个教育工程的基础和起点

婴幼儿时期家庭教育对学前儿童发展起着主导作用。从新生儿呱呱坠地成为独立的生命个体的那一刻起,就接受到父母直接的照顾、抚养,学会吃奶、如厕,学会说话、走路和四处奔跑,学会认识周围的环境,学会游戏。在家庭中启动了无数个"第一次",经历着重要的"关键期",这些都给学前儿童留下了难以磨灭的记忆。

(五) 家庭教育是全方位教育,是学前儿童认识世界、进入社会的通道和桥梁

马克思曾指出:"人的全面发展就是全面地发展自己的一切能力。"所谓"一切能力"的发展,就是促进学前儿童的德、智、体、美全面地、充分地、自由地发展,是全方位的教育。家庭教育着眼于儿童,婴儿降生后,对现存的社会生活一无所知,他们对世界的认识是从对父母的认识开始的。在人生最初的三五年内,父母保证了婴幼儿的基本生活需要,向婴幼儿传递了一定的社会文化规范和生活经验,帮助婴幼儿学习语言,使婴幼儿学会了与人交往的基本方式,并逐步学习和

掌握了生活起居的社会行为准则。家庭承担着儿童从生物人发展为社会人的启蒙工作,指导儿童学习、吸收有益的社会规范等。在儿童还不能自己判断事物或作出选择时,父母的判断就是他们最初的参照标准。孩子总是通过父母的言行来认识和评价周围世界的,社会信息往往通过家庭的折射进入婴幼儿的心灵。

总之,家庭与学前儿童、学前儿童教育密切相关,家庭变化使学前儿童的身心素质发生变化,也促使学前儿童社会教育不断进步。当然,学前儿童社会教育也能为家庭的稳定和发展作出积极贡献。学前儿童社会教育解决了父母的后顾之忧,使父母能有充裕的时间和精力安心地工作,并获得个性的全面发展。学前儿童教育社会化也有利于家庭核心化、小型化和家庭职能的简化。学前儿童社会教育的发展与家庭变迁相互制约,相互联系,两者之间是双向互动的关系。幼儿园与家庭的合作,既有利于学前儿童的成长和发展,也有利于幼儿园的教育工作,同时,对于学前儿童的家庭与家庭教育也有积极的意义。

三、学前儿童教育与家庭教育的合作

(一) 养成良好的习惯是幼儿园与家庭教育应该达成的合作共识

俗话说"三岁看大,七岁看老",一个人的品质和性格在学前儿童时期就已经形成了,长大后很难再改变。所以培养孩子要从学前儿童抓起,等到以后再去管教孩子,家长再费心费力,也不一定会有显著的效果。而在学前儿童心智尚未成熟之际,培养孩子做人做事,养成良好的习惯,通过习惯的培养,将行为内化为孩子的品质,会取得事半功倍的效果。孔子说:"少成若天性,习惯如自然。"意思就是小时候形成的良好行为习惯和天生的一样牢固。儿童大脑功能的可塑性比较大,不但容易接受新事物,而且容易形成习惯。据日本心理学家调查,学习习惯在儿童处于小学低年级时就定型,如果以后不给予特别的教育,形成的习惯很难有多大改进。因此,依托幼儿园教育的同时,家庭教育中爸爸妈妈应该从小关注孩子良好习惯的养成,这是幼儿园与家庭教育合作的首要方面。

（二）统一的教育方式是幼儿园与家庭教育应该达成的合作共识

1. 创造良好的氛围，避免语言暴力

在家庭或幼托机构营造和谐安宁的环境，家长和幼儿教师要以平和的态度和耐心引导孩子明白事情的本质，培养孩子提出问题和解决问题的能力。孩子的情绪很大程度上会受到成人的影响，家长与幼儿教师的平和态度和耐心会让孩子在愉快的氛围中成长，也可以让孩子更多地享受做事情的过程。家中或幼儿园可以试着种植一些绿色植物，让孩子慢慢地等待植物长大成熟，从而享受照顾和打理植物的那份成就感。

学前儿童教育者包括孩子的家长应时刻避免语言暴力，和孩子好好说话，孩子不是家长的附属品，责骂、惩罚只能让孩子心存排斥，充满愤怒。好好说话，平等对话，是每个孩子内在的渴望。用心去读懂孩子，走进孩子的心里，让孩子因为你的"看见"而对爱充满信任，对学习充满热情，对生活充满憧憬。好好说话，不再单纯是一项技能，更是爱的一种体现。家长不能简单地认为"我以为"就行，不能只认为"都是为了你好"，还必须有"好好说话"的素质、"好好说话"的艺术，这才是真正的对孩子的爱。

2. 不欺骗孩子，不过度表扬

让孩子理解事情的原因，是更好的教育方式，而不是为了躲避麻烦而欺骗孩子。比如很多家长在孩子哭的时候，会用各种谎话或者借口来应付了事，例如，说"别哭了，一会儿带你出去玩""你不哭，以后就给你买玩具"等等，这样的教育不利于孩子身心的健康成长。

过度的表扬会让孩子没有能力接受失败，没有勇气去探索他们不确定能得到表扬的事情。家长可以在他们做了某些事情后，告诉他们这么做对他人的影响。比如孩子帮你拿了个杯子，你可以对他说"谢谢宝贝，你的帮助让爸爸(妈妈)得到休息"之类的话。在中国的传统教育中往往以批评教育为主，很少有夸奖教育，夸奖教育也是有一定的技巧在里面，不意味着可以泛滥夸奖，过于盲目的夸奖也会带来负面影响，给孩子造成困惑。

3. 少些责备，多些鼓励

如果能对孩子的优点给予很好的鼓励和赞许，缺点就会自然消失。孩子做错事的时候，责备并不是教育，而是一种当众剥夺孩子自尊的行为。很多人说"一个小孩子有什么面子可讲"？但对于那个小孩子来说，当众被责怪，被嘲笑，都是对他幼小自尊心的一次次打击。而面对这种打击，大多数孩子会选择退缩，而不是主动去面对并克服错误和困难，长此以往，就会形成消极的性格和看

待问题的态度。

积极与消极的人生态度最早取决于家长对孩子的引导和教育。人是否会勇敢前行,不在于他们是否会遭遇困难,而在于他们对待困难的态度。对于小孩子来说,这个态度往往不是他自己能顿悟的,而是父母通过言语、行为上的表现来引导的。孩子平时被责备多了,尤其是来自他一心仰仗的父母的责备,那么他看问题的角度自然会变得消极。一个消极的初中生,如果打篮球时总是投不进,他可能会下意识地跟自己说"我可能不是打篮球的料";一个消极的女孩,如果跟其他孩子交朋友遭到拒绝,她可能会下意识地想"我长得太丑了,所以他们不愿意跟我玩";一个消极的学生,如果在课堂举手没被老师点名,他可能会下意识地想"老师不喜欢我";一个消极的班干部,如果没被选为三好学生,他可能会下意识地认为有人在拉票。这就是可怕的地方,因为消极的思维和态度,会让孩子鲜活的内心蒙上一层尘埃,他们看待自己和身边的事物都是灰暗和消极的,以至于经常错失那些本已马上到手的机会。而相反,如果把责备换一种说法,变成一种积极的安慰,就真的能获得孩子发自内心的笑声。

不要盯着孩子的缺点不放,要善于发现孩子的优点、长处,对他们小小的进步给以肯定和赞扬。有时候,家长越是努力想去纠正孩子的缺点,就越有可能适得其反,缺点会越固执地留在孩子身上。与其这样,不如把现在的孩子当作最好,肯定他的优点,表扬他的长处,孩子会自然地变得优秀起来。

4. 不比较,不苛求

家长不要总拿自己的孩子和别的孩子作比较,自家的孩子只要按照自己的个性发展就非常令人满意了。每个孩子都有属于自己的个性,家长要相信,只要孩子能发展自己的特长,在自己专长的领域具有一技之长,就可以成长为某领域的佼佼者。

不要认为孩子现在的表现已经定型。现在的表现,只是他们成长过程中的一个环节,他会不断地成长。有的家长给孩子设定了极高的标准,从一开始就要求孩子做到十全十美。对于孩子来说,很多事情都是人生的头一回,可能会做得不好,而在这么多做不好的可能中,孩子漂亮地完成了一件事,是多么的了不起,家长一定要进行表扬。这样,家长也不会太在意孩子那些做不好的事情了。

(三) 孩子相关能力的培养是幼儿园与家庭教育应该达成的合作共识

1. 培养孩子解决问题的能力

孩子长大的过程中,免不了会遇到各种问题。作为家长这时不要急着插手,

可以先问孩子七个问题,听听他们有什么想法。而往往不用问孩子太多的问题,家长就已经很清楚孩子的困惑了,并能帮助孩子解决掉困惑。家长询问孩子的七个问题如下所示。

(1)发生什么事情了?这个问题看起来不起眼,但是非常重要。许多成人碰到突发状况时,都会习惯性地下判断:"一定是你先打他,他才会打你。""一定是你做错事,老师才会处罚你。"如果我们不让孩子从他的角度说说事情的经过,很可能冤枉孩子。况且,让孩子有机会说话,即使真的是他的错,他也会因为有机会为自己辩解而比较甘心认错。

(2)你的感觉如何?事情经过是客观事实,当事人心里受到的冲击纯粹是主观的感受,无所谓是非对错。很多时候,我们只是需要把自己的感受说出来而已。一旦说出来,哭一哭,骂一骂,心情就会好多了。脑科学研究表明,当一个人情绪激动的时候,外在刺激不容易被脑部吸收。也就是说,当一个人还有情绪的时候,别人说什么他都会听不进去。总要等到他情绪平静下来,才可能冷静思考。所以,如果我们希望孩子能够听得进去我们的意见,我们就需要先同情他的感情,让他的情绪有个出口。孩子冷静之后,可以进一步问他下面的问题。

(3)你想要怎样?这时不管孩子说出什么惊人之语,先不要急着教训他,而是冷静地接着问他。

(4)那你觉得有些什么办法?在这个阶段,不妨跟孩子一起做脑力角逐,想各种点子,合理的、不合理的、荒唐的、可笑的、幼稚的等等。脑力角逐的重点就是允许任何看似荒诞不经的想法。这时候不论听到什么,都暂时不要作批评或判断。等到再也想不出任何点子的时候,就可以接着问他。

(5)这些方法的后果会怎样?让孩子自己一一检视,每个方法的后果会是什么,你可能会很讶异地发现,大部分的孩子都明白事情的后果。如果他的认知有差距,这时候就可以跟他好好讨论,让他明白现实真相。这是一个很好的亲子沟通机会,但是,要避免说教,只要陈述事实就可以了。然后再进一步问他。

(6)你决定怎么做?孩子一定会选择对自己最有利的状况,如果他了解后果,通常会作出最合理、最明智的选择。即使他的抉择不是成人期望的结果,也要尊重孩子的决定。成人一定要言而有信,不能先问他怎么决定,然后又告诉他不可以这么决定。这样子,他以后再也不敢信任你了。何况,就算他选择错误,他从这个错误中也可以学习到更珍贵难忘的教训。等事情过去之后,家长可以问他最后的一个问题。

(7)结果怎样?有没有如你所料?这最后一个问题就是让孩子有机会检视自己的判断。如此练习几次,孩子就会有自己解决问题的能力了。

2. 培养孩子应付恐惧的能力

不要因为孩子害怕而对他进行惩罚或嘲笑,例如,骂他是"胆小鬼"或者说"大孩子是不哭的"这类的话,这些都是收效不佳的做法。告诉一个害怕房间墙上有树干阴影的孩子说"没有什么好怕的,回去睡觉吧",是一种不尊重他的做法。这样做,你等于是告诉孩子别相信他所看见的东西。可是,影子确实在那儿,父母必须承认它们可能吓人。孩子如果知道你认为他们所恐惧的事物是真的,他们就会更加愿意相信你的安慰。

不可强迫孩子否认或隐瞒恐惧。儿童(尤其是那些5~8岁的儿童)不论担心什么,往往都说他们不怕。精神治疗师说,否认是儿童应付恐惧的办法。父母如果这样说可能会对孩子克服恐惧有帮助:许多像你这个年龄的孩子都会害怕,或这种感觉没有什么不对。和孩子一起谈论,可以使他能在无须感到羞愧的情形下解决掉他的恐惧,并可使他相信恐惧会逐渐减少直至最终消失。父母有许多方法可帮助孩子克服恐惧,且往往只要给孩子灌输知识就能收效。某妈妈6岁的女儿见到蜜蜂而惊慌时,她便向孩子解释蜜蜂如何勤劳工作,帮助水果和花朵生长,如果人们不去理它,蜜蜂就会忙于工作而不来骚扰了。另一位妈妈帮助孩子克服对雷声的恐惧,她说:"我的孩子年龄太小,不了解气团互撞而造成雷声的道理,但我教他数一数闪电和雷声相隔有几秒钟,于是他就知道雷声是多么遥远而不必感到害怕了。"显然,除非孩子达到足以对逻辑推理作出反应的年龄,否则就不能驱散恐惧。不过,任何年龄的儿童即使还不能完全明白合理的解释,但有这样的解释便会觉得安全很多。父亲或母亲如果信心十足地应付孩子的疑虑,则可树立积极性的榜样。一位妈妈谈起有一次随她的儿子那一班的学生到动物园参观的情形说:"在蛇类馆参观时,服务员问有谁想触摸一条无毒的蛇。我本来是非常怕蛇的,但看见儿子畏缩不前,于是便强迫自己镇定下来,去抚摸了那条蛇。结果儿子露出得意的笑容,也照着做了。"父母也可帮助孩子对可能发生的困扰事情做好心理准备。比如,你的孩子过分担心进学校念书,那就不妨在开学之前带他去学校参观,使他熟悉新的环境。如果他怕迷路,跟他一起去学校几次,直到他确信能认得路线为止。要是孩子必须接受外科手术,你应该尽可能带他去医院走一趟,让他见见医生和护士,接触一下听诊器和血压计等。

从孩子的观点而非成人的观点来看他的恐惧。鬼或妖怪往往是儿童不能控制恐惧的来源,告诉孩子根本没有这种东西是于事无补的。因为在孩子看来,这种东西都非常真实。你可以在壁橱内张望一下,"证明"那儿没有鬼怪,可是孩子依旧会说你一走开鬼或妖怪就会出来。

提防恐惧的化身。孩子看来像是倔强不听话,其实可能是因恐惧所致。父母有时会因孩子不肯洗澡而愤怒,他们所不了解的是,孩子事实上可能是害怕自己会随着洗澡水一起从浴盆的排水管中冲走。不过,有些儿童会假装惊恐,以便换取父母让他们留在家里,睡在原来的床上,或只是想获得父母更多的注意。关心过度和关心不足只是一念之差,对儿童的恐惧不予理会或不予关注,都会有增加儿童惊惧的危险。有一个解决办法是,在小孩不害怕时,用积极的方式来对他表示关怀。

帮助孩子对足以影响他一生的任何重大变化做好准备。在受到重大压力和面临重大变化时,孩子的恐惧心理往往会达到顶点。父母最好的帮助,是与孩子合作应付新的形势。以重视的态度来处理孩子对变化的恐惧,使孩子觉得他的忧虑是正当的。

留意孩子情绪紧张的迹象。孩子的恐惧是否和他的年龄不相称?恐惧持续了很长时间吗?他是否又退回到了以前已经摆脱的恐惧之中?他是否因恐惧而什么事都不想做(不愿意去睡觉,不肯上学,不让父母离开左右)?如果真是这样,他可能需要接受专业治疗,找一位对处理儿童问题富有经验的精神治疗专家,会同小儿科医生进行检查和治疗。今日的儿童面对许多引起恐惧的事情,例如,电视上充斥着暴力节目、很小就要常与工作的母亲分开等等,这些都是他们幼小的心灵所不能应付的。所以为人父母者必须负起责任,使子女获得顺利应付恐惧所需的基本技巧。最重要的是培养孩子具有坚强的自尊心。这包括帮助孩子养成信赖别人和自信的心理,同时觉得自己有办法控制发生在他们身上的事情。人生总是充满可怕的挑战,而许多家庭都在设法将这些挑战一一克服。我们必须以身作则来教导子女,使他们相信自己也能克服这些挑战。

(四)用孩子的角度看世界是幼儿园与家庭教育应该达成的合作共识

用孩子的角度看世界,一切都会很美好。一朵小花、一只蚂蚁都可以让孩子惊呼不已。学着像孩子一样"活在当下",尝试带着一颗尊重、理解、包容和珍惜的心去感受孩子的世界。下面是成人与孩子的角度对比,有助于家长和学前教师理解孩子的世界。

★被爸爸高举过头顶★

妈妈:看着好危险的样子,千万别摔着。

孩子:哇哈,我会飞啦!

★排队★

父母:哪儿都不许去,我马上回来。

孩子:我必须坚守岗位,等待司令回来。

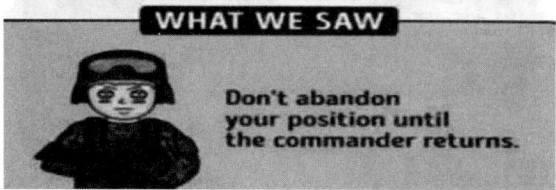

★角色扮演★

父母:玩玩偶。

孩子:我们是罗密欧与朱丽叶。

★在外边玩★

父母:嗯!玩飞机模型就行了!

孩子:注意!注意!后方有敌机。

★踩石板★

父母:这孩子总是不好好走路。

孩子:不可以被熔岩没过我的脚,赶紧逃吧!

★修自行车★

父母:拿工具修车。

孩子:凭我的魔法就能修好自行车。

★进入一间漆黑的房子★

父母:这不过是一间空房间。

孩子:这里面一定住着怪兽。

★玩躲猫猫★

爸妈眼中的孩子:躲躲藏藏。

孩子眼中的自己:紧急报告!目标已出现,正在向西移动!

★赛跑★

父母:和小伙伴在追逐打闹。

孩子:奥林匹克冠军诞生了。

★为妈妈画画像★

妈妈：哦，原来我是长得这样。

孩子：妈妈，这幅画长得跟你一模一样，你是被感动到哭了吗？

（五）学会疏导孩子的情绪是幼儿园与家庭教育应该达成的合作共识

现实社会中两种父母亲，一种叫作 Emotional Dismissing Parents，即情感疏离型父母；一种叫作 Emotional Coaching Parents，即情感教导型父母。前一种父母亲很会压抑孩子的情绪，后一种父母亲很懂得帮助孩子去抒发，并且帮他调节情绪，建立情感智慧。我们可以从后者身上学到很多帮助我们所关心的人发展情感智慧的方法。情感疏离型父母是属于情感智慧比较低的父母，他们是很粗心的。例如，孩子心爱的狗死了，他就会很切实际地说："狗死了，换一条就好了！哭什么？"殊不知，他失去了那个最好的、可以帮助孩子发展情感智慧的机会。孩子就学会漠视情绪、压抑情绪。但是，那些心细、情感智慧高的情感教导型父母，就是那种能够当孩子情感教练的父母，会帮助孩子用情感词汇来标明心里的感受，帮助孩子疏导情绪。他会告诉孩子说："狗死了，你好伤心，是不是？""伤心"是一个情感字眼。"你是不是觉得寂寞？""寂寞"又是一个情感词汇。"是不是觉得好像失去一个最好的朋友？"这次用语言的图像来帮孩子梳理情绪。再加上肢体语言，把手放在孩子的身上说："爸爸知道你好难过！爸爸以前失去我最爱的狗的时候，也有这样的感受。"你看，短短几句话，一面帮助孩子疏解情绪，一面帮助孩子认识情绪，让孩子知道，人有情绪是自然的，情绪是可以被了解、被疏导、被善用的。经过这种学习，孩子将来如果碰到痛苦与挫折时，就懂得自我抚慰、梳理情绪。长大以后，也因了解自我和别人内在的情感世界，比较容易与人建立好的关系。反之,当一个孩子在学校被欺负,哭着回家时,如果爸爸说:"全校那么多人,他为什么只欺负你一个,一定是你先惹他!"这时孩子的情绪得不到疏解,内心反而是伤上加伤。这样的孩子将来如果碰到挫折时,情绪很快就被引爆,容易伤人伤己,损害人际关系。情感教导型父母还懂得一个非常重要的道理,那就是,每个人可以拥有不同的感觉反应。他们不会在孩子喜欢绿色的时候说:"怎么这样笨,为什么不喜欢红色?"也不会因为自己喜欢吃米饭,就批评孩子喜欢吃面。每一个人都有权利拥有自己的感觉反应。心理健全、界限清楚的人不会说别人的感觉不对,强迫别人跟自己有一样的感觉。这件事为什么非常重要?因为感觉无好坏对错之分,如果我们企图给感觉加上是非、道德方面的论断,人际关系上就会出现很多问题。以下试举两个案例简要说明如何疏导学前儿童的情绪。

案例一:

一个孩子到外婆家去,不知道为什么哭着跑来告诉妈妈:"我好讨厌外婆!"有的妈妈会说:"不许这样说,没大没小的,你怎么可以讨厌外婆?"这位母亲的做法看起来好像是马上就消除了孩子的"不良"情绪反应,但我们细想一下,这位母亲真的成功地让孩子不再讨厌外婆了吗?还是适得其反,让孩子更加讨厌外婆了?如果妈妈说:"外婆很疼你呀,你怎么可以讨厌她呢?"那么这个妈妈还是不太懂得,情感反应本身并没有对错,而当她企图否定孩子的负面情绪反应,要在上面强加道德判断的时候,这个孩子的情感智慧发展,会受到一些限制。情感教导型父母懂得行为可以有好坏之分,思想也可以有是非之别,但每个人的感觉反应本身并没有对与错。这样的父母会先想办法了解,问孩子:"为什么会讨厌外婆呢?"孩子委屈地说:"外婆笑我长得像猴子,我好讨厌她!"情感智慧高的妈妈就把孩子抱在怀里,一面安慰他,一面告诉他:"难怪你会生气,让妈妈疼疼你。"

过了一会儿再说:"不过,外婆昨天还特地出去为你买你喜欢的玩具,她还是很疼你的,对不对?"孩子听了这话就点点头。所以,耐心疏导情绪,从根本上解决问题,才是智慧的做法。

案例二:

有一位非常棒的女士,还没有学习情感智慧之前,孩子一哭,她就马上与丈夫一起吼:"不许哭!"但是后来,学了情感智慧之后,她慢慢就懂得不要轻易去否定、压抑别人的情绪,因为情绪反应本身并没有对错,情绪是可以被疏导的。她学会说:"宝宝,为什么哭?是生气吗?"她用了"生气"这两个字眼,帮助一个还未能用情感字眼来标明、梳理情绪的孩子。她接着问:"为什么生气呢?"她用"选择题"来帮助还不懂得用言辞表达情绪感受的孩子。"是因为妈妈没有陪你吗?"孩子听了点点头。"生气是因为妈妈不给你吃甜点吗?"孩子听了又点点头。"是不是觉得委屈?"又是一个情感字眼在那里帮孩子标明情绪。"是不是要妈妈疼疼、抱抱?"孩子又点点头。妈妈就把他抱起来。这时孩子觉得被了解,被妈妈抱抱就很开心。当他的心理感觉被了解了以后,妈妈就得到了一个最好的机会,告诉宝宝说:"这个时候,还不能够吃甜点,妈妈是因为爱你的缘故,才要你吃饱饭以后再吃甜点,知道吗?"宝宝就点点头,乖乖听话了。被这样爱过,情绪得到疏解的孩子,就不会去跺脚、撞头去表达不满,长大以后自己也会成为情感智慧高的父母,也就是情感教导型父母。所以,我们一定要记得这个重要的观念:行为可以有好坏之分,思想也可以有是非之别,但每一个人的感觉反应本身,并没有对错。用是非或道德论断去否定别人的感觉,会造成心理距离,损坏最值得珍惜的亲密感。

(六)注意与学前儿童相处的方式是学前儿童教育与家庭教育应该达成的合作共识

1. 少开口训话

许多父母受到不少痛苦的教训后才明白,他们自以为是坦诚的沟通,其实往往正好封上了孩子的耳和嘴。父母常犯的错误是教训子女。冗长的说教通常从"我像你这么大的时候……"开始,很多孩子形容训话是"没完没了的片面讨论,我很少有插嘴的余地"。挨训时,孩子本能地关闭心灵。他们双眼变得呆滞无神,根本听不进什么话。

第九章　幼儿园教育与外界的合作

2. 避免说气话

为人父母对涉及孩子的凡事都要衡量下对孩子是否有益，因此没有哪个父母能够常常保持冷静。父母越是对某件事生气，就越可能说出一些说了会后悔的话。一位母亲眼看事情快不可收拾了，便对子女说："我真生气了，现在我什么也不想说。你们出去玩，等我气消了再找你们谈。"某爸爸是个电工，有4个孩子，每逢遇到可能引起冲突的局面，便提醒自己"别忘了你小时候是什么样子"，这样他便能冷静下来。对他来说，只要想到人在成长过程中，难免有冲动和愚蠢的行为，便能心平气和。另外一位母亲指出，我们跟成人相处时，不管我们心中多么气，总会设法克制自己，对孩子也应该这样。

3. 好好聆听孩子的话

好好聆听孩子的话，这句话的意思是，在孩子闭嘴以前，自己绝不开口。一位父亲说："要听完为止，不管孩子说什么，都要听完。如果孩子话还没说完你就发脾气，那就应该道歉。"孩子说完之后，用你自己的话把他说的重新说一遍，并问清楚他的意思是不是这样。要先弄清楚孩子所说的一切，才可提出意见或采取行动。例如，某父亲谈到对孩子的教育，他常提醒自己，孩子的看法与大人不同。生活上的小问题在小孩子眼中似乎会大些，所以我们应该多点耐心。他说："如果孩子失去他喜欢的一样东西，不管在大人看来是多么微不足道，对他们还是重要的，我们必须了解这一点。"

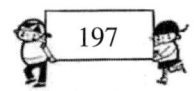

4. 选择适当的时间

什么时候说和如何跟孩子谈、怎么听孩子说,是同样重要的。作为家长应该知道,就寝前与用餐时和孩子谈话往往是效果最佳的时刻。有位母亲每晚都做的一件事,就是送孩子上床时问他:"你今天最得意的事是什么?最不得意的又是什么?"她说:"通过每天这个时间段和孩子的谈话,我了解了孩子很多的心理活动,加深了和孩子的沟通。"除了就寝前父母还可以在吃饭的时候和孩子进行谈话。例如,有个孩子告诉我们:"我家每星期至少有4次全家人一起吃晚饭。我们在吃饭的时候甚至把电话铃关上,就是为了能够让全家人能一起吃饭一起交谈。"有个家庭订了一套晚餐规矩,即在餐桌上不能打断任何人的谈话。这样一来,每个人就都有机会尽情抒发己见。另有一个家庭每几周就会在早餐时举行圆桌讨论,每人有5分钟的时间谈谈自己的见闻及感受。有一些父母还意外地发现了沟通的另一段黄金时间:一起做家务的时候。一个母亲说:"孩子还小的时候,我们发现他们在帮忙擦干碗盘时,会把心事和盘托出。我们家从不用洗碗机,因为我珍惜这段和孩子交流心声的时间。"

5. 以行动表达爱心

亲情是最温柔、最不必多费唇舌的沟通方式,感情融洽的家庭充满亲情。某家庭的两个孩子都是十几岁,家长从经验中懂得亲情可以化戾气为祥和,这个家庭的妈妈表示:"有些时候确实不适宜讲话,但我仍可借身体接触的方式来和孩子进行沟通。"亲情是一种无声的信号,不论有什么分歧与冲突,只要能伸手摸摸对方,最后总会打破僵局。某母亲知道她儿子不喜欢在公众场合流露真情,于是用无声的信号来表达她的关心。她说:"我儿子十一岁,打球时不喜欢我扯着嗓子喊'我好疼你',让整个棒球场的人都听到,所以他出场击球前,我在他肩上拧三下。别人不知道其中玄妙,可是他总是带着会心的微笑出场。"不要以为孩子都知道你爱他们,你要表露出来给他们看。你可以从最细微的地方、最容易的方式开始。这对全家所产生的效果会让你喜出望外。

6. 尊重孩子的意见

好多父母都知道不管孩子如何反对,有一些决定是不能改变的。不过,果断并不意味漠视孩子的意见。让孩子参与决定家庭大事有两个好处:其一,至少跟他们商量过,他们便会比较容易接受父母的决定;其二,他们也会把自己看作是家里受重视的成员。例如,大一点的孩子会很欣赏那种有大事要商议决定的家庭会议。孩子们认为,家人跟他商量,不单表示他有机会表达自己的意见。"我们越大,参与商议大事的次数就越多。即使结果不采纳我们的建议,我父母亲也总有兴趣听我们的想法,这大大加强了我的自尊心。"当然,理家与治家往往是父母单方面作决定。如果规定孩子必须做完家庭作业才可开电视机,讨论这个问题只会引起没有结果的辩论。不讨论某些问题不表示父母不肯坦诚沟通,而是父母够聪明,能判断应该在什么时候为了大家着想而不去讨论。跟孩子沟通不是一件易事,但以倾听、亲情就可以奠定家长与儿女之间相互了解的基础。

7. 让孩子做适当的家务

出于疼爱,很多父母不舍得让孩子干一点家务活。有的妈妈还认为,做家务是大人的事情,孩子好好读书就好了。可孩子不做家务专心学习,就会更优秀吗?哈佛大学一项研究表明,爱做家务的孩子跟不爱做家务的相比,就业率为15:1,收入比后者高20%,而且婚姻更幸福。中国教育科学研究院调查也表明,做家务比不做家务的孩子,成绩优秀的比例高了27倍。

还有很多实例证明,想要孩子成为精英,让他做家务是必不可少的。美国超级豪门洛克菲勒家族的家规中就有从小让孩子记账和做家务的规定。赵锡成(美国交通部长赵小兰的父亲)养出了5个非常优秀的女儿,原因之一是他让赵小兰从小就带着妹妹们做家务,帮家庭作支出规划。因为从小就帮家庭分担劳动,所以每个孩子都独立朴素,不骄不躁,长大后都成了各个领域的精英。其实,从孩子三岁开始,妈妈们就可以有意识地培养孩子做家务了。对照下面的家务年龄表,妈妈们可以更好地把握什么年龄的孩子该做哪些家务。

家务年龄表：

（上幼儿园前）3-4岁

幼儿园前是家长引入负责概念的好时机。爸爸妈妈可以像做游戏般引导孩子做简单的家务，多鼓励赞美孩子。

 · 丢垃圾

 · 收拾玩具

 · 开始锻炼独立刷牙

 · 学习叠衣服铺床

 · 学习摆桌子

 · 学习擦灰

 · 选择要穿的衣服

幼儿园（4-7岁）

幼儿园时孩子就可以做更多具体的任务了。爸妈做家务的过程中可以邀请孩子加入，这也是亲子互动的过程。

 · 准备第二天要穿的衣服

 · 饭前摆好碗筷

 · 饭后收拾餐桌

 · 按颜色把要洗的衣服分类

 · 给自己穿衣服

 · 在帮助下洗小手帕小内裤等

 · 收拾小书包

 · 将用完的毛巾、牙刷放整齐

 · 擦桌子

 · 学习清洗瓜果蔬菜

一年级（6-8岁）

当孩子一年级的时候，爸爸妈妈应当放手让孩子独立做更多事情。

 • 把要洗和要穿的衣服整理好

 • 整理书包

 • 自己整理穿戴

 • 独自准备好上学

 • 丢垃圾并学习垃圾分类

 • 每周打扫一次房间

 • 饭后收拾碗筷，并放入水槽

 • 摆桌子和椅子

二年级（7-9岁）

孩子二年级时，就可以在之前的家务基础上教孩子使用一些电器，当然最重要还是要提醒孩子安全使用。

 • 上学前整理好书包和穿戴

 • 学习使用电饭煲煮饭

 • 学习洗碗

 • 会用吸尘器吸尘

 • 会使用微波炉

 • 收拾自己的房间

 • 在妈妈帮助下做简单的早饭

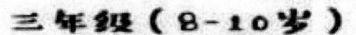

- 准备菜单
- 写采购清单
- 和爸妈一起做出行计划
- 会煮饭和做简单的菜
- 把衣服分类放进洗衣机清洗
- 叠衣服
- 把衣服放到衣柜里
- 保持自己的卧室整洁

如何引导和培养孩子做家务的好习惯呢？在很多欧美国家，让孩子从小参与到家务劳动中几乎是共识。精英教育从来都不是只局限在课内学习，家庭生活中的锻炼能带给孩子更多。看似简单的家务劳动，带给孩子的独立、自信、自强都是一生的财富。爸爸妈妈们应该学会让孩子去体验家务劳动，孩子进一步，大人退一步，这就叫成长。

尊重孩子，给予孩子选择权

如果孩子不喜欢做家务，不要生硬地强迫他。爸爸妈妈可以邀请孩子开个家庭会议，制定家务活分工清单，让孩子选择其中的一两项。

把任务具体化

一个模糊的指令，比如"把这收拾干净"，会让孩子困惑。把一个任务分拆成一个个具体的步骤，这样他才会确切的理解家长的要求。

④

保持耐心，多夸奖孩子

孩子一开始做家务很可能比较粗糙，但此时不应该太苛刻。给予孩子一些积极的鼓励会让他更有动力。而且鼓励不应只停留在"你真棒"，而是表扬孩子具体做了什么。

⑤

用积极的态度感染孩子

如果爸妈总当着孩子面抱怨家务活又脏又累，孩子肯定不愿意做家务活。多传递积极的情绪，潜移默化中就会影响孩子。尤其是爸爸，如果总是推脱偷懒，会带给孩子负面的影响。

第九章　幼儿园教育与外界的合作

给孩子一些新的挑战

重复做某件事，孩子会容易感到乏味。所以偶尔妈妈给孩子一些新的任务或者提出更新更高的要求，孩子反而会觉得新鲜，这也可以锻炼到孩子，让他不再畏惧挑战和失败。

在孩子面前适当地示弱

都说懒妈妈容易养出勤孩子。妈妈若能偶尔示示弱，向孩子求助："可以帮下妈妈吗？"，孩子反而会更有自信和责任感，主动帮妈妈分担。

第二节 幼儿园教育与社区教育的合作

社区是指聚居在一定地域范围内的人们所组成的社会生活共同体,既区域性社会,它是在一定地域内的人群从事经济、政治、科学、文化活动,并由此构成一定的生产关系与社会关系的小社会;是人们凭感官能感觉到的具体化了的社会。目前城市社区的范围,一般是指经过社区体制改革后作了规模调整的居民委员会辖区。

一、学前儿童教育与社区教育的关系

社区教育最早源于丹麦。1844 年,丹麦教育家科维隆在乡村建立了国民高等教育学校,但这是一种成人教育机构。现在,社区教育已成为一种国际性的教育形式,并逐步与传统的学校教育、集体教育相互结合,构成一体化的教育网络和形态。

社区学前儿童教育,即以社区为依托的学前儿童教育,是依托社区,服务社区,逐步建立起以社区为基础的、正规和非正规教育并举的现代化教育体系。社区是学前儿童园教育的背景,也是幼儿园宝贵的教育资源,社区学前儿童教育是幼儿园教育向社会的延伸,也可以称之为学前儿童教育的一种非正规形式。

城乡社区的发展,是学前儿童教育走向社区、发展社区学前儿童教育的基础和条件;也是促使社区学前儿童教育发展和学前儿童教育走向社区的推动因素之一。学前儿童教育具有很强的生活性和地方性,为方便学前儿童家长就地取材,就近入学,创造良好的社区环境,我国一直注意利用各种资源发展学前儿童教育。发展社区学前儿童教育,幼儿园教育走向社区,是我国学前儿童教育事业发展的必然趋势和客观需要。

二、社区学前儿童教育的作用

(一) 有利于学前儿童的学习

发展社区学前儿童教育,可以为孩子的学习做准备,扩充在园孩子的学习平台,为他们提供安全的、有积极影响的社区环境,也可以为那些无法入园接受正规和正式学前儿童教育的孩子提供补偿教育,促进学前儿童教育平等。

(二) 支持家长的工作和家庭

提供社区学前儿童教育服务,可以方便孩子的父母,为他们提供短时的、应急的托养和教育服务,支持、补充他们对孩子的家庭教育,提升他们的家庭教育质量。

(三) 促进家长参与学前儿童教育和社区服务

社区是孩子父母参与学前儿童教育、与学前儿童互动的良好场所。同一社区的孩子父母及相关工作人员可以相互交流、相互支持。社区学前儿童教育也是幼儿园同学前儿童家庭教育合作的结合部,可以促进学前儿童家庭教育的社区化和幼儿园教育的社区化,并使其接近学前儿童家庭。社区学前儿童教育还可以激发家长对社区的关心,参与社区服务,共同建设社区。

(四) 提高社区服务质量和扩大服务范围

随着社区建设的发展,社区服务不再局限于提供生活方便,其文化教育、法

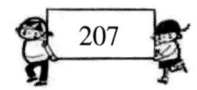

律咨询和维权等方面的服务也得到了长足的发展。发展社区学前儿童教育，可以推动社区的精神文明建设。社区的学前儿童活动中心和幼儿园可以作为文化传播和教育的基地。

（五）提高社区居民的素质，改善社区风貌

在社区发展学前儿童教育，宣传学前儿童教育，使大家关心下一代的成长，关心教育和文化事业的发展，这可以提高居民的文化教育素养，树立良好风尚。

三、幼儿园与社区合作的基本原则

（一）计划性原则

幼儿园与社区最好建立合作管理制度和组织，制订相应计划，使其长期化、制度化和网络化。

（二）地方性原则

要根据当地的时节、气候，居民的需要，社区和幼儿园方面的要求制订社区学前儿童教育活动的计划，体现本地区、本社区特色。

（三）互利性原则

幼儿园与社区合作要本着互利互惠的原则，幼儿园不能只是单方面利用社区资源、索取社区的帮助。为了使幼儿园与社区的合作能长久进行下去，幼儿园必须有所付出，为社区其他服务组织、为社区居民着想，提供各种方便，显示自身的独特价值，为社区发展作出一定的贡献。

（四）教育性原则

幼儿园与社区合作，其目的是学前儿童教育，其特色还是学前儿童教育，即以幼儿园为中心，建立学前儿童社区教育模式，以推动学前儿童教育社会化和社区教育化。

（五）简便性原则

开展社区活动最好因陋就简，为大家提供方便，不能影响幼儿园和社区的正常工作，不影响社区居民的生活。

（六）幼儿园、社区和家庭教育一体化的原则

幼儿园与社区合作需要利用学前儿童家长和家庭资源。学前儿童家长可以

成为社区助教的带头人,每个学前儿童家庭可以成为社区学前儿童教育的小基地。这样,以点带面,可以推动社区活动。

四、幼儿园与社区合作的组织方式

(一)通过社区教育委员会建立幼儿园与社区的合作

社区教育是社区政府组织的社区活动之一。通过社区政府,如街道办事处,把社区内各有关机构与各种社会力量联系起来,建立一个能协调社区内各种教育因素的组织成机构,即社区教育委员会。幼儿园可以参与社区教育委员会,在其指导下,开展幼儿园与社区的合作。

(二)与社区内各种机构组织建立联系,借助社区教育资源开展学前儿童教育

社区内有各种社会机构与组织,如社区文化活动中心、博物馆、书店、医院、商店等,幼儿园可与这些机构建立联系,组织学前儿童参观访问或聘请这些机构与组织的工作人员到幼儿园与学前儿童一起开展活动,指导幼儿园的工作等。

(三)通过家庭推动幼儿园与社区合作

家庭是社区最基本的细胞,幼儿园与家庭的合作,也是幼儿园与社区合作的一种形式或途径。通过为家长提供各种服务和请家长参与学前儿童的教育活动,可以加强家长与家长之间的沟通交流,促进社区内人们的互相了解与沟通,有助于社区文化生活共同体的形成。例如,在社区举办亲子班和家长学校等,普及早教知识,服务社会,优化儿童生存环境,促进其长远发展。

五、社区与学前儿童教育合作的途径

(一)参观游览

带领学前儿童到博物馆、图书馆、美术馆、展览馆、科学馆,甚至工地和农村的田野里去参观,增加学前儿童对国家政治、历史、文化、艺术、社会生活等方面的感性知识。

(二)动手劳动

教师经常注意让儿童自己动手操作,尝试、探索自己感兴趣的事物,加深儿

童对周围世界的认。例如,教师在定期带领学前儿童去农场活动的时候,总是鼓励儿童摸一摸小仔猪,抱一抱小山羊,骑一骑小马,喂一喂小公鸡,挤一挤牛奶等。

(三)走出去,请进来

教师经常带领学前儿童到街道、广场、新村、小区去散步,还可采用"请进来"形式,利用社区人力资源的独特才能,提高学前教育的质量。例如,教师邀请社区工作者来园演示自己的特殊工作,如消防队员向学前儿童展示扑灭大火的技巧等。

六、幼儿园与社区合作的注意事项

幼儿园与社区的合作是一个新的课题,还处于不断探索的阶段。在合作过程中也会涌现很多问题,诸如较多时候会出现流于形式,实质性的教育效果不大;可能打乱了幼儿园的生活常规,加重了教师和学前儿童的负担;等等。因此,我们需要大家端正态度,在实践中注意以下几点。

1. 幼儿园与社区结合并不是要求幼儿园在本职工作之外去搞什么大型活动,参与社区的活动也不是增加教师与学前儿童负担的额外工作,幼儿园完全能将与社区结合的活动纳入到自己的教育内容中去。二者应当也可以有机地结合起来,做到相得益彰,与社区结合的活动一旦深入到幼儿园教育过程之中,将大大扩展教育的深度和广度。

2. 与社区结合的活动,不仅对学前儿童在德育、社会性发展等方面有重大意义,而且对学前儿童智力、科学素质、分析和解决问题的能力培养也有独特的作用。

3. 是否能开展与社区结合的活动,社区环境条件不是主要的,关键是教师能否敏锐地抓住问题,发现有教育价值的事情或现象,并有效地加以利用。

延伸阅读

带孙子的爷爷奶奶们千万别说的八句话

很多妈妈爸爸由于白天要上班,都会把小宝贝暂时交给爷爷奶奶带。很多老人家一些无意说出的口头禅,其负能量可能会潜移默化地影响到了宝宝。所以,父母们可以适当提醒爷爷奶奶们,别当着孩子说以下八句话。

第九章　幼儿园教育与外界的合作

1. 你妈不要你了 / 你爸爸走了

估计全世界的老人都非常喜欢说这句话,虽然只是一句玩笑话,但小孩子是不会区分的,因而听了之后很容易伤心。并且,这样根本不会达到和孩子更亲近的效果,反而让孩子没有安全感,他们心里会疑惑,为什么爸爸妈妈不要我?分离是件很痛苦的事情,但坚决不能用这个方法来哄骗孩子,而应该慢声细语地跟孩子讲清楚,爸爸妈妈只是暂时离开,会回来的,而且他们离开是因为有重要的事情,宝宝跟着爷爷奶奶有更好玩的事情等。

2. 再不听话,警察就来抓你

其实不仅是老人,就是年轻父母也会用这句话来吓唬孩子。这句话本身就是一句谎言。警察是保卫人民的,用警察来吓唬孩子,一是把警察妖魔化了,二是这根本就是一个不会实现的"恐吓"。假如孩子有一天遇到危险需要帮助时,他却不敢向警察呼救,很可能就错失机会受到伤害。

3. 小孩子不懂事,你还跟他计较

小孩子在一起玩,难免磕磕碰碰,很多带娃的老人喜欢说一句:"小孩子不懂事,不要跟他计较!"难道因为孩子小,犯了错或是不礼貌就可以原谅吗?其实,长辈从小就应该培养孩子正确的意识,分清什么事该做什么事不该做。孩子小

的时候的确不能正确、合理地分辨事情的对错,需要家长及时指出。如果老人往往过于保护或溺爱孩子,对孩子的不礼貌行为过于袒护,这样反而害了孩子。

4. 都是 xx 不好,我们打它

孩子一摔倒就责怪地板、凳子、桌子等物体,而不是告诉孩子因为其走路太快或其他原因所以才导致的摔倒,这样很容易给孩子传递一个错误的信息,使孩子学会推卸责任。老人的错误引导不利于孩子对自我的认识,孩子长大后犯了错误不会自我反省和改正,一味地推卸责任。因此,孩子摔倒了就是摔倒了,是因为自己没有站稳或是大人没有保护好孩子而导致的摔倒,不能抱怨其他客观存在的事物。

5. 我们／你爸妈挣的钱都是给你花的

孩子一哭就答应他所有的要求,以后就成了他惯用的"伎俩"。但是,这一招在除了家人之外的人身上就不灵了,因为别人不会无条件地满足你。喜欢说这句话的老人本是处于对孩子的爱护,但过于纵容就会害了孩子。经常对孩子说"我们／你爸妈都是为了你,钱都是给你花的",会让孩子把家人对他的付出看作理所当然,长大后不懂得感恩和回报。

6. 谁家孩子都不如我孙子好

"庄稼看着人家的好,孩子看着自家的好",以自己的孩子为荣本是一件好事,但过分、盲目地认为自家孩子优秀,无人能比的话,却会造成孩子骄傲自大的毛病。

一般情况下,老人很难做到正确客观地评价自己的孩子。因此,在这里提醒家长,孩子犯了错就要批评指正,鼓励孩子正确面对自己的不足,主动学习别人的优点。

7. 那个小孩不好,咱别跟他玩

"这家的小孩太调皮,你容易受欺负,你别跟他玩。""那家的小孩不上进,你跟他不学好,别跟他玩。"孩子在很小的时候没有"好人"和"坏人"之分,他们的世界里只有在一起玩耍的小伙伴。老人不能用大人的眼光来评价哪个孩子好与不好,更不要干涉孩子自由交友的权利。应该让孩子按照自己的意愿来交朋友,让孩子自己去接触、判断,时间久了,孩子自己就会找到"志同道合"的朋友。

8. 别告诉你妈妈

大多数妈妈对孩子管教比较严格,比如,不能吃垃圾食品,妈妈态度坚决不给孩子买这种食品,而老人带孩子相对要"心软"一些,看不得孙儿哭闹就事事都顺着孩子,然后交代孩子"回家不要告诉妈妈"。这种做法会让孩子觉得妈妈是个坏人,而爷爷奶奶对自己更好。这样一来,孩子不但学会了撒谎,以后做了坏事都隐瞒着家长不说,而且还伤害自己的身体。因此,老人一定不能因为溺爱孩子,而让他学着撒谎。

1.《世界上最受欢迎的9种教育方法》
——刘畅

本书作者毕业于北京大学,获教育学博士学位,从事于教育心理学研究。这是一本浓缩了人类教育思想精华的书,收录了世界上著名的9种教育方法,包括卡尔威特的全能教育法;塞德兹的天才教育法;约翰洛克的全面教育法;蒙台梭利的特殊教育法;赫伯特·斯宾塞的快乐教育法;M.S.斯特娜的自然教育法;铃木镇一的才能教育法;多湖辉的实践教育法;井深大的早期教育法,对成人进行学前儿童教育工作大有裨益。

2.《宝宝越玩越聪明》
——[日本]仲田安津子

《宝宝越玩越聪明》适合0～3岁宝宝,包括最能逗宝宝开心的200个创意亲子游戏,为学前孩子家长及教师介绍了许多最能解决育儿困扰的游戏秘招。

第十章　学前儿童教育与小学教育的衔接

教育不是灌输和填塞,而是点燃火种。

——迈思博伦

第一节 学前儿童教育与小学教育衔接的重要性

一、幼小衔接教育的必要性

"幼小衔接"是指从学前的幼儿园进入小学前后的半年阶段,泛指学前儿童进入小学前家长、学校、学前儿童所参与的活动,可视为帮助学前儿童衔接幼儿园和小学前后学习环境所需付出的准备。这是一个从学前期向学龄期发展的过渡时期,这时期既存在着连续性,又有它的阶段性,是学前儿童在其发展过程中所面临的一个重大的转折,也是学前儿童成长过程的一个转折阶段。

在这段时间里,学前儿童的身心都要发生一定的从量变到质变的过程,孩子在幼儿园是以游戏为主,是寓教育于游戏中,而在小学,则是以课堂教学的学习为主,要求孩子有对社会的适应性,对学习的自觉性、主动性和独自性,对学校一切规则的遵守及与老师、同学的交往能力等,如果没有掌握这段时间的教育规律,就很可能发生"幼小衔接"问题。幼小衔接进行得不顺利,孩子身上往往会出现睡眠不足、身体疲劳、食欲不振、体重下降等现象;心理方面也会表现为精神负担重、情绪低落、自信心不足等,甚至会导致社会方面的人际交往不良、怕学、厌学,以及学习成绩不理想,这些问题都严重影响了初入学儿童身心的健康发展,并对其今后的学习和生活产生消极影响。因此,做好幼儿园与小学的衔接工作,使儿童能够较快、较好地适应小学的学习和生活,不仅十分必要而且意义重大,它既有利于儿童入学前后的学习和发展,也为以后终身的学习和生活打下良好的基础,所以搞好幼小衔接工作不容忽视。

二、学前儿童教育和小学教育的区别

学前儿童教育和小学教育是相互衔接的两个教育阶段,但二者在教育性质、课程设置、教学方式等方面都存在明显的区别。

1. 学前儿童教育属于非义务教育,小学教育属于义务教育。义务教育具有"强制性""普及性"等特点,即让每个适龄儿童接受义务教育是学校、家长和社

会的义务。因此,家长必须将适龄孩子送到学校接受小学教育。

2. 学前儿童教育"教养并重",小学教育则"以教为主"。学前儿童教育除了对儿童进行全面、和谐发展的启蒙教育外,还要给儿童以生活照料和养育等。小学教育则要依据一定的培养目标和课程标准对孩子进行有目的、有计划的德、智、体、美等全面、可持续发展的教育。每门课程都有明确、具体的教学目标与教学要求,还特别关注学生的学习兴趣、好奇心、求知欲以及形成良好的道德行为习惯和学习习惯。

3. 学前儿童教育课程与小学课程都是综合课程为主,但对学前儿童教育"整合"的程度相对小学和中学教育来说都要深,力度要大得多,因为,学前儿童最初需要的是对世界总体的最基本的认识。学前儿童教育课程主要是五大领域:健康、语言、社会、科学和艺术。而小学的课程相对来说要多些,小学低年级开设品德与生活、语文、数学、体育、艺术(或音乐、美术)等课程;小学中高年级开设品德与社会、语文、数学、科学、外语、综合实践活动、体育、艺术(或音乐、美术)等课程。

4. 学前儿童教育以游戏为主,注重让孩子在游戏中学习,在活动中体验,小学教育则以课堂教学为主。教师除采用讲授的形式教学外,还非常注重让学生通过观察、思考、操作、探究、讨论、表达等方式进行知识学习和能力培养。

值得注意的是,学前儿童的身体机能和神经系统都很脆弱,孩子们的智力水平还不具备系统学习的能力,过早强制灌输,会让孩子产生厌学情绪,超前传授知识不利于孩子成长,提前加压还会抹杀孩子的想象力。专家认为,教育是有规律的,比如教育大纲规定学前儿童早期教育达到的目标为学前儿童"在各种游戏中欢度幸福童年"。

三、进行幼小衔接教育的原因

《幼儿园教育指导纲要(试行)》明确指出:"幼儿园与小学相互衔接,综合利用各种教育资源,共同为幼儿的发展创造良好的条件。"儿童身心发展的阶段性规律决定了不同的教育阶段,幼儿园与小学是两个根据儿童不同发展阶段的特点而设立、具有不同教育任务的教育结构,幼小衔接就是指对学前儿童的教育由幼儿园进入到小学低年级的教育连接,而连续性规律又决定了衔接存在的意义。

(一)教育的性质和内容不同

幼儿园是一个保教并重非义务教育机构。学前儿童以游戏为主,教师的指导方法灵活多样,没有考试制度。而小学教育属义务教育阶段,主导活动是对国

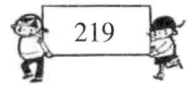

家统一计划及大纲规定的各种学科文化知识的学习,教学形式以课堂教学为主,氛围严肃,有一定的家庭作业和必要的考试制度。

(二)作息制度及生活管理不同

幼儿园的生活节奏是宽松自由的,一日生活中游戏活动的时间较多,生活管理不带强制性。而小学阶段的生活节奏快速紧张,作息制度非常严格,每天上课时间较长,纪律及行为规范带有强制性。

(三)环境设置不同

幼儿园环境的设置生动活泼,色彩亮丽,有许多的活动区域,区域内有丰富的活动玩具和材料供学前儿童动手操作摆弄,学前儿童可以自由选择游戏及同伴进行交往。小学教室的环境布置相对严肃,成套的课桌椅排列固定,学生自由选择活动的机会相对较少。

(四)师生关系不同

幼儿园教师与学前儿童个别接触的机会多,时间长,涉及面广,师幼关系融洽和谐,学前儿童的安全感和被爱的需求都能得到满足。小学师生接触局限在课堂之内,个别接触少,涉及面较小。

(五)教学知识结构不同

幼儿园学习内容是与学前儿童生活紧密相关的浅显知识,以发展学前儿童的观察、比较、概括、想象、语言表达、逻辑思维等的能力为主。小学的教育内容是系统的、以符号为媒介的学科知识,它的抽象水平相对较高,这种学习内容只有当学习者的思维具有一定的抽象、概括能力时才能理解和接受。

(六)社会及成人对儿童的要求和期望不同

成人对小学生的要求相对严格具体,期望值高,这给儿童造成了心理上的压力。在没有足够准备的情况下,刚刚从幼儿园进入小学的儿童,对小学骤然而至的新的教育要求和环境,各方面表现出明显的不适应,这种不适应表现在社会适应困难和学习适应困难。

1. 社会适应困难

纪律上的不适应。进入小学后,面对一系列严格而又繁多的纪律约束,有些儿童缺乏规则意识;有些儿童无所适从而表现得紧张;有些儿童虽然很小心地约束自己,但也会因为不小心违反纪律而感到沮丧;等等。

人际关系上的不适应。在幼儿园和家庭,儿童受到成人较多的关怀和照顾,

升入小学的儿童,要独立完成一些任务,要学会自我照顾生活,要学会相对独立地和老师、同学沟通交流,处理问题,等等,面对这些新要求、新环境,许多儿童会表现出明显的不适应。

2. 学习适应困难

学习任务上的不适应。刚刚升入小学的儿童,会对教师布置的学习任务表现出各种不适应,比如一些儿童不明白教师布置的学习任务是必须按时按质按量完成的;一些儿童虽然明白教师布置的学习任务必须完成,但却表现出无所谓,即缺乏完成任务的责任感;一些儿童则因为种种原因没能按要求完成任务而产生明显的心理压力,表现出焦虑、紧张和恐惧等负面情绪。

学习习惯上的不适应。幼儿园以游戏性学习为主,进入小学,面对正规理论实践知识的学习,面对课堂、课后作业的完成,儿童会表现得注意力不集中,对学习不感兴趣,上课不能认真听讲,缺乏坚持和毅力,对教师的言语指示理解能力差,反应慢,做作业马虎不认真等。

四、幼小衔接教育的方法

孩子从幼儿园走向小学教育这个过程的转换,是孩子整个逻辑思维形成和适应过程中承上启下的环节,正因为如此,针对这一过程进行合理、正确的培育无疑就是影响孩子一生的决定因素之一。

(一)培养学前儿童形成良好的生活、学习习惯

要对学前儿童的学习兴趣、学习热情、专注性和持久性加强培养。例如,让学前儿童在限定时间内完成绘画、剪纸、书写等活动,使学前儿童集中精力做好一件事,并能够坚持一段时间,以利于学前儿童以后能适应上课的时间要求;多给学前儿童讲故事、童话、诗歌等文学作品,养成静坐、倾听的习惯,为入小学后进行正规系统的学习打好基础。

(二)要给学前儿童锻炼的机会

让他们独立完成老师布置的力所能及的事情,要特别注意培养学前儿童的时间观念和劳动观念,如请家长配合学前班的目标要求,培养学前儿童做扫地等力所能及的家务劳动。

(三)培养学前儿童大胆与人交往的能力

相对于幼儿园,小学生活更加独立、自主,所以培养学前儿童良好的品性和沟通能力,对于日后他们能够顺利步入新的校园生活有着非常重要的意义。培

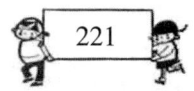

养学前儿童的交往能力应从小事做起，如学会谦虚、有礼貌，不与小伙伴抢玩具等，创造友好合作的氛围，有利于增强学前儿童的交往能力。

（四）提高学前儿童解决问题的能力

学前班是培养学前儿童独立解决问题能力的好场所。我们应该主动从学前儿童学习生活的细节入手，如自己遇到难题时怎么办？如何收拾玩具及学习用品？如何分碗筷、倒垃圾？同时，让学前儿童学会准确表达自己的意见，能够妥善地解决一些力所能及的问题。

（五）增强学前儿童自我保护能力

离开幼儿园，走进小学，学前儿童将会更多地面对复杂的社会大环境，会遇到很多不安全因素，老师就更应该对学前儿童进行安全意识教育，告诉他们如何更好地保护自己。例如，不随便与陌生人说话，遇到困难如何求助等。另外，还要教育他们懂得和遵守交通规则，注意自身安全。

第二节 学前儿童教育与小学教育的衔接工作

一、幼小衔接工作的主要内容

幼儿园与小学的衔接工作对于幼儿园来说，就是幼儿园为学前儿童入小学做好准备的工作。入学准备教育贯穿于整个幼儿园教育的全过程，也是幼儿园整个教育结果的最终体现。学前儿童的入学准备教育包括全面的入学准备与专门的入学准备两个方面。

（一）全面的入学准备

全面的入学准备，是指学前儿童在入学之前，需要达到应有的身心全面发展的水平，包括健康的身体、正常发展的智力和社会性、良好的行为习惯等。可以说，幼儿园几年的全部教育过程都是为进入小学做准备的。因为学前儿童的身心要得到全面发展，绝不是一朝一夕就可以的，如何促使学前儿童在德、智、体、美各方面得到全面发展，这是教师平时在德育、智育、体育、美育等方面要多加努

力的方向。

如何培养学前儿童的独立意识、生活自理能力及社会交往能力等,需要贯穿整个幼儿园教育的全过程,所以,整个学前儿童期的教育都是幼小衔接的基础,都是为儿童入学准备的教育。

(二)专门的入学准备

专门的入学准备,是指对大班学前儿童进行适应小学一年级学习和生活的准备。有关的针对性工作,主要是在学前儿童入学之前,针对小学学习生活所做的有关的准备工作,包括社会适应性、学习能力的培养、入学意识的培养等。

二、幼小衔接工作应该注意的问题

为了解决幼儿园与小学衔接中的问题,使儿童更快地适应小学生活,学前儿童教育工作者也一直在做着各种努力,取得了一定的成绩,但还存在诸多问题。

(一)小学化问题

幼小衔接是培养学前儿童入学的适应性而非小学化教育,有些幼儿园将幼小衔接理解为"提前学习"或者是"小学化教育",幼儿园小学化现象主要表现在以下这几个方面。

1.提前让学前儿童学习小学的教材,教学内容背离学前儿童的年龄特点,压制了儿童的自然发展。如分学科学习小学内容,开设写字、拼音、算术、英语等课程,让学前儿童提前学习汉语拼音和书写汉字、提前学习小学的数学知识等。幼儿园这种"超前教育"不仅对学前儿童身心健康造成严重危害,也阻碍了国家推进素质教育的努力。

2.用小学教育的组织形式与方法对待幼儿园的学前儿童。如用小学式的上课取代学前儿童的基本活动,占用学前儿童的游戏时间等。很多幼儿园,尤其是一些中小幼儿园和乡村幼儿园把入学准备片面地理解为认字、做数学题,并以此作为评价幼儿园教育的指标。

3. "小学化"现象隐性危害不容忽视。学前儿童教育遵循的最重要原则,就是从学前儿童生理、心理特点出发,因材施教,促进学前儿童身心健康发展。专家表示,将小学教育提前到学前儿童阶段违背教育规律,是在拔苗助长,不利于孩子今后的健康发展。

学前儿童教育小学化是重复性教育,严重危害学前儿童身心健康发展。学前儿童教育小学化从根本上忽视了学前儿童身心特点,影响了学前儿童心理健康。超负荷或超年龄段的学习内容和教育会给孩子心理带来压力,有损孩子心理健康,至少会使孩子对学习产生反感和厌倦。

学前儿童教育小学化,剥夺了学前儿童游戏和动手操作的机会,也就剥夺了学前儿童大脑神经元受到丰富刺激的机会,阻碍了神经元和突触的生长形成,进而阻碍了学前儿童大脑发育。过于超前的训练所获得的即时效应意义不大,这种急于求成的浮躁心态和所运用的强制性方法反而会使孩子的兴趣被压抑,致使学前儿童产生紧张焦虑的心情。

(二)片面化问题

幼小衔接是全面素质教育的重要组成部分,具有全面性,不应仅偏向某一方面。目前的幼小衔接工作偏重智力的倾向比较严重,幼儿园教育中容易忽视儿童倾听、表达等各种能力的提高,忽视儿童的学习兴趣、学习习惯及学习能力,忽视孩子独立生活能力、交往能力、挫折的承受能力等。这就使学前儿童缺乏美好的情感和良好的行为习惯,对学校的规矩和课堂常规缺乏了解。卢梭曾说过:"大自然希望儿童在成人以前,就要像儿童的样子。"儿童在幼儿园里应该无拘无束,自由成长,对儿童的教育,不应该只偏重智力教育而忽视其他方面。

(三)做好幼小衔接,注重三方合力的效果

这里的三方指幼儿园、小学和家长。从幼儿园和小学这两个教育机构来看,不少幼儿园把幼小衔接当作一项重要工作来做,积极开展学前儿童入学前的准备工作,无论是在教学要求、内容、方法还是作息时间方面都主动向小学靠拢。但小学却无动于衷,很少考虑初入学儿童的特点,有的小学甚至给学前儿童入学设置各种台阶,形成衔接上的一边倒,形成衔接工作的单向性。幼小衔接既不是幼儿园小学化,也不是小学幼儿园化,这两个教育机构双向准备才是解决幼小衔接问题的有效途径。

从家长作为教育者方面讲,应该转变观念,提高素质,认真研究过渡期儿童的特点与发展需要,做好过渡期的教育工作,重视培养儿童的自主学习能力。专家指出,小学化倾向的出现,与家长内心的追梦情结有直接关系,一些家长甚至把"少壮不努力,老大徒伤悲"当成了劝学格言,自己解读"吃得苦中苦,方为人上人"的警句。这样的观念只能产生家长和教师只关注孩子究竟能够学会多少字词,看孩子能够写几十个还是几百个字,会做多少算术题。其实,家长应该认识到学前儿童需要全面学习、终身学习,并且要用持续发展的观点看待学前教育,帮助儿童在人生的最初阶段学会学习,掌握自主学习的基本技能。

(四)学习学前儿童教育规律,做好幼小衔接工作

1. 要用发展变化的哲学观点看待学前儿童教育

衔接工作是一场持久战,整个学前儿童教育时期都要为儿童上小学和今后的成长做好最基本的全面的素质准备,大班要更侧重做好儿童入小学的特殊准备,如通过游戏和绘画等活动培养儿童写字所需的基本功,熟悉田字格等。但大多数幼儿园在儿童将要入学的前半年才做衔接工作,在大班对学前儿童进行相应的突击训练,这些做法是远远不够的。应该在儿童三四岁刚入园时就逐步加以培养其自理能力、交往能力、规则意识等。如果在最后时期才进行强化训练,急于求成,会使儿童在生理、心理各方面压力骤然加大,难以适应,不但教育效果不佳,而且还使儿童对小学和未来的学习产生畏惧情绪。

2. 明确学前儿童教育的阶段性

学前儿童教育不是精英教育,此阶段更应该关注孩子身心健康这个层面,而不是随意拔高。德国著名学前儿童教育学者艾申波茜博士走访了北京数所被认为是最具代表性的幼儿园,考察的结果是,艾申波茜博士见到了最厉害的灌输教育。幼儿园里,竟然没有一个专门为孩子们玩"娃娃家"而布置的角落;书架上也没有任何孩子做手工用的材料。最令人震动的是,凡孩子目光所及之处贴的只是中国汉字。艾申波茜博士亲眼看到了两千名中国儿童在幼儿园里的生活,他感叹道:"中国的孩子是世界上最累的,他们的生态环境是最不宽松的。"

儿童大脑中的神经腱只有在孩子主动用脑时才会得到锻炼,孩子只有在自觉自愿的情况下,才能接受所学的内容。孩子世界观的形成不可能来自被动式

的说教,对孩子采取灌输的教育方式是不可能成功的。实际上,单纯地提前学习时间并不能加快生长的时间表,不应该人为地提前或推后。作为权威的幼教专家,艾申波茜博士非常反感把小学生的学习任务强加到幼儿园孩子身上的做法。

3. 明确学前儿童教育的连续性

儿童的发展既是阶段性的,更是连续性的,学前儿童和小学生确有不同阶段的特点,但是一个孩子绝不可能在跨入小学的那一天,突然失去学前儿童的特点。采用科学的方法启迪和开发儿童的智力,培养儿童健康的体质、良好的生活习惯、不怕困难的进取精神、不依赖他人的独立创新意识、主动积极的求知欲望和活泼开朗的性格等,为儿童身心的健康成长,创设适合儿童发展的教育,不能一味地要求儿童适应小学生活,而是要让教育适应儿童的发展。

为什么每年我都带孩子去一个陌生的地方?
——德鲁·福斯特

"上车睡觉,下车拍照",相比陷入走形式怪圈的旅行,哈佛女校长真正践行了旅行的意义:行万里路前读万卷书,行万里路中阅人无数,行万里路后思索回顾。

生活的广度决定优秀程度,身临其境的旅行,是一个人更为高级的成长方式。一句"我不是什么哈佛的女校长,我就是哈佛的校长",让人们记住了哈佛大学三百多年唯一一位女校长德鲁·福斯特。以下是这位校长在哈佛大学的一次演讲。她用自己的亲身经历告诉我们,我们到底为什么一定要走出去,看这个世界。

每年要去一个陌生的地方。

这是我对自己的一个要求,也算是一个规划。这个习惯似乎从小就有,一直持续到现在。直至今日,我每年都会和孩子们一起去一个陌生的地方。对我来说,用学习的方式来旅行已成为一种传统,而它的意义在于自己的成长。

旅行让我们真正认识这个世界。世界越来越小,我们几乎每天都在和陌生人打交道,都在熟悉各种的第一次。孩子们身处的世界已经成了一个家庭,科技让我们的国籍变得模糊,让通讯变得快捷,让我们不得不适应各种多变的社会环境,他们将来必定是和各种国家不同文化背景的人在一起工作和生活,所以,了

解整个世界也成了他们的必修课。前不久,由教育界、商界领袖共同组成的"美国新劳动力技能委员会"刚颁布的21世纪人才的四大技能中把"了解整个世界"作为首项标准列举出来。世界有太多的内容需要我们去熟悉和探索,绝对不仅仅局限于学习他国的语言。语言只是一种工具,比它更重要的是学习陌生的文化与历史、他国的人文与生活。所以,孩子们和我一起品尝其他国家的食物;熟悉交通路线和公共标志;欣赏形式各异的建筑;体会种类不同的宗教现象;体验和陌生人的相处;适应各种气候状况,甚至是那里的空气中弥漫的不同味道。到一个陌生的地方,总会听到孩子们这样的话,这个和我们那里不一样,这个一样,也总会比较,什么地方好,什么地方不好。我们在这样的比较中睁大了自己的眼睛,扩张了自己的毛孔,也扩展了彼此的胸怀。当我们看到的世界大了,才能更加宽容,才能更加坦荡。实际上,接受彼此的不同,尊重相互的差异已经成为"了解世界"的重点。

我们应该怎样旅行?

　　了解世界的方法有很多种,通过书籍、影像资料和别人聊天都能让我们了解世界,但哪一种都没有身临其境的学习更重要。古人云:读万卷书不如行万里路,行万里路不如阅人无数。而我们的一贯做法是"行万里路前读万卷书,行万里路中阅人无数,行万里路后思索回顾"。每次到一个陌生国家之前,我们都会和孩子们一起进行长达一周的培训,其中包括语言、文化、当地情况和摄影技巧。印象很深的是去意大利之前的一个月就让孩子们开始阅读相关的书籍,并且在培训中很好地让孩子们对文艺复兴有基本的了解,和孩子们一起分享了卢浮宫的神秘和拿破仑的传奇。简单的语言培训让孩子们可以自己通过海关简单的询问,可以让他们自己找到方向,而当地公交行政标志减弱了他们的陌生感。到陌生的国家之后,孩子们开始验证之前获悉的资料是否和眼前的一切吻合,开始在陌生的城里使用那些自己熟悉的工具行走,开始和当地人和事之间有了碰撞和交流,开始需要借助当地人的帮助来完成一件件我们事先策划好的任务。在陌生的城市,一定要融入他们真实的社会。我还记得在慕尼黑时他们运用自如地使用地铁公车,在柏林到科隆火车站转车的时候他们的忙中有序,在玛丽娅广场写毛笔字引来老外们的围观,在罗马奔波于各种喷泉之间完成城市任务,在菲森的草坪上和外国小孩们踢球。只有让他们充分自由地接触这个社会,在交流的过程中充分调动自己的沟通能力,加强团队合作,才能真正提高自己。孩子们需要和当地的人接触,更重要的是要用当地人的方式生活,使用他们的交通工具,看他们经常去的博物馆,不仅仅是在那里走马观花,而是停留在那里,认真地欣赏。如同我们在卢浮宫整整待了三天,相比较旅行团对于"卢浮三宝"的照相工作,我们是何等的自由。夜晚,我们在埃菲尔铁塔前草坪上游戏,看到这个雄伟的铁质建筑在夜晚的亮灯,踩着巴黎夜晚的灯光晃晃悠悠地坐着地铁来到青年旅社。带着激动和疲惫、收获与成长,我们完成了旅程,但这并不是一个结束,我们离开了那里,但却把对陌生国度的思考也一并带了回来。除了留在脑子里的回忆,我们还有日记、明信片、相片,我们还有各种类型的小组讨论,这些都会让一次旅程的收获变得更长更厚重,直至我们下一段的重新开始。

"认识自己,了解世界"。

每一次到陌生城市或者国家,从学习和成长入手的旅行方式都能有效地帮助孩子们在大脑里构建自己的思考模式。他们知道在陌生的地方需要向哪些机构寻求帮助,他们知道如何运用自己的资源去完成任务,而当一个人处于陌生环境下,他的优点和弱点都会显示得异常清晰,这无疑给了我们一个认识自己的机会。不仅是孩子们,每次,当我和孩子们面对这样的陌生冲击时,我也在成长,我也每一次都看到了更加清晰的自己。

很多人会说,孩子太小了,让他们在七八岁时出国他们能记住什么?更别说年纪更小的孩子了,他们什么都不懂。其实,这是我们对孩子们的误解,通常情况下,我们判断一个人是否获得什么,我们会通过他的表达或者他的改变作为判断的标准。但对于那些生理和心理成长期的孩子们来说,他们的表达能力不足以让他们清楚有效地表达他们的收获,反映他们的成长,于是大人们很武断地说,他们年龄太小了,对他们来说没有用,以后都记不得。其实,对于一个四五岁的孩子来说,这些旅行的经历等到他十多岁的时候也许不记得了,但对于他在接下来一年的成长绝对意义非凡。也许我们不用带他们出国,但是经常到不同的环境看到、听到、感受到一样和不一样,能适应各种不同的交通工具,能在陌生喧闹的人群中鼓起勇气去听、去看、去感受,这本身就是一种成长。

一个人生活的广度决定他的优秀程度。

从小开始的一种旅程是扩展生活广度的起点,我喜欢那句话:

Life is not a destination,but a journey.

生活不是目的,而是旅程。

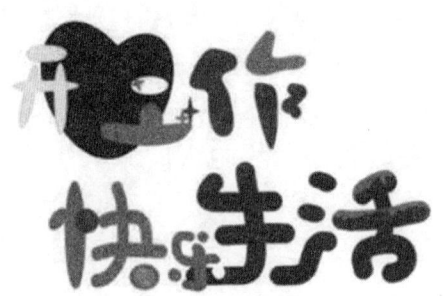

好书推荐

1. 《儿童潜智基因发掘法则》
   ——朱复融

这是中国第一套提出"多元智能教育中国化"概念的著作,一系列全新的家教理念,是聪明父母的家教思想库,成为3~9岁关键期教育时父母必读的亲子教育蓝皮书。该书含有ABCDE卷,告诫父母不要忽视孩子潜在的智慧能量,每个孩子都有无穷的潜智基因,父母要懂得敏锐发现和深入开发,并论述了其发现和开发途径。

2. 《儿童智力结构整合法则》
   ——朱复融

本书着重论述了儿童智力结构整合的原则与内容,分别从语言、读写、观察、注意、记忆、想象、思维、创造、美感素质、艺术智力及网络能力和素养等方面的培养进行了叙述,可以说是开发孩子潜质,成为对3~9岁儿童进行教育的父母必读的亲子教育蓝皮书。

3. 《儿童品格系统优化法则》
　　——朱复融

本书着重从儿童的德商教育、价值与信仰教育、平等观念教育、诚信教育、公民意识与公德教育、责任感教育、社区服务与劳动观念教育等向父母提供了科学而细致的培养方案。

4. 《儿童社际情商提升法则》
　　——朱复融

本书介绍了如何锻造孩子具有"情感与爱心",明晓如何与生存的环境和谐生趣,着重从了解情商、认识智商与情商的关系、社会化教育、团队精神培养、个性与气质、爱心与同情心、礼仪形象、情绪障碍与梳理、心理健康指标等方面向父母提供了全方位的育儿理念与教育方法。

附录一

3-6岁儿童学习与发展指南

教育部

说　明

一、为深入贯彻《国家中长期教育改革和发展规划纲要(2010-2020年)》和《国务院关于当前发展学前教育的若干意见》(国发〔2010〕41号),指导幼儿园和家庭实施科学的保育和教育,促进幼儿身心全面和谐发展,制定《3-6岁儿童学习与发展指南》(以下简称《指南》)。

二、《指南》以为幼儿后继学习和终身发展奠定良好素质基础为目标,以促进幼儿体、智、德、美各方面的协调发展为核心,通过提出3-6岁各年龄段儿童学习与发展目标和相应的教育建议,帮助幼儿园教师和家长了解3-6岁幼儿学习与发展的基本规律和特点,建立对幼儿发展的合理期望,实施科学的保育和教育,让幼儿度过快乐而有意义的童年。

三、《指南》从健康、语言、社会、科学、艺术五个领域描述幼儿的学习与发展。每个领域按照幼儿学习与发展最基本、最重要的内容划分为若干方面。每个方面由学习与发展目标和教育建议两部分组成。

目标部分分别对3~4岁、4~5岁、5~6岁三个年龄段末期幼儿应该知道什么、能做什么,大致可以达到什么发展水平提出了合理期望,指明了幼儿学习与发展的具体方向;教育建议部分列举了一些能够有效帮助和促进幼儿学习与发展的教育途径与方法。

四、实施《指南》应把握以下几个方面:

1. 关注幼儿学习与发展的整体性。儿童的发展是一个整体,要注重领域之间、目标之间的相互渗透和整合,促进幼儿身心全面协调发展,而不应片面追求某一方面或几方面的发展。

2. 尊重幼儿发展的个体差异。幼儿的发展是一个持续、渐进的过程,同时也表现出一定的阶段性特征。每个幼儿在沿着相似进程发展的过程中,各自的发展速度和到达某一水平的时间不完全相同。要充分理解和尊重幼儿发展进程中的个别差异,支持和引导他们从原有水平向更高水平发展,按照自身的速度和方式到达《指南》所呈现的发展"阶梯",切忌用一把"尺子"衡量所有幼儿。

3. 理解幼儿的学习方式和特点。幼儿的学习是以直接经验为基础,在游戏

和日常生活中进行的。要珍视游戏和生活的独特价值,创设丰富的教育环境,合理安排一日生活,最大限度地支持和满足幼儿通过直接感知、实际操作和亲身体验获取经验的需要,严禁"拔苗助长"式的超前教育和强化训练。

4. 重视幼儿的学习品质。幼儿在活动过程中表现出的积极态度和良好行为倾向是终身学习与发展所必需的宝贵品质。要充分尊重和保护幼儿的好奇心和学习兴趣,帮助幼儿逐步养成积极主动、认真专注、不怕困难、敢于探究和尝试、乐于想象和创造等良好学习品质。忽视幼儿学习品质培养、单纯追求知识技能学习的做法是短视而有害的。

一、健康

健康是指人在身体、心理和社会适应方面的良好状态。幼儿阶段是儿童身体发育和机能发展极为迅速的时期,也是形成安全感和乐观态度的重要阶段。发育良好的身体、愉快的情绪、强健的体质、协调的动作、良好的生活习惯和基本生活能力是幼儿身心健康的重要标志,也是其他领域学习与发展的基础。

为有效促进幼儿身心健康发展,成人应为幼儿提供合理均衡的营养,保证充足的睡眠和适宜的锻炼,满足幼儿生长发育的需要;创设温馨的人际环境,让幼儿充分感受到亲情和关爱,形成积极稳定的情绪情感;帮助幼儿养成良好的生活与卫生习惯,提高自我保护能力,形成使其终身受益的生活能力和文明生活方式。

幼儿身心发育尚未成熟,需要成人的精心呵护和照顾,但不宜过度保护和包办代替,以免剥夺幼儿自主学习的机会,养成过于依赖的不良习惯,影响其主动性、独立性的发展。

(一) 身心状况

目标1 具有健康的体态

3～4岁	4～5岁	5～6岁
1. 身高和体重适宜。参考标准:	2. 身高和体重适宜。参考标准:	3. 身高和体重适宜。参考标准:
男孩: 身高:94.9-111.7厘米	男孩: 身高:100.7-119.2厘米	男孩: 身高:106.1-125.8厘米

续表

| 体重:12.7-21.2 公斤 女孩: 身高:94.1-111.3 厘米 体重:12.3-21.5 公斤 2. 在提醒下能自然坐直、站直。 | 体重:14.1-24.2 公斤 女孩: 身高:99.9-118.9 厘米 体重:13.7-24.9 公斤 2. 在提醒下能保持正确的站、坐和行走姿势。 | 体重:15.9-27.1 公斤 女孩: 身高:104.9-125.4 厘米 体重:15.3-27.8 公斤 2. 经常保持正确的站、坐和行走姿势。 |

注:身高和体重数据来源:《2006 年世界卫生组织儿童生长标准》4、5、6 周岁儿童身高和体重的参考数据。

教育建议:

1. 为幼儿提供营养丰富、健康的饮食。如参照《中国孕期、哺乳期妇女和0~6 岁儿童膳食指南》,为幼儿提供谷物、蔬菜、水果、肉、奶、蛋、豆制品等多样化的食物,均衡搭配;烹调方式要科学,尽量少煎炸、烧烤、腌制。

2. 保证幼儿每天睡 11~12 小时,其中午睡一般应达到 2 小时左右。午睡时间可根据幼儿的年龄、季节的变化和个体差异适当减少。

3. 注意幼儿的体态,帮助他们形成正确的姿势。如:

提醒幼儿要保持正确的站、坐、走姿势;发现有八字脚、罗圈腿、驼背等骨骼发育异常的情况,应及时就医矫治。

桌、椅和床要合适。椅子的高度以幼儿写画时双脚能自然着地、大腿基本保持水平状为宜;桌子的高度以写画时身体能坐直,不驼背、不耸肩为宜;床不宜过软。

4. 每年为幼儿进行健康检查。

目标 2 情绪安定愉快

3~4 岁	4~5 岁	5~6 岁
1. 情绪比较稳定,很少因一点小事哭闹不止。 2. 有比较强烈的情绪反应时,能在成人的安抚下逐渐平静下来。	1. 经常保持愉快情绪,不高兴时能较快缓解。 2. 有比较强烈情绪反应时,能在成人提醒下逐渐平静下来。 3. 愿意把自己的情绪告诉亲近的人,一起分享快乐或求得安慰。	1. 经常保持愉快的情绪。知道引起自己某种情绪的原因,并努力缓解。 2. 表达情绪的方式比较适度,不乱发脾气。 3. 能随着活动的需要转换情绪和注意。

教育建议：

1. 营造温暖、轻松的心理环境，让幼儿形成安全感和信赖感。如：

保持良好的情绪状态，以积极、愉快的情绪影响幼儿。

以欣赏的态度对待幼儿。注意发现幼儿的优点，接纳他们的个体差异，不简单与同伴作横向比较。

幼儿做错事时要冷静处理，不厉声斥责，更不能打骂。

2. 帮助幼儿学会恰当表达和调控情绪。如：

成人用恰当的方式表达情绪，为幼儿作出榜样。如生气时不乱发脾气，不迁怒于人。

成人和幼儿一起谈论自己高兴或生气的事，鼓励幼儿与人分享自己的情绪。

允许幼儿表达自己的情绪，并给予适当的引导。如幼儿发脾气时不硬性压制，等其平静后告诉他什么行为是可以接受的。

发现幼儿不高兴时，主动询问情况，帮助他们化解消极情绪。

目标 3　具有一定的适应能力

3～4 岁	4～5 岁	5～6 岁
1. 能在较热或较冷的户外环境中活动。 2. 换新环境时情绪能较快稳定，睡眠、饮食基本正常。 3. 在帮助下能较快适应集体生活。	1. 能在较热或较冷的户外环境中连续活动半小时左右。 2. 换新环境时较少出现身体不适。 3. 能较快适应人际环境中发生的变化。如换了新老师能较快适应。	1. 能在较热或较冷的户外环境中连续活动半小时以上。 2. 天气变化时较少感冒，能适应车、船等交通工具造成的轻微颠簸。 3. 能较快融入新的人际关系环境。如换了新幼儿园或班级能较快适应。

教育建议：

1. 保证幼儿的户外活动时间，提高幼儿适应季节变化的能力。

幼儿每天的户外活动时间一般不少于两小时，其中体育活动时间不少于 1 小时，季节交替时要坚持。

气温过热或过冷的季节或地区应因地制宜，选择温度适当的时间段开展户外活动，也可根据气温的变化和幼儿的个体差异，适当减少活动的时间。

2. 经常与幼儿玩拉手转圈、秋千、转椅等游戏活动，让幼儿适应轻微的摆动、颠簸、旋转，促进其平衡机能的发展。

3. 锻炼幼儿适应生活环境变化的能力。如注意观察幼儿在新环境中的饮食、睡眠、游戏等方面的情况,采取相应的措施帮助他们尽快适应新环境;经常带幼儿接触不同的人际环境,如参加亲戚朋友聚会,多和不熟悉的小朋友玩,使幼儿较快适应新的人际关系。

(二)动作发展

目标1 具有一定的平衡能力,动作协调、灵敏

3~4岁	4~5岁	5~6岁
1.能沿地面直线或在较窄的低矮物体上走一段距离。 2.能双脚灵活交替上下楼梯。 3.能身体平稳地双脚连续向前跳。 4.四散跑时能躲避他人的碰撞。 5.能双手向上抛球。	1.能在较窄的低矮物体上平稳地走一段距离。 2.能以匍匐、膝盖悬空等多种方式钻爬。 3.能助跑跨跳过一定距离,或助跑跨跳过一定高度的物体。 4.能与他人玩追逐、躲闪跑的游戏。 5.能连续自抛自接球。	1.能在斜坡、荡桥和有一定间隔的物体上较平稳地行走。 2.能以手脚并用的方式安全地爬攀登架、网等。 3.能连续跳绳。 4.能躲避他人滚过来的球或扔过来的沙包。 5.能连续拍球。

教育建议:

1. 利用多种活动发展身体平衡和协调能力。如走平衡木,或沿着地面直线、田埂行走;玩跳房子、踢毽子、蒙眼走路、踩小高跷等游戏活动。

2. 发展幼儿动作的协调性和灵活性。如鼓励幼儿进行跑跳、钻爬、攀登、投掷、拍球等活动;玩跳竹竿、滚铁环等传统体育游戏。

3. 对于拍球、跳绳等技能性活动,不要过于要求数量,更不能机械训练。

4. 结合活动内容对幼儿进行安全教育,注重在活动中培养幼儿的自我保护能力。

目标2 具有一定的力量和耐力

3~4岁	4~5岁	5~6岁
1.能双手抓杠悬空吊起10秒左右。 2.能单手将沙包向前投掷2米左右。	1.能双手抓杠悬空吊起15秒左右。 2.能单手将沙包向前投掷4米左右。	1.能双手抓杠悬空吊起20秒左右。 2.能单手将沙包向前投掷5米左右。

续表

3.能单脚连续向前跳2米左右。 4.能快跑15米左右。 5.能行走1公里左右(途中可适当停歇)。	3.能单脚连续向前跳5米左右。 4.能快跑20米左右。 5.能连续行走1.5公里左右(途中可适当停歇)。	3.能单脚连续向前跳8米左右。 4.能快跑25米左右。 5.能连续行走1.5公里以上(途中可适当停歇)。

教育建议：

1.开展丰富多样、适合幼儿年龄特点的各种身体活动,如走、跑、跳、攀、爬等,鼓励幼儿坚持下来,不怕累。

2.日常生活中鼓励幼儿多走路、少坐车；自己上下楼梯、自己背包。

目标3 手的动作灵活协调

3～4岁	4～5岁	5～6岁
1.能用笔涂涂画画。 2.能熟练地用勺子吃饭。 3.能用剪刀沿直线剪,边线基本吻合。	1.能沿边线较直地画出简单图形,或能边线基本对齐地折纸。 2.会用筷子吃饭。 3.能沿轮廓线剪出由直线构成的简单图形,边线吻合。	1.能根据需要画出图形,线条基本平滑。 2.能熟练使用筷子。 3.能沿轮廓线剪出由曲线构成的简单图形,边线吻合且平滑。 4.能使用简单的劳动工具或用具。

教育建议：

1.创造条件和机会,促进幼儿手的动作灵活协调。如：

提供画笔、剪刀、纸张、泥团等工具和材料,或充分利用各种自然、废旧材料和常见物品,让幼儿进行画、剪、折、粘等美工活动。

引导幼儿生活自理或参与家务劳动,发展其手的动作。如练习自己用筷子吃饭、扣扣子,帮助家人择菜叶、做面食等。

幼儿园在布置娃娃家、商店等活动区时,多提供原材料和半成品,让幼儿有更多机会参与制作活动。

2.引导幼儿注意活动安全。如：

为幼儿提供的塑料粒、珠子等活动材料要足够大,材质要安全,以免造成异物进入气管、铅中毒等伤害。提供幼儿用安全剪刀。

为幼儿示范拿筷子、握笔的正确姿势以及使用剪刀、锤子等工具的方法。

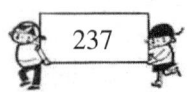

提醒幼儿不要拿剪刀等锋利工具玩耍,用完后要放回原处。

(三) 生活习惯与生活能力

目标1 具有良好的生活与卫生习惯

3~4岁	4~5岁	5~6岁
1. 在提醒下,按时睡觉和起床,并能坚持午睡。 2. 喜欢参加体育活动。 3. 在引导下,不偏食、挑食。喜欢吃瓜果、蔬菜等新鲜食品。 4. 愿意饮用白开水,不贪喝饮料。 5. 不用脏手揉眼睛,连续看电视等不超过15分钟。 6. 在提醒下,每天早晚刷牙,饭前便后洗手。	1. 每天按时睡觉和起床,并能坚持午睡。 2. 喜欢参加体育活动。 3. 不偏食、挑食,不暴饮暴食。喜欢吃瓜果、蔬菜等新鲜食品。 4. 常喝白开水,不贪喝饮料。 5. 知道保护眼睛,不在光线过强或过暗的地方看书,连续看电视等不超过20分钟。 6. 每天早晚刷牙,饭前便后洗手,方法基本正确。	1. 养成每天按时睡觉和起床的习惯。 2. 能主动参加体育活动。 3. 吃东西时细嚼慢咽。 4. 主动饮用白开水,不贪喝饮料。 5. 主动保护眼睛,不在光线过强或过暗的地方看书,连续看电视等不超过30分钟。 6. 每天早晚主动刷牙,饭前便后主动洗手,方法正确。

教育建议:

1. 让幼儿保持有规律的生活,养成良好的作息习惯。如早睡早起、每天午睡、按时进餐、吃好早餐等。

2. 帮助幼儿养成良好的饮食习惯。如:

合理安排餐点,帮助幼儿养成定点、定时、定量进餐的习惯。

帮助幼儿了解食物的营养价值,引导他们不偏食不挑食、少吃或不吃不利于健康的食品;多喝白开水,少喝饮料。

吃饭时不过分催促,提醒幼儿细嚼慢咽,不要边吃边玩。

3. 帮助幼儿养成良好的个人卫生习惯。如早晚刷牙、饭后漱口;勤为幼儿洗澡、换衣服、剪指甲;提醒幼儿保护五官,不乱挖耳朵、鼻孔,看电视时保持3米左右的距离等。

4. 激发幼儿参加体育活动的兴趣,养成锻炼的习惯。如为幼儿准备多种体育活动材料,鼓励他选择自己喜欢的材料开展活动;经常和幼儿一起在户外运动和游戏,鼓励幼儿和同伴一起开展体育活动;和幼儿一起观看体育比赛或有关体育赛事的电视节目,培养他对体育活动的兴趣。

目标2 具有基本的生活自理能力

3～4岁	4～5岁	5～6岁
1. 在帮助下能穿脱衣服或鞋袜。 2. 能将玩具和图书放回原处。	1. 能自己穿脱衣服、鞋袜、扣纽扣。 2. 能整理自己的物品。	1. 能知道根据冷热增减衣服。 2. 会自己系鞋带。 3. 能按类别整理好自己的物品。

教育建议：

1. 鼓励幼儿做力所能及的事情，对幼儿的尝试与努力给予肯定，不因做不好或做得慢而包办代替。

2. 指导幼儿学习和掌握生活自理的基本方法，如穿脱衣服和鞋袜、洗手洗脸、擦鼻涕、擦屁股的正确方法。

3. 提供有利于幼儿生活自理的条件。如提供一些纸箱、盒子，供幼儿收拾和存放自己的玩具、图书或生活用品等；幼儿的衣服、鞋子等要简单实用，便于自己穿脱。

目标3 具备基本的安全知识和自我保护能力

3～4岁	4～5岁	5～6岁
1. 不吃陌生人给的东西，不跟陌生人走。 2. 在提醒下能注意安全，不做危险的事。 3. 在公共场所走失时，能向警察或有关人员说出自己和家长的名字、电话号码等简单信息。	1. 知道在公共场合不远离成人的视线单独活动。 2. 认识常见的安全标志，能遵守安全规则。 3. 运动时能主动躲避危险。 4. 知道简单的求助方式。	1. 未经大人允许不给陌生人开门。 2. 能自觉遵守基本的安全规则和交通规则。 3. 运动时能注意安全，不给他人造成危险。 4. 知道一些基本的防灾知识。

教育建议：

1. 创设安全的生活环境，提供必要的保护措施。如要把热水瓶、药品、火柴、刀具等物品放到幼儿够不到的地方，阳台或窗台要有安全保护措施，要使用安全的电源插座等；在公共场所要注意照看好幼儿，幼儿乘车、乘电梯时要有成人陪伴，不把幼儿单独留在家里或汽车里等。

2. 结合生活实际对幼儿进行安全教育。如：

外出时，提醒幼儿要紧跟成人，不远离成人的视线，不跟陌生人走，不吃陌生人给的东西；不在河边和马路边玩耍；要遵守交通规则等。

帮助幼儿了解周围环境中不安全的事物，不做危险的事。如不动热水壶，不玩火柴或打火机，不摸电源插座，不攀爬窗户或阳台等。

帮助幼儿认识常见的安全标识，如小心触电、小心有毒、禁止下河游泳、紧急出口等。

告诉幼儿不允许别人触摸自己的隐私部位。

3. 教给幼儿简单的自救和求救的方法。如记住自己家庭的住址、电话号码、父母的姓名和单位，一旦走失时知道向成人求助，并能提供必要信息；遇到火灾或其他紧急情况时，知道要拨打110、120、119等求救电话；可利用图书、音像等材料对幼儿进行逃生和求救方面的教育，并运用游戏方式模拟练习；幼儿园应定期进行火灾、地震等自然灾害的逃生演习。

二、语言

语言是交流和思维的工具。幼儿期是语言发展，特别是口语发展的重要时期。幼儿语言的发展贯穿于各个领域，也对其他领域的学习与发展有着重要的影响：幼儿在运用语言进行交流的同时，也在发展着人际交往能力、理解他人和判断交往情境的能力、组织自己思想的能力。通过语言获取信息，幼儿的学习逐步超越个体的直接感知。

幼儿的语言能力是在交流和运用的过程中发展起来的。应为幼儿创设自由、宽松的语言交往环境，鼓励和支持幼儿与成人、同伴交流，让幼儿想说、敢说、喜欢说并能得到积极回应。为幼儿提供丰富、适宜的低幼读物，经常和幼儿一起看图书、讲故事，丰富其语言表达能力，培养阅读兴趣和良好的阅读习惯，进一步拓展学习经验。

幼儿的语言学习需要相应的社会经验支持，应通过多种活动扩展幼儿的生活经验，丰富语言的内容，增强理解和表达能力。应在生活情境和阅读活动中引导幼儿自然而然地产生对文字的兴趣，用机械记忆和强化训练的方式让幼儿过早识字不符合其学习特点和接受能力。

（一）倾听与表达

目标1 认真听并能听懂常用语言

3～4岁	4～5岁	5～6岁
1. 别人对自己说话时能注	1. 在群体中能有意识地听	1. 在集体中能注意听老师

续表

	与自己有关的信息。 2.能结合情境感受到不同语气、语调所表达的不同意思。 3.方言地区和少数民族幼儿能基本听懂普通话。	或其他人讲话。 2.听不懂或有疑问时能主动提问。 3.能结合情境理解一些表示因果、假设等相对复杂的句子。
意听并做出回应。 2.能听懂日常会话。		

教育建议：

1. 多给幼儿提供倾听和交谈的机会。如经常和幼儿一起谈论他感兴趣的话题，或一起看图书、讲故事。

2. 引导幼儿学会认真倾听。如成人要耐心倾听别人（包括幼儿）的讲话，等别人讲完再表达自己的观点；与幼儿交谈时，要用幼儿能听得懂的语言；对幼儿提要求和布置任务时要求他注意听，鼓励他主动提问。

3. 对幼儿讲话时，注意结合情境使用丰富的语言，以便于幼儿理解。如：

说话时注意语气、语调，让幼儿感受语气、语调的作用。如对幼儿的不合理要求以比较坚定的语气表示不同意；讲故事时，尽量把故事人物高兴、悲伤的心情用不同的语气、语调表现出来。

根据幼儿的理解水平有意识地使用一些反映因果、假设、条件等关系的句子。

目标2 愿意讲话并能清楚地表达

3～4岁	4～5岁	5～6岁
1.愿意在熟悉的人面前说话，能大方地与人打招呼。 2.基本会说本民族或本地区的语言。 3.愿意表达自己的需要和想法，必要时能配以手势动作。 4.能口齿清楚地说儿歌、童谣或复述简短的故事。	1.愿意与他人交谈，喜欢谈论自己感兴趣的话题。 2.会说本民族或本地区的语言，基本会说普通话。少数民族聚居地区幼儿会用普通话进行日常会话。 3.能基本完整地讲述自己的所见所闻和经历的事情。 4.讲述比较连贯。	1.愿意与他人讨论问题，敢在众人面前说话。 2.会说本民族或本地区的语言和普通话，发音正确清晰。少数民族聚居地区幼儿基本会说普通话。 3.能有序、连贯、清楚地讲述一件事情。 4.讲述时能使用常见的形容词、同义词等，语言比较生动。

教育建议:

1. 为幼儿创造说话的机会并体验语言交往的乐趣。

每天有足够的时间与幼儿交谈。如谈论他感兴趣的话题,询问和听取他对自己事情的意见等。

尊重和接纳幼儿的说话方式,无论幼儿的表达水平如何,都应认真地倾听并给予积极的回应。

鼓励和支持幼儿与同伴一起玩耍、交谈,相互讲述见闻、趣事或看过的图书、动画片等。

方言和少数民族地区应积极为幼儿创设用普通话交流的语言环境。

2. 引导幼儿清楚地表达。如:

和幼儿讲话时,成人自身的语言要清楚、简洁。

当幼儿因为急于表达而说不清楚的时候,提醒他不要着急,慢慢说;同时要耐心倾听,给予必要的补充,帮助他理清思路并清晰地说出来。

目标 3 具有文明的语言习惯

3～4岁	4～5岁	5～6岁
1. 与别人讲话时知道眼睛要看着对方。 2. 说话自然,声音大小适中。 3. 能在成人的提醒下使用恰当的礼貌用语。	1. 别人对自己讲话时能回应。 2. 能根据场合调节自己说话声音的大小。 3. 能主动使用礼貌用语,不说脏话、粗话。	1. 别人讲话时能积极主动地回应。 2. 能根据谈话对象和需要,调整说话的语气。 3. 懂得按次序轮流讲话,不随意打断别人。 4. 能依据所处情境使用恰当的语言。如在别人难过时会用恰当的语言表示安慰。

教育建议:

1. 成人注意语言文明,为幼儿作出表率。如与他人交谈时,认真倾听,使用礼貌用语;在公共场合不大声说话,不说脏话、粗话;幼儿表达意见时,成人可蹲下来,眼睛平视幼儿,耐心听他把话说完。

2. 帮助幼儿养成良好的语言行为习惯。如:

结合情境提醒幼儿一些必要的交流礼节。如对长辈说话要有礼貌,客人来访时要打招呼,得到帮助时要说谢谢等。

提醒幼儿遵守集体生活的语言规则,如轮流发言,不随意打断别人讲话等。

提醒幼儿注意公共场所的语言文明,如不大声喧哗。

(二)阅读与书写准备

目标1 喜欢听故事,看图书

3～4岁	4～5岁	5～6岁
1. 主动要求成人讲故事、读图书。 2. 喜欢跟读韵律感强的儿歌、童谣。 3. 爱护图书,不乱撕、乱扔。	1. 反复看自己喜欢的图书。 2. 喜欢把听过的故事或看过的图书讲给别人听。 3. 对生活中常见的标识、符号感兴趣,知道它们表示一定的意义。	1. 专注地阅读图书。 2. 喜欢与他人一起谈论图书和故事的有关内容。 3. 对图书和生活情境中的文字符号感兴趣,知道文字表示一定的意义。

教育建议:

1. 为幼儿提供良好的阅读环境和条件。如提供一定数量、符合幼儿年龄特点、富有童趣的图画书;提供相对安静的地方,尽量减少干扰,保证幼儿自主阅读。

2. 激发幼儿的阅读兴趣,培养阅读习惯。如经常抽时间与幼儿一起看图书、讲故事;提供童谣、故事和诗歌等不同体裁的儿童文学作品,让幼儿自主选择和阅读;当幼儿遇到感兴趣的事物或问题时,和他一起查阅图书资料,让他感受图书的作用,体会通过阅读获取信息的乐趣。

3. 引导幼儿体会标识、文字符号的用途。如:

向幼儿介绍医院、公用电话等生活中的常见标识,让他知道标识可以代表具体事物。

结合生活实际,帮助幼儿体会文字的用途。如买来新玩具时,把说明书上的文字念给幼儿听,了解玩具的玩法。

目标2 具有初步的阅读理解能力

3～4岁	4～5岁	5～6岁
1. 能听懂短小的儿歌或故事。 2. 会看画面,能根据画面说出图中有什么,发生了什么事等。 3. 能理解图书上的文字是	1. 能大体讲出所听故事的主要内容。 2. 能根据连续画面提供的信息,大致说出故事的情节。 3. 能随着作品的展开产生喜悦、担忧等相应的情绪反	1. 能说出所阅读的幼儿文学作品的主要内容。 2. 能根据故事的部分情节或图书画面的线索猜想故事情节的发展,或续编、创编故事。 3. 对看过的图书、听过的故

续表

和画面对应的,是用来表达画面意义的。	应,体会作品所表达的情绪情感。	事能说出自己的看法。 4.能初步感受文学语言的美。

教育建议:

1. 经常和幼儿一起阅读,引导他以自己的经验为基础理解图书的内容。如:引导幼儿仔细观察画面,结合画面讨论故事内容,学习建立画面与故事内容的联系;和幼儿一起讨论或回忆书中的故事情节,引导他有条理地说出故事的大致内容;在给幼儿读书或讲故事时,可先不告诉名字,让幼儿听完后自己命名,并说出这样命名的理由;鼓励幼儿自主阅读,并与他人讨论自己在阅读中的发现、体会和想法。

2. 在阅读中发展幼儿的想象和创造能力。如鼓励幼儿依据画面线索讲述故事,大胆推测、想象故事情节的发展,改编故事部分情节或续编故事结尾;鼓励幼儿用故事表演、绘画等不同的方式表达自己对图书和故事的理解;鼓励和支持幼儿自编故事,并为自编的故事配上图画,制成图画书。

3. 引导幼儿感受文学作品的美。如有意识地引导幼儿欣赏或模仿文学作品的语言节奏和韵律;给幼儿读书时,通过表情、动作和抑扬顿挫的声音传达书中的情绪情感,让幼儿体会作品的感染力和表现力。

目标3 具有书面表达的愿望和初步技能

3~4岁	4~5岁	5~6岁
1.喜欢用涂涂画画表达一定的意思。	1.愿意用图画和符号表达自己的愿望和想法。 2.在成人提醒下,写写画画时姿势正确。	1.愿意用图画和符号表现事物或故事。 2.会正确书写自己的名字。 3.写画时姿势正确。

教育建议:

1. 让幼儿在写写画画的过程中体验文字符号的功能,培养书写兴趣。如准备供幼儿随时取放的纸、笔等材料,也可利用沙地、树枝等自然材料,满足幼儿自由涂画的需要;鼓励幼儿将自己感兴趣的事情或故事画下来并讲给别人听,让幼儿体会写写画画的方式可以表达自己的想法和情感;把幼儿讲过的事情用文字记录下来,并念给他听,使幼儿知道说的话可以用文字记录下来,从中体会文字的用途。

2. 在绘画和游戏中做必要的书写准备。如通过把虚线画出的图形轮廓连

成实线等游戏,促进手眼协调,同时帮助幼儿学习由上至下、由左至右的运笔技能;鼓励幼儿学习书写自己的名字;提醒幼儿写画时保持正确姿势。

三、社会

幼儿社会领域的学习与发展过程是其社会性不断完善并奠定健全人格基础的过程。人际交往和社会适应是幼儿社会学习的主要内容,也是其社会性发展的基本途径。幼儿在与成人和同伴交往的过程中,不仅学习如何与人友好相处,也在学习如何看待自己、对待他人,不断发展适应社会生活的能力。良好的社会性发展对幼儿身心健康和其他各方面的发展都具有重要影响。

家庭、幼儿园和社会应共同努力,为幼儿创设温暖、关爱、平等的家庭和集体生活氛围,建立良好的亲子关系、师生关系和同伴关系,让幼儿在积极健康的人际关系中获得安全感和信任感,发展自信和自尊;在良好的社会环境及文化的熏陶中学会遵守规则,形成基本的认同感和归属感。

幼儿的社会性主要是在日常生活和游戏中通过观察和模仿潜移默化地发展起来的。成人应注重自己言行的榜样作用,避免简单生硬的说教。

(一)人际交往

目标1 愿意与人交往

3~4岁	4~5岁	5~6岁
1. 愿意和小朋友一起游戏。 2. 愿意与熟悉的长辈一起活动。	1. 喜欢和小朋友一起游戏,有经常一起玩的小伙伴。 2. 喜欢和长辈交谈,有事愿意告诉长辈。	1. 有自己的好朋友,也喜欢结交新朋友。 2. 有问题愿意向别人请教。 3. 有高兴的或有趣的事愿意与大家分享。

教育建议:

1. 主动亲近和关心幼儿,经常和他一起游戏或活动,让幼儿感受到与成人交往的快乐,建立亲密的亲子关系和师生关系。

2. 创造交往的机会,让幼儿体会交往的乐趣。如利用走亲戚、到朋友家做客或有客人来访的时机,鼓励幼儿与他人接触和交谈;鼓励幼儿参加小朋友的游戏,邀请小朋友到家里玩,感受有朋友一起玩的快乐;幼儿园应多为幼儿提供自由交往和游戏的机会,鼓励他们自主选择、自由结伴开展活动。

目标2 能与同伴友好相处

3~4岁	4~5岁	5~6岁
1. 想加入同伴的游戏时，能友好地提出请求。 2. 在成人指导下，不争抢、不独霸玩具。 3. 与同伴发生冲突时，能听从成人的劝解。	1. 会运用介绍自己、交换玩具等简单技巧加入同伴游戏。 2. 对大家都喜欢的东西能轮流、分享。 3. 与同伴发生冲突时，能在他人帮助下和平解决。 4. 活动时愿意接受同伴的意见和建议。 5. 不欺负弱小。	1. 能想办法吸引同伴和自己一起游戏。 2. 活动时能与同伴分工合作，遇到困难能一起克服。 3. 与同伴发生冲突时能自己协商解决。 4. 知道别人的想法有时和自己不一样，能倾听和接受别人的意见，不能接受时会说明理由。 5. 不欺负别人，也不允许别人欺负自己。

教育建议：

1. 结合具体情境，指导幼儿学习交往的基本规则和技能。如：

当幼儿不知怎样加入同伴游戏，或提出请求不被接受时，建议他拿出玩具邀请大家一起玩；或者扮成某个角色加入同伴的游戏。

对幼儿与别人分享玩具、图书等行为给予肯定，让他对自己的表现感到高兴和满足。

当幼儿与同伴发生矛盾或冲突时，指导他尝试用协商、交换、轮流玩、合作等方式解决冲突。

利用相关的图书、故事，结合幼儿的交往经验，和他讨论什么样的行为受大家欢迎，想要得到别人的接纳应该怎样做。

幼儿园应多为幼儿提供需要大家齐心协力才能完成的活动，让幼儿在具体活动中体会合作的重要性，学习分工合作。

2. 结合具体情境，引导幼儿换位思考，学习理解别人。如：

幼儿有争抢玩具等不友好行为时，引导他们想想"假如你是那个小朋友，你有什么感受"？让幼儿学习理解别人的想法和感受。

3. 和幼儿一起谈谈他的好朋友，说说喜欢这个朋友的原因，引导他多发现同伴的优点、长处。

目标3 具有自尊、自信、自主的表现

3～4岁	4～5岁	5～6岁
1. 能根据自己的兴趣选择游戏或其他活动。 2. 为自己的好行为或活动成果感到高兴。 3. 自己能做的事情愿意自己做。 4. 喜欢承担一些小任务。	1. 能按自己的想法进行游戏或其他活动。 2. 知道自己的一些优点和长处，并对此感到满意。 3. 自己的事情尽量自己做，不愿意依赖别人。 4. 敢于尝试有一定难度的活动和任务。	1. 能主动发起活动或在活动中出主意、想办法。 2. 做了好事或取得了成功后还想做得更好。 3. 自己的事情自己做，不会的愿意学。 4. 主动承担任务，遇到困难能够坚持而不轻易求助。 5. 与别人的看法不同时，敢于坚持自己的意见并说出理由。

教育建议：

1. 关注幼儿的感受，保护其自尊心和自信心。如能以平等的态度对待幼儿，使幼儿切实感受到自己被尊重；对幼儿好的行为表现多给予具体、有针对性的肯定和表扬，让他对自己优点和长处有所认识并感到满足和自豪；不要拿幼儿的不足与其他幼儿的优点作比较。

2. 鼓励幼儿自主决定，独立做事，增强其自尊心和自信心。如：

与幼儿有关的事情要征求他的意见，即使他的意见与成人不同，也要认真倾听，接受他的合理要求。

在保证安全的情况下，支持幼儿按自己的想法做事；或提供必要的条件，帮助他实现自己的想法。

幼儿自己的事情尽量放手让他自己做，即使做得不够好，也应鼓励并给予一定的指导，让他在做事中树立自尊和自信。

鼓励幼儿尝试有一定难度的任务，并注意调整难度，让他感受经过努力获得的成就感。

目标4 关心尊重他人

3～4岁	4～5岁	5～6岁
1.长辈讲话时能认真听，并能听从长辈的要求。	1.会用礼貌的方式向长辈表达自己的要求和想法。	1.能有礼貌地与人交往。 2.能关注别人的情绪和需要，并能给予力所能及的帮

续表

2. 身边的人生病或不开心时表示同情。 3. 在提醒下能做到不打扰别人。	2. 能注意到别人的情绪,并有关心、体贴的表现。 3. 知道父母的职业,能体会到父母为养育自己所付出的辛劳。	助。 3. 尊重为大家提供服务的人,珍惜他们的劳动成果。 4. 接纳、尊重与自己的生活方式或习惯不同的人。

教育建议:

1. 成人以身作则,以尊重、关心的态度对待自己的父母、长辈和其他人。如:

经常问候父母,主动做家务。

礼貌地对待老年人,如坐车时主动为老人让座。

看到别人有困难能主动关心并给予一定的帮助。

2. 引导幼儿尊重、关心长辈和身边的人,尊重他人劳动及成果。如:

提醒幼儿关心身边的人,如妈妈累了,知道让她安静休息一会儿。

借助故事、图书等给幼儿讲讲父母抚育孩子成长的经历,让幼儿理解和体会父爱与母爱。

结合实际情境,提醒幼儿注意别人的情绪,了解他们的需要,给予适当的关心和帮助。

利用生活机会和角色游戏,帮助幼儿了解与自己关系密切的社会服务机构及其工作,如商场、邮局、医院等,体会这些机构给大家提供的便利和服务,懂得尊重工作人员的劳动,珍惜劳动成果。

3. 引导幼儿学习用平等、接纳和尊重的态度对待差异。如了解每个人都有自己的兴趣、爱好和特长,可以相互学习;利用民间游戏、传统节日等,适当向幼儿介绍我国主要民族和世界其他国家和民族的文化,帮助幼儿感知文化的多样性和差异性,理解人们之间是平等的,应该互相尊重,友好相处。

(二) 社会适应

目标1 喜欢并适应群体生活

3~4岁	4~5岁	5~6岁
1. 对群体活动有兴趣。 2. 对幼儿园的生活好奇,喜欢上幼儿园。	1. 愿意并主动参加群体活动。 2. 愿意与家长一起参加社区的一些群体活动。	1. 在群体活动中积极、快乐。 2. 对小学生活有好奇和向往。

教育建议：

1. 经常和幼儿一起参加一些群体性的活动，让幼儿体会群体活动的乐趣。如参加亲戚、朋友和同事间的聚会以及适合幼儿参加的社区活动等；支持幼儿和不同群体的同伴一起游戏，丰富其群体活动的经验。

2. 幼儿园组织活动时，可以经常打破班级的界限，让幼儿有更多机会参加不同群体的活动。

3. 带领大班幼儿参观小学，讲讲小学有趣的活动，唤起他们对小学生活的好奇和向往，为入学做好心理准备。

目标 2 遵守基本的行为规范

3～4岁	4～5岁	5～6岁
1. 在提醒下，能遵守游戏和公共场所的规则。 2. 知道不经允许不能拿别人的东西，借别人的东西要归还。 3. 在成人提醒下，爱护玩具和其他物品。	1. 感受规则的意义，并能基本遵守规则。 2. 不私自拿不属于自己的东西。 3. 知道说谎是不对的。 4. 知道接受了的任务要努力完成。 5. 在提醒下，能节约粮食、水电等。	1. 理解规则的意义，能与同伴协商制定游戏和活动规则。 2. 爱惜物品，用别人的东西时也知道爱护。 3. 做了错事敢于承认，不说谎。 4. 能认真负责地完成自己所接受的任务。 5. 爱护身边的环境，注意节约资源。

教育建议：

1. 成人要遵守社会行为规则，为幼儿树立良好的榜样。如答应幼儿的事一定要做到、尊老爱幼、爱护公共环境，节约水电等。

2. 结合社会生活实际，帮助幼儿了解基本行为规则或其他游戏规则，体会规则的重要性，学习自觉遵守规则。如：

经常和幼儿玩带有规则的游戏，遵守共同约定的游戏规则。

利用实际生活情境和图书故事，向幼儿介绍一些必要的社会行为规则，以及为什么要遵守这些规则。

在幼儿园的区域活动中，创设情境，让幼儿体会没有规则的不方便，鼓励他们讨论制定规则并自觉遵守。

对幼儿表现出的遵守规则的行为要及时肯定，对违规行为给予纠正。如幼儿主动为老人让座时要表扬，幼儿损害别人的物品或公共物品时要及时制止并主动赔偿。

3. 教育幼儿要诚实守信。如：

对幼儿诚实守信的行为要及时肯定。

允许幼儿犯错误，告诉他改了就好。不要打骂幼儿，以免他因害怕惩罚而说谎。

小年龄幼儿经常分不清想象和现实，成人不要误认为他是在说谎。

发现幼儿说谎时，要反思是否是因自己对幼儿的要求过高过严造成的。如果是，要及时调整自己的行为，同时要严肃地告诉幼儿说谎是不对的。

经常给幼儿分配一些力所能及的任务，要求他完成并及时给予表扬，培养他的责任感和认真负责的态度。

目标3　具有初步的归属感

3～4岁	4～5岁	5～6岁
1. 知道和自己一起生活的家庭成员及与自己的关系，体会到自己是家庭的一员。 2. 能感受到家庭生活的温暖，爱父母，亲近与信赖长辈。 3. 能说出自己家所在街道、小区（乡镇、村）的名称。	1. 喜欢自己所在的幼儿园和班级，积极参加集体活动。 2. 能说出自己家所在地的省、市、县（区）名称，知道当地有代表性的物产或景观。 3. 知道自己是中国人。 4. 认识国旗，知道国歌。奏国歌、升国旗时能自动站好。	1. 愿意为集体做事，为集体的成绩感到高兴。 2. 能感受到家乡的发展变化并为此感到高兴。 3. 知道自己的民族，知道中国是一个多民族的大家庭，各民族之间要互相尊重，团结友爱。 4. 知道国家一些重大成就，爱祖国，为自己是中国人感到自豪。

教育建议：

1. 亲切地对待幼儿，关心幼儿，让他感到长辈是可亲、可近、可信赖的，家庭和幼儿园是温暖的。如多和孩子一起游戏、谈笑，尽量在家庭和班级中营造温馨的氛围；通过和幼儿一起翻阅照片、讲幼儿成长的故事等，让幼儿感受到家庭和幼儿园的温暖、老师的和蔼可亲，对养育自己的人产生感激之情。

2. 吸引和鼓励幼儿参加集体活动，萌发集体意识。如幼儿园和班级里的重大事情和计划，请幼儿集体讨论决定；幼儿园应经常组织多种形式的集体活动，萌发幼儿的集体荣誉感。

3. 运用幼儿喜闻乐见和能够理解的方式激发幼儿爱家乡、爱祖国的情感。如：

和幼儿说一说或在地图上找一找自己家所在的省、市、县（区）名称。

和幼儿一起外出游玩，一起看有关的电视节目或画报等；和他们一起收集有关家乡、祖国各地的风景名胜、著名的建筑、独特物产的图片等,在观看和欣赏的过程中激发幼儿的自豪感和热爱之情。

利用电视节目或参加升旗等活动,向幼儿介绍国旗、国歌以及观看升旗、奏国歌的礼仪。

向幼儿介绍反映中国人聪明才智的发明和创造,激发幼儿的民族自豪感。

四、科学

幼儿的科学学习是在探究具体事物和解决实际问题中,尝试发现事物间的异同和联系的过程。幼儿在对自然事物的探究和运用科学解决实际生活问题的过程中,不仅获得丰富的感性经验,充分发展形象思维,而且初步尝试归类、排序、判断、推理,逐步发展逻辑思维能力,为其他领域的深入学习奠定基础。

幼儿科学学习的核心是激发探究兴趣,体验探究过程,发展初步的探究能力。成人要善于发现和保护幼儿的好奇心,充分利用自然和实际生活机会,引导幼儿通过观察、比较、操作、实验等方法,学习发现问题、分析问题和解决问题;帮助幼儿不断积累经验,并运用于新的学习活动,形成受益终身的学习态度和能力。

幼儿的思维特点是以具体形象思维为主,应注重引导幼儿通过直接感知、亲身体验和实际操作进行科学学习,不应为追求知识和技能的掌握,对幼儿进行灌输和强化训练。

(一)科学探究

目标1 亲近自然,喜欢探究

3~4岁	4~5岁	5~6岁
1. 喜欢接触大自然,对周围的很多事物和现象感兴趣。 2. 经常问各种问题,或好奇地摆弄物品。	1. 喜欢接触新事物,经常问一些与新事物有关的问题。 2. 常常动手动脑探索物体和材料,并乐在其中。	1. 对自己感兴趣的问题总是刨根问底。 2. 能经常动手动脑寻找问题的答案。 3. 探索中有所发现时感到兴奋和满足。

教育建议:

1. 经常带幼儿接触大自然,激发其好奇心与探究欲望。如为幼儿提供一些有趣的探究工具,用自己的好奇心和探究积极性感染和带动幼儿;和幼儿一起发

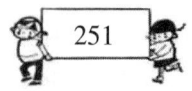

现并分享周围新奇、有趣的事物或现象,一起寻找问题的答案;通过拍照和画图等方式保留和积累有趣的探索与发现。

2. 真诚地接纳、多方面支持和鼓励幼儿的探索行为。如认真对待幼儿的问题,引导他们猜一猜、想一想,有条件时和幼儿一起做一些简易的调查或有趣的小实验;容忍幼儿因探究而弄脏、弄乱甚至破坏物品的行为,引导他们活动后做好收拾整理;多为幼儿选择一些能操作、多变化、多功能的玩具材料或废旧材料,在保证安全的前提下,鼓励幼儿拆装或动手自制玩具。

目标2 具有初步的探究能力

3~4岁	4~5岁	5~6岁
1.对感兴趣的事物能仔细观察,发现其明显特征。 2.能用多种感官或动作去探索物体,关注动作所产生的结果。	1.能对事物或现象进行观察比较,发现其相同与不同。 2.能根据观察结果提出问题,并大胆猜测答案。 3.能通过简单的调查收集信息。 4.能用图画或其他符号进行记录。	1.能通过观察、比较与分析,发现并描述不同种类物体的特征或某个事物前后的变化。 2.能用一定的方法验证自己的猜测。 3.在成人的帮助下能制订简单的调查计划并执行。 4.能用数字、图画、图表或其他符号记录。 5.探究中能与他人合作与交流。

教育建议:

1. 有意识地引导幼儿观察周围事物,学习观察的基本方法,培养观察与分类能力。如:

支持幼儿自发的观察活动,对其发现表示赞赏。

通过提问等方式引导幼儿思考并对事物进行比较观察和连续观察。

引导幼儿在观察和探索的基础上,尝试进行简单的分类、概括。如根据运动方式给动物分类,根据生长环境给植物分类,根据外部特征给物体分类,等等。

2. 支持和鼓励幼儿在探究的过程中积极动手动脑寻找答案或解决问题。如:

鼓励幼儿根据观察或发现提出值得继续探究的问题,或成人提出有探究意义且能激发幼儿兴趣的问题。如:皮球、轮胎、竹筒等物体滚动时都走直线吗?怎样让橡皮泥球浮在水面上?

支持和鼓励幼儿大胆联想、猜测问题的答案,并设法验证。如玩风车时,鼓励幼儿猜测风车转动方向及速度快慢的原因和条件,并实际去验证。

支持、引导幼儿学习用适宜的方法探究和解决问题,或为自己的想法收集证据。如:想知道院子里有多少种植物,可以进行实地调查;想知道球在平地上还是在斜坡上滚得快,可以动手试一试;想证明影子的方向与太阳的位置有关,可以做个小实验进行验证等。

3. 鼓励和引导幼儿学习作简单的计划和记录,并与他人交流分享。如:

和幼儿共同制订调查计划,讨论调查对象、步骤和方法等,也可以和幼儿一起设法用图画、箭头等标识呈现计划。

鼓励幼儿用绘画、照相、做标本等办法记录观察和探究的过程与结果,注意要让记录有意义,通过记录帮助幼儿丰富观察经验、建立事物之间的联系和分享发现。

支持幼儿与同伴合作探究与分享交流,引导他们在交流中尝试整理、概括自己探究的成果,体验合作探究和发现的乐趣。如一起讨论和分享自己的问题与发现,一起想办法收集资料和验证猜测。

4. 帮助幼儿回顾自己探究过程,讨论自己做了什么,怎么做的,结果与计划目标是否一致,分析一下原因以及下一步要怎样做等。

目标3　在探究中认识周围事物和现象

3～4岁	4～5岁	5～6岁
1. 认识常见的动植物,能注意并发现周围的动植物是多种多样的。 2. 能感知和发现物体和材料的软硬、光滑和粗糙等特性。 3. 能感知和体验天气对自己生活和活动的影响。 4. 初步了解和体会动植物和人们生活的关系。	1. 能感知和发现动植物的生长变化及其基本条件。 2. 能感知和发现常见材料的溶解、传热等性质或用途。 3. 能感知和发现简单物理现象,如物体形态或位置变化等。 4. 能感知和发现不同季节的特点,体验季节对动植物和人的影响。 5. 初步感知常用科技产品与自己生活的关系,知道科技产品有利也有弊。	1. 能察觉到动植物的外形特征、习性与生存环境的适应关系。 2. 能发现常见物体的结构与功能之间的关系。 3. 能探索并发现常见的物理现象产生的条件或影响因素,如影子、沉浮等。 4. 感知并了解季节变化的周期性,知道变化的顺序。 5. 初步了解人们的生活与自然环境的密切关系,知道尊重和珍惜生命,保护环境。

教育建议:

1. 支持幼儿在接触自然、生活事物和现象中积累有益的直接经验和感性认识。如和幼儿一起通过户外活动、参观考察、种植和饲养活动,感知生物的多样性和独特性,以及生长发育、繁殖和死亡的过程;给幼儿提供丰富的材料和适宜的工具,支持幼儿在游戏过程中探索并感知常见物质、材料的特性和物体的结构特点。

2. 引导幼儿在探究中思考,尝试进行简单的推理和分析,发现事物之间明显的关联。如:

引导5岁以上幼儿关注和思考动植物的外部特征、习性与生活环境对动植物生存的意义。如兔子的长耳朵具有自我保护的作用,植物种子的形状有助于其传播等。

引导幼儿根据常见物质、材料的特性和物体的结构特点,推测和证实它们的用途。如带轮子的物体方便移动,不同用途的车辆有不同的结构,等等。

3. 引导幼儿关注和了解自然、科技产品与人们生活的密切关系,逐渐懂得热爱、尊重、保护自然。如:

结合幼儿的生活需要,引导他们体会人与自然、动植物的依赖关系。如动植物、季节变化与人们生活的关系、常见灾害性天气给人们生产和生活带来的影响等。

和幼儿一起讨论常见科技产品的用途和弊端,如汽车等交通工具给生活带来的方便和对环境的污染等。

(二) 数学认知

目标1 初步感知生活中数学的有用和有趣

3~4岁	4~5岁	5~6岁
1.感知和发现周围物体的形状是多种多样的,对不同的形状感兴趣。 2.体验和发现生活中很多地方都用到数。	1.在指导下,感知和体会有些事物可以用形状来描述。 2.在指导下,感知和体会有些事物可以用数来描述,对环境中各种数字的含义有进一步探究的兴趣。	1.能发现事物简单的排列规律,并尝试创造新的排列规律。 2.能发现生活中许多问题都可以用数学的方法来解决,体验解决问题的乐趣。

教育建议:

1. 引导幼儿注意事物的形状特征,尝试用表示形状的词来描述事物,体会描述的生动形象性和趣味性。如:

参观游览后,和幼儿一起谈论所看到的事物的形状,鼓励幼儿产生联想,并

用自己的语言进行描述。如熊猫的身体圆圆的,全身好像是一个个的圆形组成的。

和幼儿交谈或读书讲故事时,适当地运用一些有关形状的词汇来描述事物,如看图片时,和幼儿讨论奥运会场馆的形状,体会为什么有的场馆叫"水立方",有的叫"鸟巢"。

2. 引导幼儿感知和体会生活中很多地方都用到数,关注周围与自己生活密切相关的数的信息,体会数可以代表不同的意义。如:

和幼儿一起寻找发现生活中用数字作标识的事物,如电话号码、时钟、日历和商品的价签等。

引导幼儿了解和感受数用在不同的地方,表示的意义是不一样的。如天气预报中表示气温的数代表冷热状况,钟表上的数表明时间的早晚等。

鼓励幼儿尝试使用数的信息进行一些简单的推理。如知道今天是星期五,能推断明天是星期六,爸爸妈妈休息。

3. 引导幼儿观察发现按照一定规律排列的事物,体会其中的排列特点与规律,并尝试自己创造出新的排列规律。如:

和幼儿一起发现和体会按一定顺序排列的队形整齐有序。

提供具有重复性旋律和词语的音乐、儿歌和故事,或利用环境中有序排列的图案(如按颜色间隔排列的瓷砖、按形状间隔排列的珠帘等),鼓励幼儿发现和感受其中的规律。

鼓励幼儿尝试自己设计有规律的花边图案、创编有一定规律的动作,或者按某种规律进行搭建活动。

引导幼儿体会生活中很多事情都是有一定顺序和规律的,如一周七天的顺序是从周一到周日,一年四季按照春夏秋冬轮回等。

4. 鼓励和支持幼儿发现、尝试、解决日常生活中需要用到数学的问题,体会数学的用处。如:

拍球、跳绳、跳远或投沙包时,可通过数数、测量的方法确定名次。

讨论春游去哪里玩时,让幼儿商量想去哪里玩?每个想去的地方有多少人?根据统计结果作出决定。

滑滑梯时,按照"先来先玩"的规则有序地排队玩。

目标2 感知和理解数、量及数量关系

3～4岁	4～5岁	5～6岁
1. 能感知和区分物体的大小、多少、高矮、长短等量方	1. 能感知和区分物体的粗细、厚薄、轻重等量方面的	1. 初步理解量的相对性。 2. 借助实际情境和操作

		续表
面的特点,并能用相应的词表示。 2.能通过一一对应的方法比较两组物体的多少。 3.能手口一致地点数5个以内的物体,并能说出总数。能按数取物。 4.能用数词描述事物或动作。如我有4本图书。	特点,并能用相应的词语描述。 2.能通过数数比较两组物体的多少。 3.能通过实际操作理解数与数之间的关系,如5比4多1;2和3合在一起是5。 4.会用数词描述事物的排列顺序和位置。	(如合并或拿取)理解"加"和"减"的实际意义。 3.能通过实物操作或其他方法进行10以内的加减运算。 4.能用简单的记录表、统计图等表示简单的数量关系。

教育建议:

1.引导幼儿感知和理解事物"量"的特征。如:

感知常见事物的大小、多少、高矮、粗细等量的特征,学习使用相应的词汇描述这些特征。

结合具体事物让幼儿通过多次比较逐渐理解"量"是相对的。如小亮比小明高,但比小强矮。

收拾物品时,根据情况,鼓励幼儿按照物体量的特征分类整理。如整理图书时按照大小摆放。

2.结合日常生活,指导幼儿学习通过对应或数数的方式比较物体的多少。如:

鼓励幼儿在一对一配对的过程中发现两组物体的多少。如在给桌子上的每个碗配上勺子时,发现碗和勺多少的不同。

鼓励幼儿通过数数比较两样东西的多少。如数一数有多少个苹果,多少个梨,判断苹果和梨哪个多、哪个少。

3.利用生活和游戏中的实际情境,引导幼儿理解数的概念。如:

结合生活需要,和幼儿一起手口一致点数物体,得出物体的总数。

通过点数的方式让幼儿体会物体的数量不会因排列形式、空间位置的不同而发生变化。如鼓励幼儿将一定数量的扣子以不同的形式摆放,体会扣子的数量是不变的。

结合日常生活,为幼儿提供"按数取物"的机会。如游戏时,请幼儿按要求拿出几个球。

4.通过实物操作引导幼儿理解数与数之间的关系,并用"加"或"减"的办法来解决问题。如:

游戏中遇到让4个小动物住进两间房子的问题,或生活中遇到将5块饼干

分给两个小朋友问题时,让幼儿尝试不同的分法。

鼓励幼儿尝试自己解决生活中的数学问题。如家里来了5位客人,桌子上只有3个杯子,还需要几个杯子等。

购少量物品时,有意识地鼓励幼儿参与计算和付款的过程等。

目标3 感知形状与空间关系

3～4岁	4～5岁	5～6岁
1.能注意物体较明显的形状特征,并能用自己的语言描述。 2.能感知物体基本的空间位置与方位,理解上下、前后、里外等方位词。	1.能感知物体的形体结构特征,画出或拼搭出该物体的造型。 2.能感知和发现常见几何图形的基本特征,并能进行分类。 3.能使用上下、前后、里外、中间、旁边等方位词描述物体的位置和运动方向。	1.能用常见的几何形体有创意地拼搭和画出物体的造型。 2.能按语言指示或根据简单示意图正确取放物品。 3.能辨别自己的左右。

教育建议:

1.用多种方法帮助幼儿在物体与几何形体之间建立联系。如:

引导幼儿感受生活中各种物品的形状特征,并尝试识别和描述。如感受和识别盘子、桌子、车轮、地砖等物品的形状特征。

鼓励和支持幼儿用积木、纸盒、拼板等各种形状材料进行建构游戏或制作活动。如用长方形的纸盒加两个圆形瓶盖制作"汽车"。

收拾整理积木时,引导幼儿体验图形之间的转换。如两个等腰直角三角形可组合成一个正方形,两个正方形可组合成一个长方形。

引导幼儿注意观察生活物品的图形特征,鼓励他们按形状分类整理物品。

2.丰富幼儿空间方位识别的经验,引导幼儿运用空间方位经验解决问题。如:

请幼儿取放物体时,使用他们能够理解的方位词,如把桌子下面的东西放到窗台上,把花盆放在大树旁边等。

和幼儿一起识别熟悉场所的位置。如超市在家的旁边,邮局在幼儿园的前面。

在体育、音乐和舞蹈活动中,引导幼儿感受空间方位和运动方向。

和幼儿玩按指令找宝的游戏。对年龄小的幼儿要求他们按语言指令寻找,对年龄大些的幼儿可要求按照简单的示意图寻找。

五、艺术

艺术是人类感受美、表现美和创造美的重要形式,也是表达自己对周围世界的认识和情绪态度的独特方式。

每个幼儿心里都有一颗美的种子。幼儿艺术领域学习的关键在于充分创造条件和机会,在大自然和社会文化生活中萌发幼儿对美的感受和体验,丰富其想象力和创造力,引导幼儿学会用心灵去感受和发现美,用自己的方式去表现和创造美。

幼儿对事物的感受和理解不同于成人,他们表达自己认识和情感的方式也有别于成人。幼儿独特的笔触、动作和语言往往蕴含着丰富的想象和情感,成人应对幼儿的艺术表现给予充分的理解和尊重,不能用自己的审美标准去评判幼儿,更不能为追求结果的"完美"而对幼儿进行千篇一律的训练,以免扼杀其想象与创造的萌芽。

(一)感受与欣赏

目标1 喜欢自然界与生活中美的事物

3~4岁	4~5岁	5~6岁
1. 喜欢观看花草树木、日月星空等大自然中美的事物。 2. 容易被自然界中的鸟鸣、风声、雨声等好听的声音所吸引。	1. 在欣赏自然界和生活环境中美的事物时,关注其色彩、形态等特征。 2. 喜欢倾听各种好听的声音,感知声音的高低、长短、强弱等变化。	1. 乐于收集美的物品或向别人介绍所发现的美的事物。 2. 乐于模仿自然界和生活环境中有特点的声音,并产生相应的联想。

教育建议:

1. 和幼儿一起感受、发现和欣赏自然环境和人文景观中美的事物。如让幼儿多接触大自然,感受和欣赏美丽的景色和好听的声音;经常带幼儿参观园林、名胜古迹等人文景观,讲讲有关的历史故事、传说,与幼儿一起讨论和交流对美的感受。

2. 和幼儿一起发现美的事物的特征,感受和欣赏美。如:

让幼儿观察常见动植物以及其他物体,引导幼儿用自己的语言、动作等描述它们美的方面,如颜色、形状、形态等。

让幼儿倾听和分辨各种声响,引导幼儿用自己的方式来表达他对音色、强弱、快慢的感受。

支持幼儿收集喜欢的物品并和他一起欣赏。

目标 2 喜欢欣赏多种多样的艺术形式和作品

3～4 岁	4～5 岁	5～6 岁
1. 喜欢听音乐或观看舞蹈、戏剧等表演。 2. 乐于观看绘画、泥塑或其他艺术形式的作品。	1. 能够专心地观看自己喜欢的文艺演出或艺术品,有模仿和参与的愿望。 2. 欣赏艺术作品时会产生相应的联想和情绪反应。	1. 艺术欣赏时常常用表情、动作、语言等方式表达自己的理解。 2. 愿意和别人分享、交流自己喜爱的艺术作品和美感体验。

教育建议:

1. 创造条件让幼儿接触多种艺术形式和作品。如:

经常让幼儿接触适宜的、各种形式的音乐作品,丰富幼儿对音乐的感受和体验。

和幼儿一起用图画、手工制品等装饰和美化环境。

带幼儿观看或共同参与传统民间艺术和地方民俗文化活动,如皮影戏、剪纸和捏面人等。

有条件的情况下,带幼儿去剧院、美术馆、博物馆等欣赏文艺表演和艺术作品。

2. 尊重幼儿的兴趣和独特感受,理解他们欣赏时的行为。如 理解和尊重幼儿在欣赏艺术作品时的手舞足蹈、即兴模仿等行为;当幼儿主动介绍自己喜爱的舞蹈、戏曲、绘画或工艺品时,要耐心倾听并给予积极回应和鼓励。

(二) 表现与创造

目标 1 喜欢进行艺术活动并大胆表现

3～4 岁	4～5 岁	5～6 岁
1. 经常自哼自唱或模仿有趣的动作、表情和声调。 2. 经常涂涂画画、粘粘贴贴并乐在其中。	1. 经常唱唱跳跳,愿意参加歌唱、律动、舞蹈、表演等活动。 2. 经常用绘画、捏泥、手工制作等多种方式表现自己的所见所想。	1. 积极参与艺术活动,有自己比较喜欢的活动形式。 2. 能用多种工具、材料或不同的表现手法表达自己的感受和想象。 3. 艺术活动中能与他人相互配合,也能独立表现。

教育建议:

1. 创造机会和条件,支持幼儿自发的艺术表现和创造。提供丰富的便于幼

儿取放的材料、工具或物品,支持幼儿进行自主绘画、手工、歌唱、表演等艺术活动。经常和幼儿一起唱歌、表演、绘画、制作,共同分享艺术活动的乐趣。

2. 营造安全的心理氛围,让幼儿敢于并乐于表达表现。如欣赏和回应幼儿的哼哼唱唱、模仿表演等自发的艺术活动,赞赏他独特的表现方式;在幼儿自主表达创作过程中,不做过多干预或把自己的意愿强加给幼儿,在幼儿需要时再给予具体的帮助;了解并倾听幼儿艺术表现的想法或感受,领会并尊重幼儿的创作意图,不简单用"像不像""好不好"等成人标准来评价;展示幼儿的作品,鼓励幼儿用自己的作品或艺术品布置环境。

目标2 具有初步的艺术表现与创造能力

3～4岁	4～5岁	5～6岁
1. 能模仿学唱短小歌曲。 2. 能跟随熟悉的音乐做身体动作。 3. 能用声音、动作、姿态模拟自然界的事物和生活情景。 4. 能用简单的线条和色彩大体画出自己想画的人或事物。	1. 能用自然的、音量适中的声音基本准确地唱歌。 2. 能通过即兴哼唱、即兴表演或给熟悉的歌曲编词来表达自己的心情。 3. 能用拍手、踏脚等身体动作或可敲击的物品敲打节拍和基本节奏。 4. 能运用绘画、手工制作等表现自己观察到或想象的事物。	1. 能用基本准确的节奏和音调唱歌。 2. 能用律动或简单的舞蹈动作表现自己的情绪或自然界的情景。 3. 能自编自演故事,并为表演选择和搭配简单的服饰、道具或布景。 4. 能用自己制作的美术作品布置环境、美化生活。

教育建议:

尊重幼儿自发的表现和创造,并给予适当的指导。如:

鼓励幼儿在生活中细心观察、体验,为艺术活动积累经验与素材。如观察不同树种的形态、色彩等。

提供丰富的材料,如图书、照片、绘画或音乐作品等,让幼儿自主选择,用自己喜欢的方式去模仿或创作,成人不做过多要求。

根据幼儿的生活经验,与幼儿共同确定艺术表达表现的主题,引导幼儿围绕主题展开想象,进行艺术表现。

幼儿绘画时,不宜提供范画,特别不应要求幼儿完全按照范画来画。

肯定幼儿作品的优点,用表达自己感受的方式引导其提高。如"你的画用了这么多红颜色,感觉就像过年一样喜庆""你扮演的大灰狼声音真像,要是表情再凶一点就更好了"等。

附录二

《幼儿园教育指导纲要(试行)》的通知

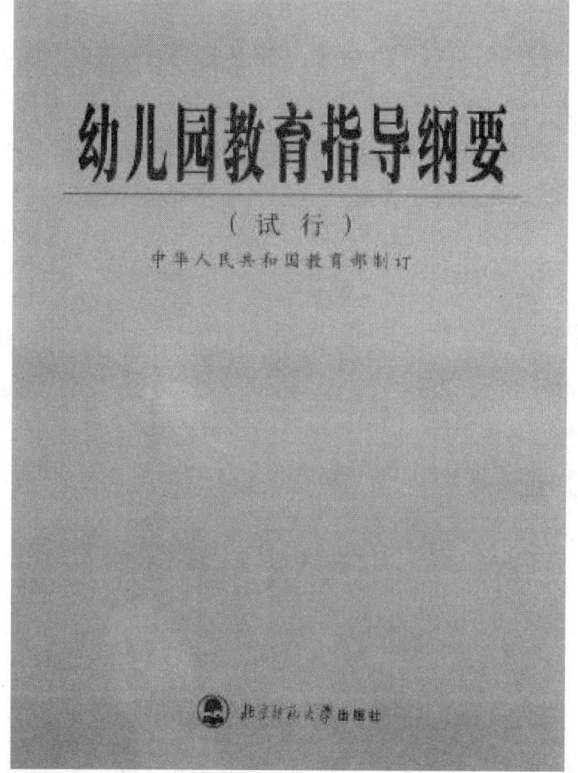

教育部关于印发《幼儿园教育指导纲要(试行)》的通知

各省、自治区、直辖市教育厅(教委)、新疆生产建设兵团教委,部属师范大学:

为进一步贯彻第三次全国教育工作会议和全国基础教育工作会议精神,落实《国务院关于基础教育改革与发展的决定》,推进幼儿园实施素质教育,全面提高幼儿园教育质量,现将《幼儿园教育指导纲要(试行)》(以下简称《纲要》)印发给你们,从2001年9月起试行,并就贯彻实施《纲要》的有关问题通知如下:

一、《纲要》是根据党的教育方针和《幼儿园工作规程》(以下简称《规程》)制定的,是指导广大幼儿教师将《规程》的教育思想和观念转化为教育行为的指导性文件。各地教育行政部门要对《纲要》的实施工作给予充分重视,认真抓好。

要积极利用多种宣传媒介,采取多种形式,广泛、深入地宣传《纲要》,使广大幼儿教育工作者、幼儿家长以及社会人士都能了解《纲要》的指导思想和基本要求。

要通过多种形式的学习和培训,认真组织各级教育行政部门负责幼儿教育工作的行政人员、教研人员、幼儿园园长和教师学习和理解《纲要》,以有效地依据《纲要》的指导思想和基本要求,根据儿童发展的实际需要,制订教育计划和组织教育活动,进一步更新教育观念,提高教育技能。

二、贯彻实施《纲要》,要坚持因地制宜、实事求是的原则,认真制订本地贯彻《纲要》的实施方案。应从具体情况出发,切忌搞"一刀切"。各地可采取先试点的方法,对不同地区、不同类型、不同条件的幼儿园,分别提出不同的要求,待取得经验后逐步推开。

三、设有学前教育专业的高等师范院校和幼儿师范学校要认真、深入地学习《纲要》的精神,改革现行学前教育课程和师资培养方式,并主动配合教育行政部门做好贯彻实施《纲要》的宣传和培训工作。

四、各地在实施《纲要》的过程中,要注意不断研究和解决出现的困难和问题,要注意总结积累经验,并及时反映给我部。

1981年颁发的《幼儿园教育纲要(试行草案)》同时废止。

教育部
二〇〇一年七月二日

幼儿园教育指导纲要(试行)

第一部分 总则

一、为贯彻《中华人民共和国教育法》《幼儿园管理条例》和《幼儿园工作规程》,指导幼儿园深入实施素质教育,特制定本纲要。

二、幼儿园教育是基础教育的重要组成部分,是我国学校教育和终身教育的奠基阶段。城乡各类幼儿园都应从实际出发,因地制宜地实施素质教育,为幼儿一生的发展打好基础。

三、幼儿园应与家庭、社区密切合作,与小学相互衔接,综合利用各种教育资源,共同为幼儿的发展创造良好的条件。

四、幼儿园应为幼儿提供健康、丰富的生活和活动环境,满足他们多方面发展的需要,使他们在快乐的童年生活中获得有益于身心发展的经验。

五、幼儿园教育应尊重幼儿的人格和权利,尊重幼儿身心发展的规律和学习特点,以游戏为基本活动,保教并重,关注个别差异,促进每个幼儿富有个性的发展。

第二部分 教育内容与要求

幼儿园的教育内容是全面的、启蒙性的,可以相对划分为健康、语言、社会、科学、艺术等五个领域,也可作其他不同的划分。各领域的内容相互渗透,从不同的角度促进幼儿情感、态度、能力、知识、技能等方面的发展。

一、健康

(一)目标

1. 身体健康,在集体生活中情绪安定、愉快。
2. 生活、卫生习惯良好,有基本的生活自理能力。

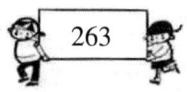

3. 知道必要的安全保健常识,学习保护自己。

4. 喜欢参加体育活动,动作协调、灵活。

(二) 内容与要求

1. 建立良好的师生、同伴关系,让幼儿在集体生活中感到温暖,心情愉快,形成安全感、信赖感。

2. 与家长配合,根据幼儿的需要建立科学的生活常规。培养幼儿良好的饮食、睡眠、盥洗、排泄等生活习惯和生活自理能力。

3. 教育幼儿爱清洁、讲卫生,注意保持个人和生活场所的整洁和卫生。

4. 密切结合幼儿的生活进行安全、营养和保健教育,提高幼儿的自我保护意识和能力。

5. 开展丰富多彩的户外游戏和体育活动,培养幼儿参加体育活动的兴趣和习惯,增强体质,提高对环境的适应能力。

6. 用幼儿感兴趣的方式发展基本动作,提高动作的协调性、灵活性。

7. 在体育活动中,培养幼儿坚强、勇敢、不怕困难的意志品质和主动、乐观、合作的态度。

(三) 指导要点

1. 幼儿园必须把保护幼儿的生命和促进幼儿的健康放在工作的首位。树立正确的健康观念,在重视幼儿身体健康的同时,要高度重视幼儿的心理健康。

2. 既要高度重视和满足幼儿受保护、受照顾的需要,又要尊重和满足他们不断增长的独立要求,避免过度保护和包办代替,鼓励并指导幼儿自理、自立的尝试。

3. 健康领域的活动要充分尊重幼儿生长发育的规律,严禁以任何名义进行有损幼儿健康的比赛、表演或训练等。

4. 培养幼儿对体育活动的兴趣是幼儿园体育的重要目标,要根据幼儿的特点组织生动有趣、形式多样的体育活动,吸引幼儿主动参与。

二、语言

(一) 目标

1. 乐意与人交谈,讲话礼貌。

2. 注意倾听对方讲话,能理解日常用语。

3. 能清楚地说出自己想说的事。

4. 喜欢听故事、看图书。

5. 能听懂和会说普通话。

(二) 内容与要求

1. 创造一个自由、宽松的语言交往环境,支持、鼓励、吸引幼儿与教师、同伴或其他人交谈,体验语言交流的乐趣,学习使用适当的、礼貌的语言交往。

2. 养成幼儿注意倾听的习惯,发展语言理解能力。

3. 鼓励幼儿大胆、清楚地表达自己的想法和感受,尝试说明、描述简单的事物或过程,发展语言表达能力和思维能力。

4. 引导幼儿接触优秀的儿童文学作品,使之感受语言的丰富和优美,并通过多种活动帮助幼儿加深对作品的体验和理解。

5. 培养幼儿对生活中常见的简单标记和文字符号的兴趣。

6. 利用图书、绘画和其他多种方式,引发幼儿对书籍、阅读和书写的兴趣,培养前阅读和前书写技能。

7. 提供普通话的语言环境,帮助幼儿熟悉、听懂并学说普通话。少数民族地区还应帮助幼儿学习本民族语言。

(三) 指导要点

1. 语言能力是在运用的过程中发展起来的,发展幼儿语言的关键是创设一个能使他们想说、敢说、喜欢说、有机会说并能得到积极应答的环境。

2. 幼儿语言的发展与其情感、经验、思维、社会交往能力等其他方面的发展密切相关,因此,发展幼儿语言的重要途径是通过互相渗透的各领域的教育,在丰富多彩的活动中去扩展幼儿的经验,提供促进语言发展的条件。

3. 幼儿的语言学习具有个别化的特点,教师与幼儿的个别交流、幼儿之间的自由交谈等,对幼儿语言发展具有特殊意义。

4. 对有语言障碍的儿童要给予特别关注,要与家长和有关方面密切配合,积极地帮助他们提高语言能力。

三、社会

(一) 目标

1. 能主动地参与各项活动,有自信心。
2. 乐意与人交往,学习互助、合作和分享,有同情心。
3. 理解并遵守日常生活中基本的社会行为规则。
4. 能努力做好力所能及的事,不怕困难,有初步的责任感。
5. 爱父母长辈、老师和同伴,爱集体、爱家乡、爱祖国。

(二) 内容与要求

1. 引导幼儿参加各种集体活动,体验与教师、同伴等共同生活的乐趣,帮助他们正确认识自己和他人,养成对他人、社会亲近、合作的态度,学习初步的人际交往技能。

2. 为每个幼儿提供表现自己长处和获得成功的机会,增强其自尊心和自信心。

3. 提供自由活动的机会,支持幼儿自主地选择、计划活动,鼓励他们通过多方面的努力解决问题,不轻易放弃克服困难的尝试。

4. 在共同的生活和活动中,以多种方式引导幼儿认识、体验并理解基本的社会行为规则,学习自律和尊重他人。

5. 教育幼儿爱护玩具和其他物品,爱护公物和公共环境。

6. 与家庭、社区合作,引导幼儿了解自己的亲人以及与自己生活有关的各行各业人们的劳动,培养其对劳动者的热爱和对劳动成果的尊重。

7. 充分利用社会资源,引导幼儿实际感受祖国文化的丰富与优秀,感受家乡的变化和发展,激发幼儿爱家乡、爱祖国的情感。

8. 适当向幼儿介绍我国各民族和世界其他国家、民族的文化,使其感知人类文化的多样性和差异性,培养理解、尊重、平等的态度。

(三) 指导要点

1. 社会领域的教育具有潜移默化的特点。幼儿社会态度和社会情感的培养尤应渗透在多种活动和一日生活的各个环节之中,要创设一个能使幼儿感受到接纳、关爱和支持的良好环境,避免单一呆板的言语说教。

2. 幼儿与成人、同伴之间的共同生活、交往、探索、游戏等,是其社会学习的重要途径。应为幼儿提供人际间相互交往和共同活动的机会和条件,并加以指导。

3. 社会学习是一个漫长的积累过程,需要幼儿园、家庭和社会密切合作,协调一致,共同促进幼儿良好社会性品质的形成。

四、科学

(一) 目标

1. 对周围的事物、现象感兴趣,有好奇心和求知欲。
2. 能运用各种感官,动手动脑,探究问题。
3. 能用适当的方式表达、交流探索的过程和结果。

4. 能从生活和游戏中感受事物的数量关系并体验到数学的重要和有趣。

5. 爱护动植物,关心周围环境,亲近大自然,珍惜自然资源,有初步的环保意识。

(二) 内容与要求

1. 引导幼儿对身边常见事物和现象的特点、变化规律产生兴趣和探究的欲望。

2. 为幼儿的探究活动创造宽松的环境,让每个幼儿都有机会参与尝试,支持、鼓励他们大胆提出问题,发表不同意见,学会尊重别人的观点和经验。

3. 提供丰富的可操作的材料,为每个幼儿都能运用多种感官、多种方式进行探索提供活动的条件。

4. 通过引导幼儿积极参加小组讨论、探索等方式,培养幼儿合作学习的意识和能力,学习用多种方式表现、交流、分享探索的过程和结果。

5. 引导幼儿对周围环境中的数、量、形、时间和空间等现象产生兴趣,建构初步的数概念,并学习用简单的数学方法解决生活和游戏中某些简单的问题。

6. 从生活或媒体中幼儿熟悉的科技成果入手,引导幼儿感受科学技术对生活的影响,培养他们对科学的兴趣和对科学家的崇敬。

7. 在幼儿生活经验的基础上,帮助幼儿了解自然、环境与人类生活的关系。从身边的小事入手,培养初步的环保意识和行为。

(三) 指导要点

1. 幼儿的科学教育是科学启蒙教育,重在激发幼儿的认识兴趣和探究欲望。

2. 要尽量创造条件让幼儿实际参加探究活动,使他们感受科学探究的过程和方法,体验发现的乐趣。

3. 科学教育应密切联系幼儿的实际生活进行,利用身边的事物与现象作为科学探索的对象。

五、艺术

(一) 目标

1. 能初步感受并喜爱环境、生活和艺术中的美。
2. 喜欢参加艺术活动,并能大胆地表现自己的情感和体验。
3. 能用自己喜欢的方式进行艺术表现活动。

(二) 内容与要求

1. 引导幼儿接触周围环境和生活中美好的人、事、物,丰富他们的感性经验

和审美情趣,激发他们表现美、创造美的情趣。

2. 在艺术活动中面向全体幼儿,要针对他们的不同特点和需要,让每个幼儿都得到美的熏陶和培养。对有艺术天赋的幼儿要注意发展他们的艺术潜能。

3. 提供自由表现的机会,鼓励幼儿用不同艺术形式大胆地表达自己的情感、理解和想象,尊重每个幼儿的想法和创造,肯定和接纳他们独特的审美感受和表现方式,分享他们创造的快乐。

4. 在支持、鼓励幼儿积极参加各种艺术活动并大胆表现的同时,帮助他们提高表现的技能和能力。

5. 指导幼儿利用身边的物品或废旧材料制作玩具、手工艺品等来美化自己的生活或开展其他活动。

6. 为幼儿创设展示自己作品的条件,引导幼儿相互交流、相互欣赏、共同提高。

(三) 指导要点

1. 艺术是实施美育的主要途径,应充分发挥艺术的情感教育功能,促进幼儿健全人格的形成。要避免仅仅重视表现技能或艺术活动的结果,而忽视幼儿在活动过程中的情感体验和态度的倾向。

2. 幼儿的创作过程和作品是他们表达自己的认识和情感的重要方式,应支持幼儿富有个性和创造性的表达,克服过分强调技能技巧和标准化要求的偏向。

3. 幼儿艺术活动的能力是在大胆表现的过程中逐渐发展起来的,教师的作用应主要在于激发幼儿感受美、表现美的情趣,丰富他们的审美经验,使之体验自由表达和创造的快乐。在此基础上,根据幼儿的发展状况和需要,对表现方式和技能技巧给予适时、适当的指导。

第三部分 实施与准则

一、幼儿园的教育是为所有在园幼儿的健康成长服务的,要为每一个儿童,包括有特殊需要的儿童提供积极的支持和帮助。

二、幼儿园的教育活动,是教师以多种形式有目的、有计划地引导幼儿生动、活泼、主动活动的教育过程。

三、教育活动的组织与实施过程是教师创造性地开展工作的过程。教师要根据本《纲要》,从本地、本园的条件出发,结合本班幼儿的实际情况,制订切实可行的工作计划并灵活地执行。

四、教育活动目标要以《幼儿园工作规程》和本《纲要》所提出的各领域目标

为指导,结合本班幼儿的发展水平、经验和需要来确定。

五、教育活动内容的选择应遵照本《纲要》第二部分的有关条款进行,同时体现以下原则:

(一)既适合幼儿的现有水平,又有一定的挑战性。

(二)既符合幼儿的现实需要,又有利于其长远发展。

(三)既贴近幼儿的生活来选择幼儿感兴趣的事物和问题,又有助于拓展幼儿的经验和视野。

六、教育活动内容的组织应充分考虑幼儿的学习特点和认识规律,各领域的内容要有机联系,相互渗透,注重综合性、趣味性、活动性,寓教育于生活、游戏之中。

七、教育活动的组织形式应根据需要合理安排,因时、因地、因内容、因材料灵活地运用。

八、环境是重要的教育资源,应通过环境的创设和利用,有效地促进幼儿的发展。

(一)幼儿园的空间、设施、活动材料和常规要求等应有利于引发、支持幼儿的游戏和各种探索活动,有利于引发、支持幼儿与周围环境之间积极的相互作用。

(二)幼儿同伴群体及幼儿园教师集体是宝贵的教育资源,应充分发挥这一资源的作用。

(三)教师的态度和管理方式应有助于形成安全、温馨的心理环境,言行举止应成为幼儿学习的良好榜样。

(四)家庭是幼儿园重要的合作伙伴。应本着尊重、平等、合作的原则,争取家长的理解、支持和主动参与,并积极支持、帮助家长提高教育能力。

(五)充分利用自然环境和社区的教育资源,扩展幼儿生活和学习的空间。幼儿园同时应为社区的早期教育提供服务。

九、科学、合理地安排和组织一日生活。

十、教师应成为幼儿学习活动的支持者、合作者、引导者。

(一)以关怀、接纳、尊重的态度与幼儿交往。耐心倾听,努力理解幼儿的想法与感受,支持、鼓励他们大胆探索与表达。

(二)善于发现幼儿感兴趣的事物、游戏和偶发事件中所隐含的教育价值,把握时机,积极引导。

(三)关注幼儿在活动中的表现和反应,敏感地察觉他们的需要,及时以适当的方式应答,形成合作探究式的师生互动。

（四）尊重幼儿在发展水平、能力、经验、学习方式等方面的个体差异,因人施教,努力使每一个幼儿都能获得满足和成功。

（五）关注幼儿的特殊需要,包括各种发展潜能和不同发展障碍,与家庭密切配合,共同促进幼儿健康成长。

十一、幼儿园教育要与0～3岁儿童的保育教育以及小学教育相互衔接。

第四部分 教育评价

一、教育评价是幼儿园教育工作的重要组成部分,是了解教育的适宜性、有效性,调整和改进工作,促进每一个幼儿发展,提高教育质量的必要手段。

二、管理人员、教师、幼儿及其家长均是幼儿园教育评价工作的参与者。评价过程是各方共同参与、相互支持与合作的过程。

三、评价的过程,是教师运用专业知识审视教育实践,发现、分析、研究、解决问题的过程,也是其自我成长的重要途径。

四、幼儿园教育工作评价实行以教师自评为主,园长以及有关管理人员、其他教师和家长等参与评价的制度。

五、评价应自然地伴随着整个教育过程进行。综合采用观察、谈话、作品分析等多种方法。

六、幼儿的行为表现和发展变化具有重要的评价意义,教师应视之为重要的评价信息和改进工作的依据。

七、教育工作评价宜重点考察以下方面:

（一）教育计划和教育活动的目标是否建立在了解本班幼儿现状的基础上。

（二）教育的内容、方式、策略、环境条件是否能调动幼儿学习的积极性。

（三）教育过程是否能为幼儿提供有益的学习经验,并符合其发展需要。

（四）教育内容、要求能否兼顾群体需要和个体差异,使每个幼儿都能得到发展,都有成功感。

（五）教师的指导是否有利于幼儿主动、有效地学习。

八、对幼儿发展状况的评估,要注意:

（一）明确评价的目的是了解幼儿的发展需要,以便提供更加适宜的帮助和指导。

（二）全面了解幼儿的发展状况,防止片面性,尤其要避免只重知识和技能,忽略情感、社会性和实际能力的倾向。

（三）在日常活动与教育教学过程中采用自然的方法进行。平时观察所获

得的具有典型意义的幼儿行为表现和所积累的各种作品等,是评价的重要依据。

(四)承认和关注幼儿的个体差异,避免用划一的标准评价不同的幼儿,在幼儿面前慎用横向的比较。

(五)以发展的眼光看待幼儿,既要了解现有水平,更要关注其发展的速度、特点和倾向等。

主要参考文献

[1] 福禄贝尔:《人的教育》,孙祖复译,北京:人民教育出版社,2006年版。

[2] 克里希那穆提:《教育就是解放心灵》,张春城、堂超权译,北京:九州出版社,2010年版。

[3] 克里希那穆提:《一生的学习》,张南星译,北京:群言出版社,2005年版。

[4] 康德:《康德教育论》,瞿菊农编译,上海:商务印书馆,1926年版。

[5] 胡塞尔:《现象学的观念》,倪梁康译,上海:上海译文出版社,1987年版。

[6] 蒙台梭利:《童年的秘密》,金晶、孔伟译,北京:中国发展出版社,2003年版。

[7] 蒙台梭利:《教育中的自发活动》,江雪编译,天津:天津人民出版社,2003年版。

[8] 蒙台梭利:《有吸收力的心灵》,高潮、薛杰译,北京:中国发展出版社,2003年版。

[9] 蒙台梭利:《发现孩子》,胡纯玉译,北京:中国发展出版社,2003年版。

[10] 内尔诺丁斯:《学会关心——教育的另一种模式》,于天龙译,北京:教育科学出版社,2003年版。

[11] 苏霍姆林斯基:《把整个心灵献给孩子》,唐其慈等译,天津:天津教育出版社,1981年版。

[12] 联合国教科文组织:《学会生存》,北京:教育科学出版社,1996年版。

[13] 姚伟:《中外幼儿教育名著解读》,南京:南京师范大学出版社,2007年版。

[14] 全国教育学研究会:《关于教育本质的论争》,北京:人民教育出版社,1980年版。

[15] 南京师范大学教育系:《教育学》,北京:人民教育出版社,2005年版。

[16] 渠敬东:《现代社会中的人性及教育》,上海:三联书店,2006年版。

[17] 杨斌:《什么是真正的教育——50位大师论教育》,福州:福建教育出版社,2010年版。

[18] 张巽根:《教育是什么》,武汉:湖北教育出版社,1998年版。

[19] 何瑞珠:《家庭、学校与社区协作——从理论研究到实践》,香港:香港中文大学出版社,2002年版。

[20] 郭玉霞:《质性研究资料分析活用宝典》,台北:高等教育文化事业有限公

司,2010年版。

[21]郝文武:《教育哲学》,北京:人民教育出版社,2006年版。

[22]华东师范大学教育系教科所:《中国现代教育史》,上海:华东师范大学出版社,1983年版。

[23]陈幸军:《幼儿教育学》(第2版),北京:人民教育出版社,2008年版。

[24]周宗清:《幼儿教育概论》,湖北:华中师范大学出版社,2012年版。

[25]梁志燊:《学前教育学》,北京:北京师范大学出版社,1998年版。

[26]李兰生:《学前教育学》,上海:华东师范大学出版社,2006年版。

[27]郑健成:《学前教育学》,上海:复旦大学出版社,2010年版。

[28]王海英:《学前教育社会学》,南京:江苏教育出版社,2009年版。

[29]巴拉诺夫等:《教育学》,李子卓等译,北京:人民教育出版社,1983年版。

[30]高伟:《生存论教育哲学》,北京:教育科学出版社,2006年版。

[31]刘晓东:《儿童教育新论》,南京:江苏教育出版社,2008年版。

[32]吕静、周谷平:《陈鹤琴教育论著选》,北京:人民教育出版社,1994年版。

[33]刘晓东:《解放儿童》,南京:江苏教育出版社,2001年版。

[34]陈鹤琴:《创建中国化科学化的现代幼儿教育》,北京:金城出版社,2002年版。

[35]虞永平:《幼儿教育环境观新论》,北京:人民教育出版社,2006年版。

[36]庞丽娟:《教师与儿童发展》,北京:北京师范大学出版社,2010年版。

[37]陈鹤琴:《家庭教育怎样做好父母》,北京:中国致公出版社,2001年版。

[38]关鸿羽:《教育就是培养习惯》,北京:新世界出版社,2003年版。

[39]陈向明:《质的研究方法与社会科学研究》,北京:教育科学出版社,2000年版。

[40]李跃儿:《谁拿走了孩子的幸福》,南宁:广西科学技术出版社,2010年版。

[41]张文质:《教育的心灵之约》,北京:北京师范大学出版社,2009年版。

[43]教育部基础教育司:《幼儿园教育指导纲要(试行)解读》,南京:江苏教育出版社,2002年版。

[44]中华人民共和国教育部:《幼儿园教育指导纲要(试行)》,北京:北京师范大学出版社,2001年版。

[45]教育部发展规划司:《中国教育统计年鉴》,北京:人民教育出版社,2011年版。